我国腐败犯罪的刑法规制

刘伟丽　著

中国人民公安大学出版社
群 众 出 版 社
·北　京·

图书在版编目（CIP）数据

我国腐败犯罪的刑法规制/刘伟丽著．—北京：中国人民公安大学出版社，2017.10

ISBN 978-7-5653-3056-8

Ⅰ.①我…　Ⅱ.①刘…　Ⅲ.①职务犯罪—刑法—研究—中国　Ⅳ.①D924.304

中国版本图书馆 CIP 数据核字（2017）第 228446 号

我国腐败犯罪的刑法规制

刘伟丽　著

出版发行：中国人民公安大学出版社
地　　址：北京市西城区木樨地南里
邮政编码：100038
经　　销：新华书店
印　　刷：北京泰锐印刷有限责任公司

版　　次：2017 年 10 月第 1 版
印　　次：2017 年 10 月第 1 次
印　　张：9.5
开　　本：880 毫米×1230 毫米　1/32
字　　数：247 千字

书　　号：ISBN 978-7-5653-3056-8
定　　价：36.00 元

网　　址：www.cppsup.com.cn　www.porclub.com.cn
电子邮箱：zbs@cppsup.com　zbs@cppsu.edu.cn

营销中心电话：010-83903254
读者服务部电话（门市）：010-83903257
警官读者俱乐部电话（网购、邮购）：010-83903253
法律图书分社电话：010-83905745

序

刘仁文*

刘伟丽博士于2013年~2015年在中国社会科学院法学研究所从事博士后研究，这部著作系在她的博士后出站报告基础上修改而成。作为她的合作导师，我欣然应邀为其作序。

惩治和预防腐败既是一个古老的话题，也是当今一个全球性的问题。一个国家的腐败程度不仅与该国的反腐法律制度和反腐力度有关，同时也与这个国家的政治经济发展状况、社会历史文化传统、国民法治素养以及行为习惯有关。当代中国正在经历迈向现代化的快速转型，法律制度的滞后和频繁修改难以避免，在构建我国的反腐法律制度时，既要注意与我国的国情相结合，也要借鉴国际经验。由于经济全球化使得腐败犯罪国际化程度日益加深，腐败治理也需要借鉴国际反腐公约所确立的一些先进观念和制度，并积极开展和加强有关国际刑事司法协作。

刘伟丽博士的这部著作正是从《联合国反腐败公约》所确立的反腐理念和制度出发，立足中国的国情、中国的制度和观

---

* 中国社会科学院法学研究所研究员、刑法研究室主任、博士生导师，中国社会科学院刑法学重点学科负责人。

念，在总结中国反腐经验和智慧的基础上，探求我国反腐败的路径和对腐败犯罪的治理。

翻阅书稿，本书给我留下较深印象的是以下三点：

一是内容较为新颖。本书结合《刑法修正案（九）》和“两高”《关于办理贪污贿赂刑事案件法律适用若干问题的解释》的相关规定，对我国反腐败的最新刑事立法和司法解释进行了研究，就司法适用中的若干疑难问题进行了探讨。

二是研究范围较为全面。本书探讨的腐败问题不仅限于国家公共领域内部，还包括私营领域。作者指出，无论是公共管理领域还是私营领域，都存在腐败问题，而且二者还有交织，因此，应当在更广的视域内来研究腐败的治理和预防。

三是注重司法实践。本书运用大量的典型案例，对贪污贿赂犯罪的诸多司法适用疑难问题进行了探讨，体现了作者理论与实践相结合的研究特点和风格，对司法实务有一定的指导意义。

当然，本书也还有需要补充、完善的地方，对有些问题的思考和论证还有待深入和展开。我由衷希望作者能够在今后的研究工作中继续深化对贪污贿赂犯罪这一重要课题的研究，为促进我国的反腐败刑事法治建设创作出更多更优秀的成果来。

言不尽意，谨以此短序表达我对伟丽博士大作出版的祝贺之意。

2017 年秋于北京

前 言

当前我国的腐败犯罪形势较为严峻：从单一的个人腐败到集团式的家族腐败、地方或系统内部的“塌方式”腐败；从单纯的国内腐败到跨越国界的全球化腐败。权钱交换、“权力寻租”、买官卖官等现象频频出现。一些领域“潜规则”盛行，有的地方甚至形成了“逆淘汰”机制，一些原本清廉的领导干部从腐败的抵制者逐渐转化为腐败的默认者甚至追随者。

在当前我国高压反腐的态势下，中央制定了“老虎”“苍蝇”一起打的策略，到目前为止，我国自党的十八大以来已经查处了一百多个省部级以上的高官。在当前全力反腐的态势下，如何看待腐败的成效呢？有学者认为，“反腐败成功的目标可以划分为以下三个层次：第一层次是能够使腐败得到一定程度的控制，这种控制的程度或者是高腐败下不失控，或者是低腐败下难以持续；第二层次是能够实现低腐败状态下可持续；第三层次是把腐败彻底消灭并不再复发”。[①] 第三层次可以称为反腐败的应然状态，但也是一个遥不可及、难以实现的状态，或者

① ［新西兰］杰瑞米·波普著：《制约腐败——构建国家廉政体系》，清华大学公共管理学院廉政研究室译，中国方正出版社 2003 年版，第 120 页。

是一个理想。所以，第二层次就成了反腐败所追求的较为现实的目标，而世界上多数国家在现阶段要实现的目标就是第一层次。如果一个国家或地区处于低腐败的状态，其战略就应该着眼于保持这种目标并使其可持续。如果一个国家或地区处于高腐败的状态，则其战略目标应该选择成功控制腐败，使其达到低腐败程度，并使其实现低腐败状态下可持续。[①] 事实上，反腐败的理论根基是"权力制约论"。"以权利为本位是一种最公正、最合理的高级法律生活。""权利本位的范式无情地批判了和否定了权力本位，把权利与权力的关系建构在民主、科学、理性的基础上，进而有助于正确解决公民与官员、社会与国家的关系。在权利本位的范式中，权力来源于权利，权力服务于权利，权力应以权利为界限，权力必须受到权利的制约。"[②] 当前，我国反腐败的策略也从运动反腐转向制度反腐、法治反腐和权利反腐，通过制度规范约束当权者的权力，使权力运行在法治的范畴下，并且以保障公民权利、服务社会为终极目标，这种理念下的反腐败才会有效地实现社会的公正、政治的清廉。

---

① 罗猛：《论反腐败的刑事政策体系》，载《中国刑事法杂志》2013 年第 6 期。

② 张文显、于宁：《当代中国法哲学研究范式的转换——从阶级斗争范式到权利本位范式》，载《中国法学》2001 年第 1 期。

目 录

第一章　腐败犯罪的立法考察

第一节　中国腐败犯罪的立法沿革

一、古代腐败犯罪的立法

（一）先秦时期的反腐败立法

先秦时期是中国历史上惩治腐败立法的萌芽时期，在夏商时期就出现了治官之法。商汤后期，“三风十愆”中就有“好货”一项，要受到墨刑。待到西周时期，周穆王着重强调敬刑慎罚、坚持中正的原则，特别指出要防止“五过之疵：惟官、惟反、惟内、惟货、惟来”五种执法受贿的行为。所谓“官”指有官位，“反”指回报人的恩情，“内”指有内亲关系，“货”指送财物，“来”指请求或赇。同时，指出这些贪赃枉法者“其罪惟均”，即与在案的罪犯同罪。这在中国古代的反腐败立法中是不多见的，难能可贵。

（二）秦汉时期的反腐败立法

秦代崇尚法家思想，推崇法治，加之对官吏的要求非常严苛，因此法律关于惩治官吏腐败犯罪的规定很多并且非常详细，他们对官吏的贪污行为和受贿行为进行了区分，将贪污行为细化为官吏利用职权损公肥私的贪污行为与利用职务便利进行商业活动的贪污行为，并规定了相应的惩处方式。此外，还规定主管官吏必须对下属的贪污腐败犯罪承担连带责任，这就从结果上强化了主管官吏对所辖官吏的监察职责，对于预防腐败起到了积极的作用。汉代对预防和惩治管理腐败非常重视，在立法方面比秦代有了更大的进步和发展。一方面是把官吏的一些私人行为都作为贪污腐败处理。把官吏私自接受下属的馈赠，甚至随便饮宴都视作犯罪行为，违者要撤职查办。另一方面是延续了秦代重刑的一贯做法，对腐败官员处以免官、禁锢、徒刑、弃市等刑罚，对财产型犯罪处以死刑，这也是古代惩治贪污腐败犯罪的一大特点。

（三）魏晋南北朝时期的反腐败立法

魏晋南北朝时期长期混战，朝代更替频繁，但是随着历史的发展，反腐败立法技术方面仍在不断进步。这一时期的反腐败立法篇章结构更为成熟。著名的“新律”就是《魏律》，共十八篇，包括专门惩治官吏贪污腐败犯罪的《请贼》、《偿赃》两篇，其中请贼律是针对官员行贿受贿的犯罪行为而设立的，偿赃律是针对贪赃枉法的惩罚规定。将散落在法典中关于惩治腐败的条文集中起来合并在一章，这是反腐败立法技术的极大进步，也是中国最早的惩治贪污腐败的系统化的法律，具有很强的历史意义。[①]

（四）隋唐时期的反腐败立法

隋唐时期是中华文明鼎盛的时期，这一时期的反腐败立法已经非常成熟而完善，是一个定型的阶段，呈现出以下几个特点：一是把惩治腐败作为国家大法的重要内容固定下来。二是把主要的经济犯罪划分为“六赃”：受财枉法、受财不枉法、受所监临财物、强盗、窃盗、坐赃。其中，受财枉法、受财不枉法，是指非法收受当事人的财物，违法或者不违法地处理有关事务，这两种罪在法律上都属于接受贿赂的请求罪，只是枉法与不枉法的违法程度有所不同；强盗和窃盗都属于盗罪，强盗指用武力手段抢夺财物的行为，

---

① 袁飞：《中国古代反腐败机制研究及其现实意义研究》，山东大学2014年法律硕士学位论文。

窃盗指用偷盗的行为将他人财物据为己有的行为；受所监临财物和坐赃涵盖了官吏所有因公因私收受贿赂的行为。对于“六赃”的适用范围与刑事责任，法律也有详细而明确的规定。三是关于反腐败的总则性规定更成熟。除了具体的惩治腐败行为的条文外，唐律中还增加了许多关于惩治腐败的总则性规定，此外，还对官吏经济犯罪中赃款赃物的处理、赃款赃物的价值计算都进行了详细的规定。

（五）宋元时期的反腐败立法

宋元时期基本上沿用了唐宋时期的反腐败立法。这一时期的反腐败立法呈现出以下特点：一是法律形式更加丰富。在宋代，除了在《宋刑统》中对惩治腐败作出规定外，还用“准敕”、“臣等参详”的形式丰富了对赃罪的法律规定。在元代，除原来的反腐败法律条文之外，还出台了“赃罪条例十二章”，对各种官吏职务犯赃、自首和犯赃在逃等问题都做了详细的规定。二是加重了刑罚。在对腐败犯罪的量刑上，宋真宗之前经常对贪赃枉法的犯罪官员处以杖杀、弃市，到了宋朝后期这种情况才有所减少。一般而言，宋代受财不枉法罪多依照受财枉法罪减等处罚；坐赃罪则按照其赃数定罪处罚。

（六）明清时期的反腐败立法

明朝开国皇帝朱元璋坚决主张重典治吏，他组织编写的《大明律》中包含着大量惩治贪官污吏的条文，此后又先后制定和颁布了《大诰》和《大浩武臣》等以惩治贪官污吏为主的案例汇编。总的来说，明清时期的法律虽然仍延续了唐宋时期“六赃”的提法，但是增加了罪名，增加了反腐败条款，表明反腐败立法已经完全成熟。

二、近代腐败犯罪的立法特点

清朝修订法律大臣沈家本等人曾奏进呈《刑律分则草案折》

(1907年12月30日) 以及《钦定大清刑律》(1911年1月25日)。[①]

清末的腐败犯罪规定在“渎职罪”一章中，共有四条，即第一百三十九条规定的“凡吏员或公断人关于其职务，要求、预约或收受贿赂者，处三等以下有期徒刑。因而为不正之行为或不为正当之行为者，处三等以上有期徒刑”。第一百四十条：“凡吏员或公断人关于其职务，而事后要求、预约或收受贿赂者，处四等以下有期徒刑。因为不正之行为或不为正当之行为，而事后要求、预约或收受贿赂者，处二等或三等有期徒刑。”第一百四十一条：“凡于第一百三十九条所揭情形，认允、预约或交付贿赂于吏员及公断人者，处四等有期徒刑、拘留或三百元以下罚金。”第一百四十二条：“凡于第一百四十条所揭情形，认允、预约或交付贿赂于吏员及公断人者，处五等有期徒刑、拘留或三百元以下罚金。”

上述规定反映了这一时期的立法特点：(1) 贿赂犯罪包括受贿罪和行贿罪，并且明确了受贿的行为方式包括“要求”“预约”“收受”三种不同形态。(2) 根据贿赂给予的时间分为事前和事后。(3) 明确了“不正”“不法”“不当”的不同内涵，及其主观恶性的大小。(4) 明确了受贿罪与行贿罪的量刑轻重。

这一时期，关于贿赂犯罪的立法已基本定型，后期也都是沿袭这些规定的内容与模式进行立法。

三、新中国成立后的腐败犯罪立法沿革

(一) 新中国成立后，对贪污贿赂犯罪的规定先后进行过三次大的修订

第一阶段是起步期。时间从1979年到1997年新刑法颁布前。1979年颁布第一部刑法，其分则第五章“侵犯财产罪”和第八章“渎职罪”中分别规定了贪污罪和受贿罪，但未对贪污贿赂犯罪定

---

① 赵秉志、陈志军主编：《中国近代刑法立法文献资料》，法律出版社2016年版，第104~105页。

罪数额作出具体规定。1988 年全国人大常委会通过的《关于惩治贪污罪贿赂罪的补充规定》中设置了贪污罪、受贿罪定罪量刑标准，规定起刑点为 2000 元。这一时期，检察机关反贪污贿赂局尚未成立，经济检察处负责查处贪污贿赂犯罪。由于当时经济社会不发达，查办贪污贿赂犯罪案件数量较少，反腐工作处于起步期。

第二阶段是发展期。时间从 1997 年新刑法颁布后到《刑法修正案（九）》公布前。1997 年全国人大通过了现行《刑法》，将贪污贿赂犯罪起刑点由 2000 元提高到 5000 元。同时期，全国人大常委会和最高人民法院、最高人民检察院先后出台多个刑法修正案和司法解释，对反贪污贿赂工作中遇到的实践问题进行完善和规范。自 2006 年至今，我国通过颁布刑法修正案的方式对腐败犯罪进行了修改和完善，具体包括：（1）2006 年《刑法修正案（六）》进一步完善了商业贿赂犯罪，修改了洗钱犯罪的上游犯罪，把贪污贿赂犯罪、金融诈骗等六类犯罪作为洗钱犯罪的上游犯罪。（2）2009 年 2 月，我国通过了《刑法修正案（七）》，增加了利用影响力受贿罪，完善了巨额财产来源不明罪的法定刑。（3）2011 年通过的《刑法修正案（八）》增加了对外国公职人员、国际公共组织官员行贿罪。（4）2015 年 8 月 29 日通过的《刑法修正案（九）》对腐败犯罪的修改力度较大，主要体现在以下几个方面：一是修改了贪污受贿犯罪的定罪量刑标准。二是增加规定对被判处死刑缓期执行的贪污罪、受贿罪，二年期满依法减为无期徒刑后，执行终身监禁，不得减刑、假释。在提起公诉前如实供述自己罪行、真诚悔罪、积极退赃，避免、减少损害结果发生的，可以从轻处罚。三是加大了对行贿犯罪的处罚力度，增加了罚金刑，同时严格限制对行贿犯罪人从宽处罚的条件。四是增加了对有影响力的人行贿罪。（5）2016 年 4 月 18 日，最高人民法院、最高人民检察院颁布实施的《关于办理贪污贿赂刑事案件适用法律若干问题的解释》，共 20 条，主要规定了 11 个方面的内容：一是明确贪污罪、受贿罪的定罪量刑数额及情节标准。二是明确贪污罪、受贿罪死刑、死缓及终身监禁的适用原则。三是明确挪用公款罪、行贿罪、利用影响力受贿罪、对有影响力的人行贿罪等其他职务犯罪的定罪量刑标准。四是明确了非国家工作人员职务犯罪定罪量刑数额标准。五是扩大了贿赂犯罪对象“财物”的范围。六是明确、细化“为他人谋取利益”要件的认定。七是行贿罪从宽处罚的适用条件的理解。八是关于多次受贿数额的计算。九是关于贪污、受贿犯罪故意的认定。十是受贿犯罪同时构成渎职犯罪的处理。十一是贪污贿赂犯罪的经济处罚。此时，检察机关成立了专门机构——反贪污贿赂局，加大对贪污贿赂犯罪的打击力度，这一时期，由于经济社会快速发展，反贪工作迎来了大发展，办案数量剧增，查办大案、要案较多，反贪工作处于规范快速发展期。

第三阶段是完善期。时间从《刑法修正案（九）》公布后至今。党的十八届四中全会决定指出，要“加快推进反腐败国家立法，完善惩治和预防腐败体系，形成不敢腐、不能腐、不想腐的有效机制，坚决遏制和预防腐败现象。完善惩治贪污贿赂犯罪法律制度，把贿赂犯罪对象由财物扩大为财物和其他财产性利益”。2015年8月29日，第十二届全国人民代表大会常务委员会第十六次会议通过《刑法修正案（九）》，切实贯彻了中央依法严厉惩治贪腐和全面从严治党的要求，对腐败犯罪的构成及罪名完善作了大幅度的修改。《刑法修正案（九）》明确了“数额加情节”的标准，明确贪污贿赂犯罪起刑点由5000元提高到3万元，并增设了并处罚金刑的规定，设置了终身监禁的措施，加强了对行贿犯罪的打击。

（二）新中国反腐败犯罪的立法特点

新中国的反腐败立法体现出以下几个特点：[①]

---

① 孙国祥著：《贿赂犯罪的学说与案解》，法律出版社2012年版，第22页。

（1）罪名由简到繁。从最初的贪污受贿罪名不分，到逐渐根据主体性质的不同，形成多个贪污贿赂类的罪名。（2）腐败犯罪的构成特征逐渐复杂化。（3）法定刑的配置由重到轻，再由轻到重，基本体现了重典反腐的精神。（4）贪污和收贿共用同一法定刑的条款。

第二节　监察制度的历史沿革

一、我国监察制度的历史演变

我国监察制度起源于周朝，兴于秦汉，隋唐时期臻于完备，一直延续至明清。在数千年的历史长河中，监察机构几经变革，不仅名称有所变化，而且机构设置与地位也有所变化。最早的时候，丞相府、御史大夫府合称二府，后来又增加了太尉，形成了所谓的三台。监察这个词是从唐代开始出现的，具体的官职名称变化不是太大，明清时代改为都察，无论称为御史、监察，还是都察，职能都一直延续下来。监察官的主要职能是监察百官，即纠举弹劾百官，其官职品位不高，但是权力很大，所谓“大事奏裁，小事立断”。监察范围覆盖财政、军事、人事管理、司法、教育以及民风民情等诸方面。监察法规也十分完善，从汉代的“监御史九条”“刺史六条”到清代的“钦定台规”“都察院则例”“十察法”等，不一而足。中国近代的监察制度是对古代监察制度的发展，孙中山先生主张的独立于立法、行政、司法、考试的监察权，就是对百官纠举弹劾、实施监督的权力，这一思想对我们改革监察体制具有启发意义。所以，我国改革国家监察体制，设立国家监察委员会，既是时代的要求，也是在吸收古今中外有益经验的基础上与时俱进的表现，体现了中央全面从严治党、全面依法治国的决心。[①]

二、当前我国反腐败监察体制的构建

（一）我国监察体制改革的原因与目标

党的十八大以来，党中央着重开展了以全面“巡视”和专项“巡视”相结合为主要特点的新的监督活动，取得了令人瞩目的成果。随着党内监督的加强，纪委已经实现了监督全覆盖，覆盖了所有国家机关、社会团体及企事业单位的党员；而行政监察机关作为政府的组成部门，只负责监察行政机关的工作人员，以及政府任命的工作人员，不可能覆盖政府以外的机构和人员。

另外，我国目前承担法治监督和反腐职能的机关众多，在政府内部有行政监察机关、审计机关、预防腐败部门，在政府外部有人大监督和司法监督，检察院还有反贪污、反渎职和预防职务犯罪的专门力量。但这些重要的反腐职能分布在多个机关中，多头负责，资源分散，难以形成高效的反腐力量；部分机构如国家预防腐败部门权威性不够，对其他国家机关的制约不足，导致监督效率不高、预防效果不彰。如有学者总结，反腐体系的重合化、机构职能的非统筹化、制度构建的非契合化，降低了反腐预防机制运行的整体效果。[②] 深化国家监察体制改革的总目标是推进监察体制改革，集中以往分散在监察厅（局）、预防腐败局、检察院等部门的职能，整合、丰富、强化反腐败的资源和力量，建立覆盖面更广、实效性更高的国家监察系统。国家监察体制改革的重要任务，就是要把所有反腐败的力量和资源整合在一起，形成新的反腐败体制，也就是建立党统一领导下的国家反腐败工作机构。该机构不是政府部门，也

① 马怀德：《国家监察体制改革的重要意义和主要任务》，载《国家行政学院学报》2017 年第 1 期。

② 刘艳红：《中国反腐败立法的战略转型及其体系化构建》，载《中国法学》2016 年第 4 期。

不是司法机关，而是一个与行政机关和司法机关平行的执法监督机关。这也符合《联合国反腐败公约》要有反腐败“专职机关”的要求。例如，第36条规定：“各缔约国均应当根据本国法律制度的基本原则采取必要的措施，确保设有一个或多个机构或者安排了人员专职负责通过执法打击腐败。这类机构或者人员应当拥有根据缔约国法律制度基本原则而给予的必要独立性，以便能够在不受任何不正当影响的情况下有效履行职能。这类人员或者这类机构的工作人员应当受到适当培训，并应当有适当资源，以便执行任务。”

2016年11月6日，中共中央办公厅印发《关于在北京市、山西省、浙江省开展国家监察体制改革试点方案》（以下简称《方案》），部署在3省市设立各级监察委员会，从体制机制、制度建设上先行先试、探索实践，为在全国推广积累经验，至此，拉开了国家监察体制改革的帷幕。国家监察体制改革是事关全局的重大政治改革，是国家监察制度的顶层设计。国家监察体制改革的目标，是建立党统一领导下的国家反腐败工作机构，实施组织和制度创新，整合反腐败资源力量，扩大监察范围，丰富监察手段，实现对行使公权力的公职人员监察全面覆盖，建立集中统一、权威高效的监察体系，履行反腐败职责，深入推进党风廉政建设和反腐败斗争，构建不敢腐、不能腐、不想腐的有效机制。

（二）我国国家监察委员会的组织结构及职能

1. 监察委员会的组织结构

由于我国实行人民代表大会制度，全国人大是最高权力机关。所以监察委员会由人大产生、向人大报告工作并对人大负责，作为行使国家监察职能的专责机关，党的纪律检查委员会、监察委员会合署办公，建立健全监察委员会组织架构。政府内部的监察机关、审计机关、预防腐败部门，政府外部的人民检察院的反腐败、反渎职部门，以及检察院内部的预防腐败局，组合成一个新的反腐机构。监察委员会设置之后，它就成为与政府、法院、检察院平行的国家机构，国家机构体制也由“一府两院”变为“一府一委两院”，即人民政府、监察委员会、人民法院、人民检察院。目的是加强对“一府两院”和其他公职人员的监督。如此整合的目的，一是保障监察机关的独立性、权威性；二是对国家权力运行实施全面监察；三是赋予与监察机关地位和作用相匹配的多元、有效的监察手段。

2. 监察委员会职能职责

新建立的国家监察委员会，除了保留有原来监察部和国家预防腐败局的职能之外，还将检察院的反贪、反渎和预防职务犯罪部门转隶到国家监察委员会，即整建制改变隶属关系，成为国家监察委员会的内部职能部门，至此，监察委员会职能大体上分为监督、调查和处置三个方面，由内部不同的职能部门负责。调查部门既有对违纪违法行为的调查，也有对涉嫌职务犯罪的调查。从国家反腐败力量资源的整合以及强化党对反腐败斗争的统一领导的角度讲，检察院部分职能的转隶，可以形成统一集中、权威高效的反腐败体制，更好地发挥国家监察委员会反腐败的作用。

根据全国人民代表大会常务委员会《关于在北京市、山西省、浙江省开展国家监察体制改革试点工作的决定》，监察委员会履行监督、调查、处置职责。《国家监察法》确定了监察委员会的三大职权：监督权、调查权、处置权。具体而言：

（1）监督权。即监督检查公权力机关履行国家法律法规规定的职责情况，以及公职人员依法履职、秉公用权、廉洁从政及道德操守情况。监督的对象既包括党内的监督，也包括党外国家工作人员的监督，实现党内、党外监督的全覆盖。

（2）调查权。即对违反法定职责的公权力机关和违反法定职务行为规范的公职人员进行调查，通过调取证据查明违法犯罪问题是否存在。具体而言，是指调查涉嫌贪污贿赂、滥用职权、玩忽职守、“权力寻租”、利益输送、徇私舞弊以及浪费国家资财等职务违法和职务犯罪行为。为履行调查职权，监察委员会可以采取谈话、讯问、询问、查询、冻结、调取、查封、扣押、搜查、勘验检查、鉴定、留置等措施。需要注意的是，在全面实施依法治国和法治反腐败战略要求下，现有的“双规”“两指”面临诸多合法性诘难，必须对它们进行法治化改造，这是法治反腐的内在要求。《国家监察法》可以参考公安机关采取的“留置”措施对“双规”和“两指”[①] 进行严格的限制和规范，从权限、时限、程序、规则等方面予以限制和保障，形成严密的规则体系，将其纳入法制轨道。

（3）处置权。即针对调查的违纪违法情况依据党内法规、行政纪律和国家法律法规进行审查定性并给予处分处理。具体包括两种情况：一是违反党纪和行政纪律，根据违纪严重程度不同可依次给予纪律处分，如警告、记过、记大过、降级、免职、开除公职等；二是违法犯罪，需要将调查的材料移送司法机关依法追究刑事责任。需要强调的是，处置权并非违法犯罪最终判定权，即监察委员会不能判定被调查人构成犯罪，只能依据党纪和行政纪律对违纪者进行处置。[②]

监察委员会是监察执法机关，监察执法权包括查处腐败违法行为的调查权和非刑事处罚权以及查处腐败犯罪的刑事侦查权。赋予监察委员会对腐败违法行为的调查权、处分权，对腐败犯罪的刑事侦查权，这与腐败从违法到犯罪的关联性特征高度契合，是非刑事手段和刑事手段并用的反腐败治理模式的创新，增强了预防腐败的前置性和有效性；由监察委员会侦查、检察机关审查起诉，从根本上改变了刑事诉讼中检察机关“既当运动员又当裁判员”的弊端，体现了侦、诉、审独立运行和相互制约的刑事诉讼原理及以权制权

① “双规”一般是以纪委的名义，它是一种党内调查手段，适用对象是党员；“两指”则是以监察机关的名义，是一种行政调查手段，适用于所有有违反行政纪律嫌疑的人员（不论党员还是非党员），不过在实践中，一般只对非党员进行“两指”，党员一般都适用“双规”。

② 江国华、彭超：《国家监察立法的六个基本问题》，载《江汉论坛》2017 年第 1 期。

的控权法则。①

3. 丰富监察手段，完善监察程序

监察委员会设置后，随着相关职能的变化，相应的监察手段、监察程序也要与时俱进，不断丰富。现行的《行政监察法》《行政监察法实施条例》赋予监察机关检查、调查、建议和行政处分等权力，但是并未赋予监察机关行使查封、扣押、冻结等强制措施以及强制执行的权力，这在一定程度上影响到了监察效用的发挥。制定《国家监察法》和修改相关法律法规，应当考虑增加行之有效且符合法治精神的监察手段。例如，将监察巡视制度作为一种法定监督方式予以规定，实行巡视人员、巡视对象、巡视单位的流动制，一次巡视、一次授权；打破以检查、调查、处理等事后监督为主的监督方式格局，综合、灵活运用事前、事中监督，加强文件廉洁性、合法性审查，重点工作环节现场监督等方式；授予监察机关采取强制措施和强制执行的权力，可以对涉案财产和账户实施查封、冻结、扣押等措施；实行监察对象个人重大事项报告制度，包括财产收入、出国出境情况、配偶子女的从业情况及其他需要报告的事项，同时要向社会公开。同时，应当进一步完善监察程序。比如，可以借鉴法院、检察院办案全程录音、录像的做法，规定监察委员会采取调查措施时应当全程录音、录像。这样既有据可查，又便于接受监督。此外，还需要进一步完善相关制度，强化对监察权的监督制约。

4. 扩大监察范围，明确监察对象

国家监察体制改革，需进一步明确监察对象。行政监察对象与国家监察对象不同：前者只对行政机关公务员和行政机关任命的其他人员实施监察，而后者对所有行使公权力的公职人员均实施监

---

① 参见吴建雄：《监察委员会要不要行使腐败犯罪侦查权——和马怀德教授商榷》，载 http：//www. fffzcn. com/redi-anjj/12991. html，最后访问时间：2017 年 3 月 3 日。

察，实现监察对象全覆盖。具体包括以下九类人员：

（1）中国共产党各级机关工作人员。在我国，共产党是执政党、领导党，行使执政权、领导权，中国共产党各级机关工作人员是行使公权力的公职人员，属于监察委员会的监察对象。

（2）各级人民政府工作人员。各级人民政府工作人员是公权力的行使者，也是监察对象。

（3）各级司法机关工作人员。法院、检察院依法行使司法权，法院、检察院的工作人员原本就属于行政监察的对象，现在也属于国家监察对象。

（4）各级人大机关工作人员。人大是权力机关，本身也是监督机关。监察委员会并非监督人大机关，而是监督人大机关工作人员。人大机关工作人员行使公权力，因此也是监察对象。

（5）各级政协机关工作人员。政协机关工作人员行使一部分公权力，因此也属于监察对象。

（6）民主党派各级机关工作人员。按照《公务员法》规定，民主党派机关的工作人员属于公务员范畴，也是国家监察对象。

（7）法律法规授权组织内行使国家公权力的国家工作人员。法律法规授权的组织，虽然不是国家机关，但在法律法规授权的范围内行使一部分国家公权力。因此，该类组织内行使国家公权力的公职人员，也属于国家监察对象。

（8）科教文卫体等事业单位的工作人员。此类事业单位依法行使一部分国家公权力，如公立医院依法实施卫生防疫、公立大学依法授予学位等。此类事业单位的公职人员，属于国家监察对象。

（9）国有企业管理人员。国企的管理人员，依法享有管理国企的权力，因此属于国家监察对象。

从以上概括来看，之所以设立国家监察委员会，扩大监察对象的范围，就是为了与纪委的监督相衔接，实现对所有行使公权力的公职人员监察全覆盖。值得注意的是，这里虽然不提对公权力组织的监督，但实际上通过对公职人员的监督，也达到了对公权力组织监督的效果。与之相比较，香港特别行政区、澳门特别行政区的反贪污贿赂条例、廉政公署条例的适用对象也非常广泛，不限于行政机关，所有公职人员（包括企业领导、大学公职人员等）均属于适用范围，某些情况下，对私企人员的商业贿赂等行为也实施监督。

（三）监察实践中需要进一步明确的问题

一个新的制度的诞生注定要面临很多新的问题，尤其在试点阶段，更是需要边运行边总结，监察委员会作为我国的专门反腐败机构，其权力运行过程需要明确以下几个问题：

1. 纪委和监察委员会合署办公，其内部如何分工

有人认为，监察委员会与纪委职能重合，职责划分不清，影响行政监督职权的实施。但从制度安排来看，行政监察部门和党的纪律检查部门合署办公，违背了党政分开的基本原则，在实践中也不利于行政监察职权的行使。监察机关的基本职能是监督，也就是要通过对监察对象的监督，维护行政纪律，保证政令畅通。行政监察机构在履职过程中很少能作为监督部门单独行使监察权，更多的是根据纪委的指示和安排办理案件，其独立性及职能的发挥必然受到一定影响。①

通过合署后纪委与监察委员会的合理分工，纪委执纪要强，执法要弱；监察委员会执法要强，执纪要弱。监察委员会主管查处官员违法犯罪，减少并弱化执纪的事，违纪的问题主要归纪委管。这样既体现纪委作为党内监督的专责机关，纪在法前，抓早抓小，把纪律挺在前面的职责；又能够加强监察机关查办违法犯罪案件的力量，增加执法的手段。对于违法犯罪问题，监察委员会既可履行监督、调查、处置三项职责，又可采用谈话、讯问、询问、查询、冻结、调取、查封、扣押、搜查、勘验检查、鉴定、留置12项相关

① 罗晶：《论权力制衡场域下的国家监察制度重构与反思》，载《淮海工学院学报》（人文社会科学版）2017年第4期。

措施和手段，于法有据且顺理成章。如此，纪委的“双规”、行政监察的“两指”可完成其历史使命，纪委与监察委员会既可明确职能，又能合理分工，还能取长补短，从保证查办腐败案件的独立性考虑，监察机关独立的反腐职能可能更有利于反腐。

2. 国家监察机关与司法机关如何协调衔接

国家监察委员会设立后，检察院反贪污贿赂、反渎职、预防职务犯罪等职能，包括机构和人员，将一并转隶到国家监察委员会。所以原来属于检察机关的侦查权自然转归监察委员会行使，属于调查权的一部分。刑事侦查中可以采取的强制性措施大体上包括三类：第一类为针对人的强制性措施，如逮捕、拘留、取保候审、监视居住、拘传；第二类为针对物的强制性措施，如搜查、查封、扣押、冻结；第三类为针对隐私的强制性措施，如窃听电话、拦截电子邮件等技术侦查措施。所以国家监察机关与司法机关的衔接主要涉及检察机关的批准逮捕和提起公诉，还有法院的审判，这些程序和职权划分与原来没有太大的变化。

3. 如何实现监察委员会自身的监督制约

国家监察委员会是一个新的国家机关，其行使的监察权必须接受监督和制约。纪检监察机关的权力一旦缺少来自自身和外部的监督，就会形成更大的腐败风险。对国家监察委员会的监督，无外乎内部、外部两种途径。党的十八大后，中纪委提出打铁还需自身硬、防止“灯下黑”、信任不能代替监督等自我监督理念，也设置了相关的内部监督机构。比如“纪检监察干部监督室”，就是专门对内部人员进行监督。外部监督来自人大监督、社会监督。各级人大设立监察委员会，任命其人员、听取其报告、对相关人员进行质询，都是监督的一部分。社会公众监督看似很“虚”，但因为来自媒体、老百姓各种方法、手段的全方位、全天候监督，人民群众还可以通过举报、投诉、来信来访等传统方式监督，所以实际上比较“实”。多种监督中，最重要的就是法律监督。如果将行政监察法修改为《国家监察法》，通过法律明确监察委员会的职责、权限、运转程序、具体措施，并按照“法定职责必须为、法无授权不可为”的方式进行监督，会有很好的效果。尤其对于这种权力大、涉及面广的重要部门，更需要强化法律对其职权行使的有效监管。

4. 修改宪法和刑事诉讼法，制定《国家监察法》

《方案》将监察机关与人大、政府、司法机关并列，显示了监察委员会的改革方向是在一级人大下与政府及司法机关并列，形成“一府一委两院”的权力格局，这显然已经变更了原来“一府两院”的基本架构；另外，监察机关整合了检察机关的反贪、反渎及职务犯罪预防资源，以及查处职务犯罪的职权与措施，成了反腐败的专门机构，所以《宪法》第89条和第135条，《刑事诉讼法》第3条、第18条、第148条以及第二编第二章第十一节中的相关内容都需要进行相应的修改。同时还需要修改《地方各级人民代表大会和地方各级人民政府组织法》《人民法院组织法》《人民检察院组织法》，重新调整各机关的职责权限。

制定《国家监察法》，需要明确六个基本问题：其一，明晰立法目的，国家监察立法以建立集中统一、全面覆盖、权威高效、监督制约的监察体系为目的；其二，明确性质定位，国家监察委员会属于国家机构，与党的纪律检查委员会合署办公；其三，确定职责属性，国家监察委员会专责行使国家监察职能；其四，界定职权范围，国家监察全面覆盖行使公权力的公职人员；其五，建立衔接机制，国家监察委员会与司法机关相协调衔接；其六，构建监督机制，国家监察权自身接受党、人民代表大会和社会的监督制约。另外，监察委员会立案后，律师能否介入的问题；以及在接受监察委员会调查、侦查时，违法违纪嫌疑人的人身权利和诉讼权利应当如何保障的问题，都是立法时需要解决的问题。

第三节　腐败犯罪立法的境外管窥

一、《联合国反腐败公约》的立法特点

第一，2003 年 10 月 31 日，第五十八届联合国大会正式通过了《联合国反腐败公约》（以下简称《公约》），这是联合国历史上通过的第一项指导国际反腐败斗争的法律文件，《公约》的通过，标志着国际社会进入联手打击腐败犯罪的崭新阶段，《公约》在总结、借鉴区域性、国际性反腐败公约所确立的腐败治理理念、法律制度与积极经验的基础上，从预防措施（preventive measures）、定罪和执法（criminalization and law enforcement）、国际合作（international cooperation）、资产的追回（asset recovery）、技术援助和信息交流（technical assistance and information exchange）、实施机制（mechanism for implementation）六个方面，构建了完整、全面的腐败控制法律体系。《公约》不仅确立并倡导了在国际社会行之有效的腐败犯罪治理理念，还为国际社会提供了高效的治理机制与策略，更为国际社会治理腐败犯罪提供了基本的法律依据和行动准则，《公约》作为国际社会腐败犯罪治理对策的经验总结，还引导了国际反腐败斗争的方向，成为国际社会治理腐败的法律基石。

第二，《公约》除序言外，共分八章，包括总则，预防措施，定罪、制裁、救济及执法，国际合作，资产的追回，技术援助和信息交流，实施机制以及最后条款。《公约》还从实体法和程序法两个方面对预防和惩治腐败作出规定。

第三，在反腐败的国际合作方面，《公约》规定了引渡、被判刑人的移管、司法协助、刑事诉讼的移交、执法合作、联合侦查、特殊侦查手段。在追回被腐败犯罪人转移至境外的资产方面，《公约》规定了预防和检测犯罪所得的转移、直接追回财产的措施、

通过没收事宜的国际合作追回资产的机制、资产的返还和处分，以及双边和多边协定与安排等具体的原则和措施。

第四，《公约》在强调对腐败犯罪进行有效打击的基础上，主张多学科、综合性的预防战略，实行政府主导和社会参与相互促进的方式预防腐败，对中国的反腐败工作有较大的启示作用。在公约的指引下，我国对刑法进行了四次修改，增加了利用影响力受贿罪、对有影响力的人行贿罪和对外国公职人员、国家公共组织官员行贿罪，进一步完善了我国惩治腐败的相关法律。按照《公约》的要求，我国的刑事诉讼法也进行了大量的修改，借鉴了《公约》制定的加强国际合作、查处外逃贪官、追回境外资产的措施和方法。《公约》为我国进一步加大反腐力度、遏制腐败犯罪、完善惩治腐败的刑事立法发挥了巨大的作用。

二、《香港防止贿赂条例》的特点

目前，我国香港特别行政区已经是全球最清廉的地区之一。1971 年出台的《香港防止贿赂条例》是集刑法、刑事诉讼法、廉政公署组织法于一体的单行特别刑事法，它针对腐败犯罪最为突出的表现——贿赂犯罪，构筑了一道十分严密的防线，同时也在反腐败领域形成了自身的显著特色。

（一）详细划分各种贿赂行为

根据《香港防止贿赂条例》的规定，贿赂行为包括了“索取或接受利益”“贿赂”“为合约事务上给予协助等而作的贿赂”“为促致他人撤回投标而作的贿赂”“与拍卖有关的贿赂”“与公共机构有事务往来的人对公职人员的贿赂”“代理人的贪污交易”和“来历不明财产的管有”等多种行为方式。对于公职人员而言，可能违反贿赂条例的行为更显多样，既可以是与身份相关的作为或不作为，又可以是加快、拖延、妨碍或阻止自己或其他公职人员拥有某种身份的行为，还可以是协助、优待、妨碍或拖延任何人在公共机构处理事务的行为。

（二）准确界定贿赂犯罪主体的范围

《香港防止贿赂条例》对于贿赂犯罪的主要主体——公权力的使用者，是以“公职人员”来定义的。而公职人员又包括了订明人员、公共机构的雇员和《香港防止贿赂条例》附表中列举的公共机构、会社、协会以及特定教育院校的从业人员。其中，订明人员与一般政府工作人员不同，其意指受香港政府聘用的永久性或临时性雇员，但由于他们可以执行公务，因此也被视为受贿罪主体之一。公共机构的雇员，是指政府、行政会议、立法会、各区议会，由行政长官或行政长官会同行政会议委出，或者由他人代行政长官或行政长官会同行政会议委出的各类委员会或其他机构之雇员，不论该委员会或机构是否获得酬劳。

三、《新加坡反贿赂法》的立法特点

新加坡于1960年制定了作为特别刑法的《新加坡反贿赂法》(以下简称《反贿赂法》）并于1991年进行了修订，《反贿赂法》出台后，经过几十年的集中整治，新加坡腐败犯罪逐年减少，目前已成为清廉度较高的国家之一。可以说《反贿赂法》对腐败的治理起到了至关重要的作用。腐败犯罪的规定主要集中在以下几个方面：

（一）对贿赂的界定

《反贿赂法》对“贿赂”的定义是直接而明确的，其在第2条“释义”中详细描述了“贿赂”的四种表现形式：（1）金钱、礼品、贷款、酬金、赏金、佣金、有价证券或其他任何形式的财产或财产方面的利益，包括动产或不动产。（2）公职、职业、合同。(3）部分的或全部的贷款、责任或诸如此类的义务的支付、豁免、解除或了结。（4）服务、恩惠或其他诸如此类的利益，包括免除已招致的或已察觉的惩罚或资格的丧失，免除纪律性或刑事性的诉讼或追诉，不管其是否已经开始；还包括权利、法定权力或职责的履行或延期履行。(5）对符合上属第（1）、(2)、(3)、(4）项规定的贿赂的提供、约定或许诺。从上述定义可以发现，新加坡对于“贿赂”的认知是广义和宽泛的，既有财物又有非财物；既包括有形实体利益又包括无形资产；既涵盖主动增值性利益又涵盖免除惩罚等消极性利益。相对于单纯的实体财产性利益而言，《反贿赂法》对“贿赂”的认知可谓是全面而细致的。

（二）对贿赂行为的客观认知

一般来说，贿赂是一对一的对合行为，《反贿赂法》在对贿赂犯罪的客观要素进行定义时，高度关注其对合性，将行贿行为与受贿行为置于一体，充分反映出贿赂犯罪的客观面貌。另外，为了从源头上预防贿赂行为的发生，《反贿赂法》还赋予所有公务员一项特殊的责任，即如果有人向公务员行贿，那么其必须将行贿者押送到警察局。否则，该公务员也将构罪，而被判处相应罚金、监禁，甚至两者并处。换言之，如果公务员没有当场制止行贿者，也是一种犯罪。

（三）对贿赂犯罪主体范围的规定

《反贿赂法》并没有将贿赂行为只局限于公权力部门，而是将“任何人”作为贿赂犯罪的主体进行追责。但是要区分公职人员与一般公民的罪责，其第 5 条规定，如果贿赂犯罪涉及或是签订该合同的计划，或是包含在该合同中实施任何工作的转包合同的，那么行为人就要受到更为严厉的处罚。

（四）对贿赂犯罪主观要素的判定

《反贿赂法》对贿赂犯罪的主观要素的判定采用“刑事推定”的原则。该法第 8 条规定了可以推定成立贿赂行为的情形：“在对符合本法第 5 条、第 6 条罪行的人起诉时，除非有相反的证明，在政府或其他任何部门或公共团体中任职的人被已经或正在谋求与政府及其他任何部门或公共团体有业务关系的人或其代理人支付或给予贿赂，或者接受贿赂，这种非法支付、给予或接受的贿赂应被看作是上文所提到的引诱或报酬。”此外，《反贿赂法》将犯罪既遂的标准提前，规定只要有贿赂行为发生，即便行为人意图并未实现，也能成立犯罪。

四、境外反腐败刑法结构的共性与借鉴

通过分析上述联合国、新加坡与我国香港地区反腐败刑事立法的主要内容及其特色，我们发现，这些法律文本关于腐败犯罪之刑法结构的规定，有诸多共同点与相似之处，具体体现如下：

首先，关于腐败犯罪对象与行为方式的描述都具有较大的包容性。例如，《联合国反腐败公约》根据腐败犯罪类型的区分，将不正当好处、各类资产乃至人身都归入腐败犯罪的对象，且其中不正当好处既可以指财产性利益又可以指非财产性利益，各种资产包括有形物、无形物甚至法定权益；而《新加坡反贿赂法》与《香港防止贿赂条例》也分别开宗明义地对贿赂或者贿赂行为的多种表现形式一一细数，从而更为全面地概括了司法实务中腐败行为的实际样态，有利于严厉打击腐败犯罪。

其次，对腐败犯罪主体范畴的圈定均体现出明显的广泛性。在上述三部法律规范当中，腐败犯罪主体涵盖的范围都相当广泛，不仅包括普遍意义上的公职人员，而且涉及一般公众，有的甚至将享有一定刑事豁免权的行政长官也纳入进来；在对公职人员进行界定时，一般也囊括了供职或受聘于立法、行政、司法机关及其委出的各类委员会或其他机构的人员，以及履行公共职能或提供公共服务的任何其他人员，有的还明确规定外国公职人员和外国国际公共组织官员亦属公职人员范畴。此种广泛性表明，在对腐败犯罪进行责任追究时，任何人都将受到法律一视同仁地对待。

再次，在腐败犯罪客观方面的判断上并不将腐败行为的后果视为腐败犯罪成立与否的决定性因素。三部法律规范的具体规定均表明，腐败行为无论造成危害与否，都不会实质地影响腐败犯罪之成立。申言之，上述反腐败刑事立法的原点，是主观主义的观念。可以说，主观主义虽然并不否定“犯罪是行为”的命题，但是其认为，客观行为只是犯罪行为人危险性的外在表征，并不具有决断的

意义，即客观行为及其实害并不是产生刑事责任的基础。在此观念影响下，腐败犯罪中的关键性行为——“交付与接受贿赂”的主要作用在于证明犯罪人的腐败心态，在确立腐败心态即可罚的前提下，行为形式的多样化、后果的严重性及其实害的大小都只能构成量刑的情节，而不能成为定罪的依据。

据此，上述腐败犯罪刑事立法的着重点在于犯罪人本身，而不在于犯罪行为。

最后，在腐败犯罪主观因素的认知上多采取以行为推断意图的定罪态度。也就是说，在对腐败犯罪进行定罪时，主要将行为人的行为与事实当作关键因素，而对其主观意图的确定，则并不需要十分确切的证明，在具备一定行为或事实的基础上，即可直接推断特定意图的存在。甚至在有的情况下，意图是否存在，已不影响腐败犯罪的成立。

第四节　境外反腐立法思想对我国反腐立法理念的启示与借鉴

“理念”是一个重要而古老的哲学概念，其作为对事物本质的一种概括，诉诸理性认知，蕴含着对一定社会基本价值的追求。[①]理念是行动的先导。科学的腐败犯罪治理理念是建构完备、有效的腐败犯罪控制对策，达至最佳腐败控制效果的前提，从某种意义上说，世界惩治腐败犯罪立法的发展，正是腐败犯罪治理理念创新的积极成果。学习借鉴《联合国反腐败公约》这一为了应对全球性腐败行为而制定的指导各国反腐败立法的指南，形成全球性打击腐败犯罪的基本准则。笔者认为，在当前反腐新形势下，我国应明确预防腐败优先、社会公众参与反腐和国际合作追赃追逃三项基本理

① 张志铭、于浩：《现代法治释义》，载《政法论丛》2015 年第 1 期。

念，这对于预防和惩治腐败犯罪具有指导和决定性的意义。

一、预防优先

（一）预防犯罪的必要性

反腐败的预防优先理念是基于对腐败本质、腐败成因和反腐败实践的理性认识形成的反腐败思想，它揭示了反腐败行动所应遵循的价值理念，致力于通过系统地消除腐败滋生的原因和条件预防腐败的发生。反腐败预防优先理念强调在反腐败的策略选择中着眼于防患于未然，防患腐败于发生之前，即通过采取事先预防措施使腐败不发生；通过突出惩治的特殊预防和一般预防功能，使腐败者不再腐败、潜在腐败者受到警示和教育，以改变片面追求事后惩治而不能从根本上消除腐败不断发展蔓延的现状。早在古典犯罪学派时期，刑法学鼻祖贝卡利亚就指出预防犯罪的重要性："预防犯罪比惩罚犯罪更高明，这乃是一切优秀立法的主要目的"。"刑罚的目的既不是要摧残折磨一个感知者，也不是要消除业已犯下的罪行；刑罚的目的仅仅在于：阻止罪犯再重新侵害公民，并规诫其他人不要重蹈覆辙。"①

贪污贿赂犯罪的严重化乃至国际化，暴露出将刑法作为应对日益高涨的腐败犯罪的唯一抑或主要机制的不足，为提高社会的治理腐败能力，就必须在强调对已然贪污贿赂犯罪给予必要惩治的同时，分析贪污贿赂犯罪产生的原因，建构完备的法律与制度体系，以有效预防与控制犯罪。

对贪污贿赂犯罪施以刑罚，是社会在面对贪污贿赂犯罪侵害时的一种本能反应，是各国为消除犯罪危害而采取的一种报应性控制手段。传统的以惩治性治理理念为指导的腐败犯罪治理体系，过分强调刑法的打击而忽视了其他社会控制手段在腐败治理中的作用，

① 贝卡利亚著：《论犯罪与刑罚》，黄风译，中国大百科全书出版社1993年版，第42页。

以此为指导而建构的腐败犯罪治理体系具有两个显著特征：首先是在治理目标上，强调消除已然的犯罪对国家、社会以及公民权益的侵害，恢复被腐败行为人扭曲的权力运行机制与财产占有关系；其次是在治理手段上，突出刑罚的威慑作用，通过剥夺犯罪人再犯能力、没收实施贪污贿赂犯罪所获得的非法利益来弥补犯罪对社会造成的侵害。然而其缺陷在于：一是尽管在一定程度上恢复了被犯罪人扭曲的权力运行机制与财产占有关系，但贪污贿赂犯罪对具有不可恢复性的社会公众对公共权力正当性信赖的侵害，却具有损失的无法消除性；二是惩治性治理以刑罚的报应性与威慑性为核心，尽管能对其他犯罪人产生一定抑制作用，但无法最大限度地消除其他权力主体实施腐败犯罪的内心动机，治理效果有限。①

传统的惩治性治理理念过于崇尚刑罚的事后惩戒作用，忽视腐败发生的必然性和制度性缺陷的客观性，难以有效扼制腐败的扩张与蔓延。预防措施对腐败者产生现实的威慑效应，随着腐败者内心动因的抑制乃至消除，对腐败的治理效益也会随之提高。

（二）我国预防腐败的立法立法现状

随着我国对反腐败资源的整合，把原来的职务犯罪预防局转隶属于由纪委和监察机关合署办公的监察委员会，所以，领导和监督职务犯罪预防的机关就是国家监察委员会和各省、市、县级监察委员会。预防和惩治公职人员腐败行为的法律法规有：2007 年颁布的《行政机关公务员处分条例及相关法律法规》，其中包括《行政处分》《公务员法》等 24 部法律法规。2013 年以来，又修订《中国共产党党内监督条例（试行）》和《中国共产党巡视工作条例（试行）》。制定了《建立健全惩治和预防腐败体系 2013~2017 年工作规划》，要求组织部门、宣传部门以及纪检监察、司法、行政执法等机关和部门要充分发挥纪律约束、法律制裁、经济处罚等作

① 孙国祥、魏昌东著：《反腐败国际公约与贪污贿赂犯罪立法研究》，法律出版社 2011 年版，第 29 页。

用，多措并举，以增强党风廉政建设和反腐败工作综合效果。

（三）预防优先反腐败政策应当遵循的原则

腐败犯罪的预防是防患于未然，避免造成更严重后果的预警机制，所以，也应当遵守法治原则，妥善管理公共事务和公共财产的原则，廉正和透明度原则和问责制原则。

1. 法治原则

法治是一个经典性的概念，古今中外不同时代的思想家都对这一概念有过不同的论述。在最原初的意义上，法治就是规则之治。随着历史的演进，人类社会又不断赋予法治新的意涵，即法律主治和良法之治。而现代意义的法治升华成了有品质德性的规则之治，不仅强调形式层面的良好特质，而且注重实质意义上的价值内涵。法治理念和法治原则是其品质德性的高度凝练与充分表达，构成了不同法治实践的共同分母，并为国家和社会生活的法治化治理提供了价值指向及实现路径。①《布莱克法律辞典》对“法治”的解释是：“法治是由最高权威认可颁布的并且通常以准则或逻辑命题形式表现出来的、具有普遍适用性的法律原则。”“法治有时被称为法律的最高原则，它要求法官制定判决（决定）时，只能依据现有的原则或法律而不得受随意性的干扰或阻碍。”我们认为关于法治的基本理念是主张平等，反对特权；注重保障公民权利，反对政府滥用权力。因此，法治的基本特征表现为：首先，法治不仅是一种制度化模式，而且还是一种理性精神和文化意识；其次，法治作为现代社会人类的一种基本追求，构成了当代民主的秩序基础；最后，法治最重要的含义，就是法律在最终极的意义上具有规限和裁决人们行为的力量，它既是公民行为的向导，也是司法活动的唯一准绳。法治的基本价值蕴含包括以下几个方面：

（1）法治是规则之治，法治是使人类行为服从规则治理的事业，规则包括但不限于法律（规则），道德、纪律、宗教规范等也

---

① 张志铭、于浩：《现代法治释义》，载《政法论丛》2015年第1期。

属其中。

（2）法治是良法之治。限制公权力是现代法治的基本精神，权力趋向于腐败，绝对的权力导致绝对的腐败。对各种权力尤其是政府公权力予以合法性的考量和制约，防止权力腐败，是近现代法治的应有之义。孟德斯鸠认为，“一切有权力的人都容易滥用权力，这是万古不易的一条经验。有权力的人们使用权力一直到遇有界限的地方才休止”，因此“要防止滥用权力，就必须以权力约束权力”。[①] 权力间相互制约、相互平衡，是防止权力擅断的关键，是制约权力滥用的最有效方式，也是充分保障实现民众权利和自由的关键要素。

（3）公正是现代法治最普遍的价值表述。法治所要求的法律是本身良好的法律，在最为一般或普遍的意义上说就是体现公平正义的法律。

（4）尊重和保障人权是现代法治的价值实质。人权体现了现代法治所追求的公平正义的精神实质，奠定了现代法治价值正当性的基础。现代法治就是保护人权的一种制度性安排。

反腐败预防政策的法治原则，体现了预防腐败的立法的正当性、科学性和权威性，法治原则指导下反腐败的指导思想、原则、方法与手段更加理性和更容易达到反腐败的目的。

2. 妥善管理公共事务和公共财产的原则

妥善管理公共事务和公共财产包括三种类型的管理系统：第一种是负责设计和组织运营的管理系统，这种系统负责设计计划以及执行政府的决议，组织计划的管理以及支持服务，为计划的实施以及确保支持服务的运作提供资金。第二种是负责执行计划的管理系统，这一系统包括对人员、商品和服务的提供，资金和债务以及统一核算的管理。第三种是通过内部控制和外部审计，对资源的管理

① ［法］孟德斯鸠著：《论法的精神》（上册），张雁深译，商务印书馆1961年版，第156页。

进行系统控制的系统。预防性反腐败政策的制定应体现在上述管理公共事务与公共财产全过程中对腐败的预防和控制，并适用于所有公共部门机构，包括立法和司法在内的管理单位。① 妥善处理公共事务与公共财产的问题，才能有效防止腐败的发生，从源头上保证权力的正确行使和公共权力不被转化为私人财产。

3. 廉正、透明度原则

这里廉正即廉洁正直，该词在条约英文版本中用的是 integrity，意为诚实、正直、有气节的、完整的，要求权力应当由公正廉明、有道德的人掌握。秉持廉洁、克制私欲是公职人员履行公共管理职能的基本要求，也是避免腐败的品格要求。

透明度是指向相关方和监督者提供有用、及时、一致、可理解的，可靠的以及可证实的信息；保存和随时准备将这些信息用于咨询与举证；在公务员采取行动的事前、事中和事后要公布有关信息，以保护公共利益，确保获得公众的理解。② 透明度原则要求公共权力的行使和信息公开，以确保公众的知情权，以此来保证公众对公共权力行使的监督，它是针对政府信息不公开、“暗箱操作”等情况而言的，它要求成员国在不妨碍执法或违背公共利益或损害特定公、私企业合法商业利益的前提下，公开信息，增加行为的可预期性。它包括规则制定透明、程序透明和结果透明等内容。③ “阳光是最好的防腐剂”，而透明度就是最强烈的阳光。

4. 问责制原则

问责制是一种责任机制，即选民或统治者对公职人员依法或依

---

① 杨宇冠、吴高庆主编：《〈联合国反腐败公约〉解读》，中国人民公安大学出版社 2004 年版，第 53~54 页。

② 杨宇冠、吴高庆主编：《〈联合国反腐败公约〉解读》，中国人民公安大学出版社 2004 年版，第 54 页。

③ 李翔著：《国际反腐败公约与国内法协调问题研究》，中国人民大学出版社 2010 年版，第 51 页。

职权履行职务的情况在合理有限的时间内进行质问或报告的制度。[①] 问责制可分为两种类型：一种是垂直问责制，即被统治者对统治者施加控制；另一种则是水平问责制，即统治者对其他机关负责、监督、控制。[②] 不管公职人员职务高低，对由他负责的公共资源的配置和合理管理以及使用推行问责制，有助于形成一种大多数官员和公民对腐败不再容忍的环境，进而推动社会公众积极参与反腐败的行动。

（四）完善我国犯罪预防政策法律体系的途径

从目前我国查处的腐败案件情况来看，串案、窝案，一个地方、一个系统“塌方式”腐败说明，我国的法律制度预防和党的纪律监督尚有待加强。很多官员在“忏悔录”里也都指出，如果有人在他刚犯错误时及时提醒或批评教育，也不至于在错误的道路上越走越远，在腐败的泥潭里越陷越深，以至于最后酿成大错，给国家和人民造成巨大的损失。预防或监督失灵的原因固然与贪污贿赂等腐败犯罪的隐秘性有关，但是我国对公职人员犯罪的预防和监督也存在严重的缺陷，具体来说有以下几点：

（1）真正贯彻落实公职人员财产申报制度。财产申报制度是预防犯罪的最有效制度之一。《联合国反腐败公约》第 8 条和第 52 条特别强调了预防性反腐败的财产申报制度。我国也有财产申报制度，但是往往不能落到实处。对照《联合国反腐败公约》的要求，除了要完善财产申报制度，如将申报范围扩大为职务外活动、任职、投资、资产以及贵重馈赠或者重大利益；将申报对象扩大为所有的公职人员；要求增强公职人员定期申报、定期审计的强制性和透明度；并由审计机关或专门的监督机关接受申报等，还要规定对

---

① 杨宇冠、吴高庆主编：《〈联合国反腐败公约〉解读》，中国人民公安大学出版社 2004 年版，第 54 页。

② 杨宇冠、吴高庆主编：《〈联合国反腐败公约〉解读》，中国人民公安大学出版社 2004 年版，第 54 页。

不遵守申报制度的制裁措施。这些措施有助于公民对公职人员的财产变动进行监督，及早发现腐败。

（2）增加行政决策和权力运行的透明度。对各种涉及民生和他人利益的信息应当公开，或者可以通过公开的渠道查询等。另外，应实行权力清单制度，让社会公众了解政府拥有权力的情况，便于公众监督公职人员越权和渎职的行为。

（3）加强金融监管。腐败分子向境外转移资产的途径主要包括现金走私、替代性汇款体系、经常项目下交易、境外投资、信用卡工具等。如果一个国家的金融监管到位，非法资金的流动必然会受到限制，资金转移将是一件非常困难的事。很多国家采取了完善金融监管措施，严格审查重要公职人员的银行账户、监测可疑交易、保持嫌疑人金融账户的交易记录、核查大额账户受益人身份等措施。在美国、加拿大等国家，如果有 1 万美（加）元以上的资金流动，银行系统就会及时报告监察机构。我国于 2006 年通过了《反洗钱法》，将贪污贿赂犯罪纳入反洗钱的范畴，要求中国境内的金融机构和特定非金融机构采取预防、监控措施，建立健全客户身份识别制度、客户身份资料和交易记录保存制度、大额交易和可疑交易报告制度，履行反洗钱义务。①

（4）预防私营部门腐败的财会监督制度。财会制度缺乏监督而使私营部门成为腐败的重要来源，目前我国预防私营部门腐败的财会监督制度主要分布在《会计法》《审计法》《税法》《刑法》中，但缺乏系统性，应按《联合国反腐败公约》的要求进行立法。例如，增进私营实体透明度，包括酌情采取措施鉴定参与公司的设立和管理的法人与自然人身份；对私营部门的审计标准及加强性和禁止性的具体措施，如设立账外账户、进行账外交易或者账实不符的交易、虚列支出、登录负债账目时谎报用途、使用虚假单据、故

① 杜邈：《反腐败国际刑事司法协助的新趋势》，载《法治研究》2012 年第 12 期。

意在法律规定的期限前销毁账簿；对与贿赂相关的费用拒绝实行税款的扣减，等等。应尽快完善预防私营部门腐败的监管规定，从制度上堵塞腐败的漏洞。

腐败是权力运行的副产品，是社会主体有选择的社会活动，人对社会财富的无限追求是腐败衍生的根本原因。腐败的发生也是一定社会环境的产物，特定的社会环境影响腐败的发生概率、规模与程度，由此决定了腐败衍生所具有的自然与社会二元属性。对腐败衍生机理的探寻是形成科学治理理念的前提。从腐败者的角度解释腐败，腐败不过是权力主体受膨胀的自我贪欲驱使，实施疯狂聚敛财富的行为；而从腐败受害对象即国家与社会的角度解释腐败，由于腐败常发生于社会控制机制的薄弱环节，因而腐败蔓延的原因是国家与社会疏于对腐败控制机制的构建。国家治理者对腐败的衍生机理缺乏科学、全面的认识，从而在一定程度上否定了国家与社会对腐败发生的社会责任，其结果就是在长期的腐败治理中忽视对腐败预防机制的建设，包括资金和人员的投入。预防优先理念与制度构建，使传统的以惩治为主的治理模式向惩治与预防并重的模式转变，对腐败易生领域与环节的重点防范，以及健全制度本身所具有的约束与威慑，将最大限度地提高社会整体防御能力，有效限缩腐败滋生的范围。①

总之，预防优先理念是在对腐败本质和成因的理性认识、对反腐败问题客观考量基础上形成的理念。不论从腐败的产生原因、腐败作为一种国家治理问题，还是从反腐败的成本与收益衡量来看，预防都是解决腐败问题的理性选择。②

---

① 孙国祥、魏昌东著：《反腐败国际公约与贪污贿赂犯罪立法研究》，法律出版社 2011 年版，第 30 页。

② 李景华：《反腐败预防优先理念研究》，2011 年中国政法大学博士学位论文，第 149 页。

二、反腐败的社会公众参与

（一）反腐败公众参与的含义

所谓反腐败的社会公众参与，是指为了反腐败，鼓励除公共部门以外的个人和社会团体，他们不完全是腐败行为的利益相关者，而是作为一个旁观者，是否、能否自愿通过法律或行政手段同违法犯罪行为作斗争的行为。传统的腐败治理理念，强调国家与社会是治理腐败犯罪的唯一主体，忽视社会参与的积极作用，难以形成有效的腐败犯罪防范体系；另外将刑罚视为腐败治理的唯一机制，崇尚乃至迷信刑罚的腐败治理作用。由于腐败产生原因的多元化，腐败的受益者是少部分人，但是危害的却是国家、社会和人民大众的利益。如果社会大众都能参与到反腐败行动中，腐败状况一定能够得到实质性的改善。

国际反腐败的经验证明，公众参与是预防腐败的重要措施，没有公众的支持和积极参与，反腐败不可能取得最终的成功。如何发动公众参与反腐败是需要研究的重要课题。我们认为需要充分利用政府的透明度和宣传教育平台，也要充分发挥民众、私营部门、公民社会组织以及国际组织的作用，让公众知悉腐败的状况和危害以及反腐败的措施和方法，动员全社会参与反腐败行动。在反腐败方面，要充分发挥一切手段，利用法治反腐、制度反腐、文化反腐，在全社会形成不容忍腐败的氛围，使当权者“不敢腐、不能腐，不愿腐”。只有公众认为腐败与自身利益攸关，才会采取反腐败的行动举报腐败行为。

所以，促使社会公众参与是有一定前提条件的：首先，扩大民主，使社会公众有机会参与决策，或者提高决策过程的透明度，使公众能够监督决策的科学性或合法性、合理性；其次，多渠道公开涉及公众利益的政府决策的内容；再次，扩大反腐败的宣传教育，在中小学和大学的思想品德教育中增加廉洁教育的内容，加强腐败可耻、拒绝腐败的文化教育；最后，保护社会公众对腐败信息查找、接收和公开的自由，除非侵犯了他人的人格、名誉等其他权利，或者侵犯了国家和社会的安全或秩序以及其他权利，否则不得加以剥夺或阻碍。

(二) 公众参与反腐败的价值体现

反腐败对于国家的法治建设、民族的兴旺发达和人民的安居乐业至关重要，而社会公众参与反腐败的程度关系到反腐败的成效，因此，社会公众参与反腐意义重大，体现在以下几个方面：

1. 公众参与有助于弥补国家治理功效的不足

公众参与有助于国家决策的科学化、合理化，减少利益冲突。能够使公众体会到正义的实现，有助于减少国家治理的负担，从而有助于促使国家权力的下放。此外，公众参与是基于市民社会自治机制的发展而逐渐形成的，同时它又成了市民社会治理的核心经验。所以，公众参与还有助于市民社会的培养，市民社会的缺位导致了国家权力的独大，而加强公众参与会加速市民社会的形成，形成“公众—社会—国家”的完善治理结构。①

2. 有利于防止滥用公共权力

孟德斯鸠认为：“一切有权力的人都容易滥用公共权力，这是一条千古不变的真理。”腐败的实质就是公共权力的滥用，而缺乏有效的监督和制约是导致权力滥用的根源。因此，反腐廉政建设，必须加强对公共权力的监督和制约。通过公民的广泛参与，以社会力量制约权力，使公共权力的运行处在民众的全面监督之下，“阳光是最好的防腐剂”，进而有利于防止公共权力的滥用。②

3. 有利于查处和惩治腐败行为

发动广大社会成员参与反腐是发现和查处违法违纪案件的重要

① 熊文钊、曹旭东：《公众参与的合理性与权利保障制度》，载《论法治反腐“反腐败法制建设”国际学术研讨会论文集》2008 年 1 月。

② 唐海歌：《反腐败的公民参与：价值、困境与对策》，载《企业导报》2013 年第 23 期。

渠道，随着查办案件难度的不断加大，腐败行为和作案手段越来越隐蔽，案情也越来越复杂，腐败犯罪的“黑数”较其他刑事犯罪的“黑数”要大。尽管如此，通过广大群众的举报和检举，有价值的案件线索不断被披露，一些串案、窝案、大案、要案和高官不断被查处，人民群众举报和揭发成为案源主渠道。①

（三）当前我国社会公众参与反腐败的现状

虽然我国宪法规定了公民享有控告、申诉、批评、监督等民主权利，决策部门也已经认识到人民群众在反腐败中的巨大潜力，但是在立法上并没有相关法律制度对其参与反腐败的途径、方式给予相应的保障，致使社会公众参与反腐的能力和意愿处于不理想的状态。主要表现在以下几个方面：

1. 社会公众对腐败的危害性认识不够

从实践来看，举报人通常是举报那些与自己的利益紧密相关的腐败现象，或者说他们所举报的腐败行为直接地、明显地侵害了自己的利益。② 据调查，65%的人在不涉及个人利益的情况下选择不举报，听之任之，只有 35%的人选择“可能会”匿名举报。这主要源于人们对腐败现象的危害性认识不够。在大多数情况下，人们能够理解腐败对国家利益和集体利益的危害性，但很多人并不能深刻认识到腐败也会间接地危害身处国家和集体中每个公民的切身利益，他们认为腐败与自己无关，因此也就不会关心反腐败问题，更不会有反腐败行动了。

2. 公众对腐败的容忍度仍较高

在廉洁度较高的国家或地区，公众社会对腐败的容忍度通常是很低的，目前我国公众对腐败的容忍度仍然处于较高的水平，国人

① 贾利亚：《当代中国反腐败社会参与问题研究》，载《郑州大学学报》（哲学社会科学版）2014 年第 3 期。

② 杜治洲：《公众参与反腐倡廉的影响因素及其挑战》，载《理论视野》2013 年第 3 期。

时常处于一种矛盾的纠结中，人们痛恨贪官，却又想“当官发财”；讥讽不正之风，自己办事却忙着找关系；痛恨收礼的，却盼着别人收下他的礼金；痛恨“潜规则”，却又希望自己是“潜规则”的受益者，这种多元畸形的价值观导致人们对某些腐败行为见怪不怪，从心理上对一些腐败行为默认和容忍，① 据调查，50%的人认为涉案金额5万元以上才应当受处罚，只有10%的人主张对腐败“零容忍”，大多数人关注的焦点不是该不该拿，而是拿了多少，拿多了才是犯罪，拿少了没必要处理。

3. 腐败行为的举报者没有得到足够的保护和激励

举报和作证是公众参与反腐败的重要途径。当前，我们在保护举报人的问题上并不是没有建立制度，而是执行力不够。最高人民检察院、中纪委监察部都有保护举报人的规定，还有奖励举报有功人员的规定，这些规定还很详细。例如，最高人民检察院的《人民检察院举报工作规定》第6节专门就“保护”明确规定：要求对举报人的身份加以保护，不得泄漏有关举报人身份或者可以推测出举报人身份的信息，甚至规定了对匿名举报信不得进行笔迹鉴定等。但现实常常是被举报人拿着举报信找举报人谈话，据最高人民检察院统计，从20世纪90年代起，全国发生的对证人、举报人报复致残、致死的案件，已由先前的每年不足500件上升到后来的每年1200多件。② 中国青年报社调研中心在线调查显示，有34.9%的人担心举报后遭到打击报复而对耳闻目睹的腐败行为视而不见、充耳不闻。

4. 公众参与的主体势单力薄

有学者提出了社会参与主体筛选的两个标准：“利益关联性”

---

① 吴海红：《推进社会反腐须突破三大困境》，载《学习时报》2012年3月5日。

② 杜治洲：《公众参与反腐倡廉的影响因素及其挑战》，载《理论视野》2013年第3期。

标准和“专业性”标准，按照相关领域的利益关联程度和专业性程度确立主体的范围。[①]《联合国反腐败公约》规定，社会公众指的是公共部门以外的个人和团体，如民间团体、非政府组织和社区组织等。而在我国，社会参与的主体往往都是个人，而且大多是受害人，组织或团体参与者甚少。由于我国市民社会和非政府组织发展起步较晚，并且非政府组织自身存在一些问题及其发展中存在的阻碍，致使我国非政府组织的公民基础薄弱，真正的完全民间化的志愿者组织几乎没有；[②] 即使有，其社团组织力量也较弱，如消费者协会、律师协会等，组织作用也没有得到充分发挥，组织活动因缺乏自主性和独立性、过分依赖政府而使非政府组织无法对行政权力的运作进行有效监督和制约，影响了非政府组织参与治理腐败的效果。

5. 完善反腐败的相关法律制度，畅通公众参与反腐的渠道

当前“情妇反腐”、网络反腐是社会公众参与反腐的两种主要渠道和形式。另外，随着信息化时代的到来，网络、微博、微信等新兴媒体因具有超时空性、超媒体性、交互性等优势，在给我国公众的工作和生活带来了极大便利的同时，也为公众参与反腐搭建了新的平台，社会公众随时可以把发现的腐败信息传播出去，如雷某某等官员因“艳照门”“开房门”等不雅视频照片在网络上曝光而纷纷落马，爆料人大多是利益相关者，也不乏有些是恶意报复者。《联合国反腐败公约》第 13 条第 4 项明确规定，在行使个人自由权利时不得侵犯他人的权利或者名誉，要维护国家安全或公共秩序、公共卫生和公共道德。所以，在积极主张公众参与反腐，提供更多反腐渠道的同时，也要规制侵犯公民权利的违法犯罪者。

① 罗豪才、宋功德：《公域之治的转型》，载《中国法学》2005 年第 5 期。

② 秦吴扬：《非政府组织反腐败之作为：国际视野与中国选择》，载《学会》2008 年第 8 期。

（四）促进我国社会公众参与反腐败的路径选择

影响公众参与反腐倡廉工作的主要因素包括三大类：参与能力、参与意愿、参与机会。参与能力，是指公众参与反腐倡廉的自身条件，参与能力受到性别、年龄、文化程度等多种因素的影响；参与意愿，是指公众参与反腐倡廉的期望程度，或者说是参与反腐倡廉的积极性，参与意愿受到自身涉及腐败的程度、对腐败的容忍度等因素的影响；参与机会，是指公众参与反腐倡廉的外在条件，信息公开水平、参与反腐败的渠道畅通程度、对参与人的保护和鼓励等，都会影响公众参与反腐倡廉的机会。① 为了实现我们的反腐大计，我国应在立足本国实际的基础上，从以下几个方面入手完善相关法律制度，努力提高公众的反腐能力，促进公众积极参与反腐的意愿，扩大公众参与反腐败的机会。

1. 加强廉洁从政的民主法治宣传教育，树立“零容忍”的反腐理念

加强反腐败的文化宣传教育，努力构建不敢腐的惩戒机制、不能腐的防范机制、不易腐的保障机制。比如，香港廉政公署的社区关系处，通过深入民众宣传腐败的危害、反腐败的方法，通过电视等媒体揭露腐败案件使公众知情并激起反腐败的心理，充分发挥了公众在反腐败中的作用，达到了有效控制腐败的目的。我国还可以借鉴新加坡等国家的做法，在教育制度中设置关于反腐败的教育内容。廉洁教育应该从人的早期开始，关于个人利益与国家和社会利益的一致性心理认同也需要从人的早年开始培育。在小学时就设置廉洁从政、廉洁公民的内容，将廉洁教育作为单独的学科或者与其他学科结合起来进行。《联合国反腐败公约》第13条第1款第4项明确提出：“开展有助于不容忍腐败的公众宣传活动，以及包括中小学和大学课程在内的公共教育方案”；一个国家反腐败的成效如

① 李景平、雷艳、韩锐：《公众参与反腐败的国际比较及其启示》，载《政府与法治》2011年第5期。

何是跟这个国家公民的参与程度直接相关的，树立“腐败可耻”的观念不仅可以控制自己不去实施犯罪，而且一旦发现他人有腐败问题也会积极举报。“腐败零容忍”，是让人们认同“贪贿一百元和一百万元的性质是一样的，都应当受到刑罚的处罚”。反腐教育可以通过宣传标语，学校的思想道德教育，书籍、电影、电视剧等方式渗透到人们的日常生活当中。虽然教育是长期的投入，但是教育的方法使人将观念内化，有益于形成自我控制，并降低对他人腐败的容忍度。防止腐败需要有“零容忍”的态度、“零容忍”的制度和“零容忍”的速度，所谓“零容忍”的态度是要加强理想信念教育和廉政文化建设；“零容忍”的制度是要有制度保障才能使反腐败“零容忍”更加持久，建议制定符合中国实际的《反贪污贿赂条例》；“零容忍”的速度是要求切实增强制度的执行力，一以贯之。①

2. 完善信息公开制度，确保公众的知情权

从本质上讲，透明政府体现在政治信息的公开性和公民的政治知情权。每一个公民都有权获得与自己的利益相关的公共政策信息，包括立法活动、法律条款、政策制定、政策实施、行政预算、公共开支以及其他有关政治信息。2008 年，《中华人民共和国政府信息公开条例》的实施对我国政府信息公开具有重要的推动作用。然而，在实施过程中却面临公开范围不明确、公开方式滞后、监督和保障不力等诸多难题，严重阻碍了政府信息公开工作的开展，政府透明度有待大幅度提高。

3. 完善举报制度和证人制度

我们要根据我国的实际情况借鉴和吸收国外关于保护举报人和证人的制度，完善我国的相关制度。

（1）完善举报制度。首先，我国应加快制定《举报法》，把举

---

① 龙太江、周光俊：《腐败零容忍：理念、制度与行为》，载《广州大学学报》（社会科学版）2014 年第 11 期。

报工作纳入法制化轨道。其次，要健全举报受理机构，完善举报程序。我国应借鉴国外反贪法律体制的成功经验，设立统一、独立的举报机构，以便于公众参与反腐败。此外，还应详细规定举报的具体环节以及举报当事人在各个环节中的权利和义务。再次，要建立健全对举报人的奖励和保障机制，将举报的激励和保障措施系统化、制度化。通过保护举报人的合法权益，充分、持久地发挥举报作用。最后，要完善查办打击报复案件的工作机制。必须明确界定打击报复的概念，对于打击报复的行为，应根据其情节轻重，给予不同的处罚，防止出现当前对打击报复行为处罚缺失的现象。①

（2）完善证人制度。目前，由于证人担心自己及家人遭受报复或经济上遭受损失而导致证人出庭作证的概率非常低。建议我国加快制定《证人保护法》，并建立专门的证人安全保护机构。在《证人保护法》中既要包括证人保密、危险报告、证人出庭作证经济补偿、侵害责任追究制度等一般保护，也要包括重点危险证人的贴身保护、作证后的特殊证人保护、易受伤害证人的程序保护，还要包括对证人的辅助保护措施，即加大危险犯罪人和被告人的人身控制、设立威胁证人的证据推定规则、建立证人人身财产保险制度等。具体来讲，在保护范围上，不仅要保护证人的身体权不受侵犯，而且要保护证人的名誉权、荣誉权、人格尊严权以及相关财产权益不受侵犯；在保护对象上，不仅要保护证人本人，而且还要保护证人近亲属的合法权益不受侵害；在保护方法上，应体现证人优先保护原则，对于打击报复证人的案件要快立、快审、快结，以使证人的合法权益能得到及时保护。证人有了“护身符”才会愿意且敢于证实和揭露违法犯罪行为，包括腐败犯罪，从而减少犯罪“黑数”，加强对腐败犯罪进行惩治和预防的社会力量。

---

① 李景平、雷艳、韩锐：《公众参与反腐败的国际比较及其启示》，载《政府与法治》2011年第5期。

三、加强国际合作

为了打击跨国腐败犯罪、遣返犯罪嫌疑人和追回被转移至境外的资产，目前针对外逃的贪官和跨国腐败犯罪，如何开展国际、区际司法合作，顺利引渡或遣返犯罪嫌疑人，并追回转移至境外的腐败犯罪所得，这对于巩固我国反腐成果，向境外展示我国的反腐决心和反腐实力，以及警示潜在的腐败犯罪分子具有重要的意义。下面从引渡制度、司法协助和境外追赃追逃三个方面进行探讨。

（一）引渡制度

引渡是指一国应他国的请求，将当时在其境内而被外国指控犯有某种罪行或者已被判刑的人移交给该外国以便起诉或执行刑罚的活动。[①] 目前反腐败犯罪国际引渡合作主要有三种途径：一是在《联合国反腐败公约》等一些国际公约框架下的合作机制；二是区域间国家合作机制，如欧盟成员国、美洲国家、非洲国家之间的合作，亚洲局部国家、地区之间的合作，这种合作仍局限于区域性合作；三是国家与国家之间的双边合作机制，这种合作可以在两国签订的双边条约下进行，也可以就个案进行协商式合作，这种合作机制是目前引渡实践中最普遍采用的合作模式。[②]

由于我国现行立法的局限性，致使诸如死刑犯不引渡原则（若请求引渡的犯罪嫌疑人涉嫌犯罪中有死刑规定的不予引渡）和条约前置主义原则（必须与请求国具有双边条约才能引渡，如果没有双边条约则不予引渡）的规定与我国的立法相冲突，阻碍我国与其他国家签订引渡条约。但是迫于追逃犯罪人的需要，我国在引渡制度上做出了一些变通：

---

① 甄贞等著：《〈联合国反腐败公约〉与国内法协调机制研究》，法律出版社2007年版，第112页。

② 冯殿美、王芳：《反腐败犯罪国际引渡合作机制研究——基于我国主动引渡制度的视角》，载《法学论坛》2011年第2期。

首先，采用量刑承诺，克服死刑犯不引渡的条款障碍。量刑承诺是指由请求引渡或遣返犯罪嫌疑人的国家司法机关，向被请求引渡或遣返的国家做出对被引渡或遣返的犯罪嫌疑人回国受审后减轻刑罚处罚的决定，包括原应判处死刑而不被判处死刑或判处死刑不予执行的许诺或保证。[①] 中国与澳大利亚、加拿大等国家签订引渡条约的过程中，就通过量刑承诺克服了死刑犯不引渡这一难题，如引渡赖昌星时所采用的“不判处死刑”的量刑承诺。《中华人民共和国引渡法》第50条规定：“对于量刑的承诺，由最高人民法院决定”。“在对被引渡人追究刑事责任时，司法机关应当受所作出的承诺的约束。”对此，有人担心类似的引渡条款可能会成为外逃贪官的“免死金牌”，造成量刑上的不平等。但由于我国外逃贪官数量巨大，如果放弃追诉，无疑是放纵犯罪，鼓励贪官外逃；如果继续追诉，就要采取各种手段，做出量刑承诺降低刑罚，虽是无奈之举但又是必需的选择。与不作承诺、放弃遣返相比较，我们降低刑罚以争取实现遣返是惩治犯罪、维护国家利益的正确选择，也是灵活处理司法外交事务的体现。

其次，灵活运用遣返、劝返或异地追诉等引渡替代措施，实现对外逃腐败犯罪嫌疑人的有效追诉。

(1) 遣返。所谓遣返，也称为非法移民遣返，是指将不具有合法居留身份的外国人境者遣送回其国籍国，是遣返国为维护本国安全和秩序而单方面采取的措施。由于非法移民遣返的目的也是将犯罪嫌疑人遣送回国，在客观上造成了与引渡相同的结果，在理论上被称为“事实引渡”[②]。作为一种非正式的司法协助方式，遣返是一种行政行为，主要用于将难民或非法移民遣送回国籍国，之所

---

① 陈雷、薛振环：《论我国引渡制度的量刑承诺——兼论死刑不引渡原则的变通或例外适用》，载《法学杂志》2010年第1期。

② 黄风著：《国际刑法学》，中国人民大学出版社2007年版，第210页。

以成为引渡的替代措施，就是因为它比司法程序简单，没有条约作为条件，只要证明遣返对象属于难民和非法移民即可，不需要证明其构成犯罪。因此，在国际合作实践中，为了避免司法机关的干预，以遣返代替引渡是许多国家的通行做法。

（2）劝返。所谓劝返，是指一国司法机关在无法诉诸正式的引渡程序的情况下，根据国家的授意或在国家的许可下，采取对外逃分子进行说服教育的方式，使其主动回到本国，接受法律的惩罚的一种追逃措施。[①] 劝返不需要国与国之间进行合作，避免了各种程序的制约，节省了开展国际合作或者国内法律程序需花费的资源，成本也相对较低。[②] 例如，天津市国税局直属分局原局长庞顺喜、天津港保税区瀚通国际贸易有限公司原总经理安慧民分别涉嫌受贿罪、行贿罪于2014年12月被天津市河西区人民检察院立案侦查，案发后潜逃至老挝，公安机关与天津市相关办案单位组成联合缉捕工作组赶赴老挝，在老挝执法机关的积极配合下，经过多日摸排侦查和控制、挤压、劝解，二人于2015年3月28日向我国驻老挝大使馆投案，后被成功押解回国。在检察机关公布的案例中，有广东省开平市政协原副主席冯某，2013年潜逃新西兰后，2016年12月从新西兰回国投案自首；广东省开平市公用事业管理局原局长关某，涉嫌私分国有资产，2005年9月逃往加拿大，2014年11月，关某通过亲属到开平市检察院转交投案自首书，并由亲属代其退赃77600元，12月回国自首；浙江省青田县建设局房地产管理局收款员叶某，1993年3月逃往意大利，1994年检察机关以贪污罪对其立案侦查，2014年12月，叶某从意大利回国投案自首并退交全部赃款。这些潜逃境外的贪官在境外大多过着提心吊胆、狼狈

① 张磊：《从胡星案看劝返》，载《国家检察官学院学报》2010年第2期。

② 任兰：《腐败犯罪境外追逃措施探析》，载《经济研究导刊》2011年第18期。

不堪的逃亡生活，与其长期颠沛流离不如早日接受法律的制裁，过上踏实的日子，这也是外逃人员容易被劝返的原因。

（3）异地追诉。所谓异地追诉，是对于没签订引渡条约的国家，被请求国以国内法优先的原则处理请求国潜逃犯罪人的案件，可以通过调查贪官的签证欺诈和洗钱问题，通过起诉来遣返在逃人员或就地审判。例如，乔某在1988年至2011年担任中国中储粮周口直属仓库主任期间，利用周口直属仓库一些基建项目承包、大件物品采购等时机，取得人民币7亿元的不法所得，其中约5000万美元被转移到美国，并于2011年携数亿元公款潜逃美国。乔某和其前妻赵某二人是通过美国的EB-5投资移民项目赴美的，赵某向美国移民局谎称将向美国企业投资50万美元，但该笔款项被用于购买西雅图郊区的一栋住宅。美国联邦大陪审团已经正式起诉乔、赵二人向国外转移盗窃资金罪刑期5年、移民欺诈罪刑期10年、共谋洗钱罪刑期20年。如果全部罪名成立，不仅全部赃款会被罚没，而且两人的后半生可能要在联邦监狱中度过。

（二）司法协助

一般来说，刑事司法协助是指不同国家的司法机关在刑事诉讼过程中为履行司法职能而相互提供便利、帮助和合作，有广义和狭义之分。广义的司法协助是指国际合作，狭义的司法协助是指应请求国的要求在对所指控的犯罪进行的侦查、起诉和审判程序中相互提供最广泛的司法协助。我国《刑事诉讼法》第17条规定：根据中华人民共和国缔结或者参加的国际条约，或者按照互惠原则，我国司法机关和外国司法机关可以相互请求刑事司法协助。最高人民法院《关于执行〈中华人民共和国刑事诉讼法〉若干问题的解释》、最高人民检察院《人民检察院刑事诉讼规则》和公安部《公安机关办理刑事诉讼案件程序规定》都对刑事诉讼中的司法协助原则、主管机关、请求与接受程序、具体协作事项等作出了具体规定。同时《公安机关办理刑事诉讼案件程序规定》还对国际警务合作作出了规范。

截至2014年年底，我国已与51个国家签订含有刑事司法协助内容的条约，与38个国家签订了引渡条约。① 鉴于目前我国签署双边刑事司法协助条约已具备一定规模，在反腐败国际合作领域也已发挥了重要作用，继续推进刑事司法协助条约实践，加快履约进程，是适应我国未来国际刑事合作发展趋势的客观要求。可以通过以下各方面进一步完善我国的司法协助制度：

首先，我国应秉承国际公约中有关刑事司法协助的精神，积极开展依据条约相互请求协助的活动，在完成对方请求协助事项的同时，尽可能地向对方国家提出协助请求，为反腐败的国际合作提供更为开阔的视野，为进一步签署刑事司法条约提供实践经验。

其次，通过有效的协助途径，依据我国国内法，积极提出反腐败国际合作的请求，强化腐败犯罪调查国际合作的针对性，提高国内法在国际刑事司法协助中的指导作用，强化司法协助磋商合作的效率和成功率。在国际司法实践中，参与国家不断引用国内法的法律原则支持自己的主张，或抗辩对方的观点，这些原则就可能逐渐成为国际法的基石。②

最后，加快研究制定《中华人民共和国司法协助法》，以满足我国近年来与世界上许多国家开展腐败犯罪刑事司法协助的经济和政治国情需要。目前，我国除《引渡法》规定了一些国内相关部门在开展引渡合作时各自的职责和部分程序规范外，《刑事诉讼法》和《刑事司法协助条约》等规范文件均没有相应规定，制定我国的《司法协助法》，丰富完善我国刑事司法协助规范，对于加强国际合作、共同打击腐败犯罪、追回违法所得具有重要意义。

---

① 《中国与亚太国家联手共建反腐合作网：秘书处在中国》，载 http://news.163.com/14/0825/02/A4F8GNAC00014AED_all.html#p1。

② 王立武：《国内法在国际司法实践中的适用问题研究》，载《国际法与比较法文论丛》(第19辑)，中国检察出版社2010年版，第195页。

（三）境外追赃追逃

为了逃避侦查和打击或为了自己或亲友使用腐败所得，许多腐败分子将腐败所得赃款转移到国外或境外，并往往通过洗钱的方式将赃款合法化。追回转移至境外的赃款，不仅是打击腐败的需要，也是保护国家财产或受害人财产的需要。但由于每个国家都有自己的司法制度，一个国家的司法权通常不能在另一个国家适用及生效。因此，追回腐败分子转移到国外或境外的财产是一件很困难的工作。根据国际公约规定的资产返还和处分的原则与具体措施，我国可通过一定的民事和刑事诉讼程序，将被转移至境外或国外的腐败犯罪资产予以追回且按照一定规则予以没收并返还被害人。

1. 我国境外追赃追逃的现状

根据目前反腐机制改革，国家监察委员会作为反腐败的专门机构，由中纪委国际合作局主导国际追赃追逃的各项事宜。目前，在国内高压反腐的态势下，海外追逃贪官追回赃款可以说是反腐败的“第二战场”。抓捕潜逃的贪官并对其追究刑事责任，以及追回被转移的赃款是打击腐败的最重要形式。根据近年来公布的追逃人数和追回的赃款可以看出，由于我国制定的公务员管理政策，贪官外逃的难度逐年加大（见下表①）。

① 曹建明：《2009—2015最高人民检察院两会工作报告》，载 http：//www. spp. gov. cn/gzbg/201503/t20150324_ 93812. shtml。

年度	追逃人数（人）	追赃金额（亿元）
2010	1129	71.2
2011	1282	74
2012	1631	77.9
2013	6220	553
2014	762	101.4
2015	863	12

2014年7月至12月底，为期半年的我国抓捕外逃贪官的“猎狐2014”专项行动共从69个国家和地区成功抓获外逃经济犯罪人员680名。其中，缉捕归案290名，投案自首390名。2015年，中央反腐败协调小组国际追逃追赃工作办公室针对外逃腐败分子综合运用警务、检务、外交、金融等手段的“天网”行动，目的是抓捕腐败分子、打击地下钱庄、追缴涉案资产、劝返外逃人员。目前案值大、官位高的大贪官，外逃的去处集中在美国、加拿大、澳大利亚等移民国家，而一些小贪官则逃往周边国家，如泰国、缅甸、老挝、蒙古等，现在也有贪官逃往非洲国家作为中转站，有机会再向发达国家转移。[①] 2015年，我国反腐败国际追逃追赃“天网”行动交出了一份漂亮的成绩单，归案863人，追赃12亿人民币，可谓战果显著，创历史新高。[②]

2. 境外追赃的方式

（1）资产的直接追回。依照本国民事诉讼的规定直接追回转移或藏匿在境外的财产。在适用这种措施追赃时可以通过民事诉

① 《被引渡回国的外逃贪官，2014年境外追逃》，载http://www.jqgc.com/jmda/46713.shtml。

② 《反腐：归案人数追赃数额创历史新高》，载法制网，http://www.legaldaily.com.cn/bm/content/2015-12/29/content_6422198.htm。

讼、损害补偿或赔偿、没收财产所有权三种方式直接追回资产：一是允许另一缔约国在本国法院提起民事诉讼，以确立对通过实施犯罪而获得的财产的产权或者所有权；二是允许本国法院命令犯罪嫌疑人向受到这种犯罪损害的另一缔约国支付补偿或者损害赔偿；三是允许本国法院或者主管机关在必须就没收作出决定时，承认另一缔约国对犯罪嫌疑人的财产所主张的合法所有权。

（2）资产的间接追回。所谓资产间接追回，是指在收到请求缔约国的法院或者主管机关发出的如法院判决等具有合理根据的冻结令或者扣押令时，本国主管机关能够根据该冻结令或者扣押令对该财产实行冻结或者扣押，或者对财产实施保全，然后再将其返还给另一国的资产追回的方式。通常情况下有两种途径：一是通过由被请求国对行为人涉嫌的洗钱犯罪或者对可能发生在其管辖范围内的其他犯罪如签证欺诈作出判决，或者通过本国法律授权的其他程序，下令没收这类来源于外国的财产；二是在犯罪人死亡、潜逃或者缺席而无法对其起诉的情形或者其他有关情形下，能够不经过刑事定罪而没收这类财产。对我国追回转移至境外的腐败犯罪所得资产而言，如果两国之间没有相关司法协助协议，利用间接追回机制追回资产是主要途径。

（3）资产的没收和返还机制。在适用返还原则时，应优先考虑将没收的财产返还请求缔约国、返还其原合法所有人或者赔偿犯罪被害人。[①] 另外，在适当的情况下，除非缔约国另有决定，允许被请求缔约国在返还或者处分没收的财产之前，扣除为此进行侦查、起诉或者审判程序而发生的合理费用，并且缔约国还可以特别考虑就所没收财产的最后处分作出其他安排（分赃）。

3. 我国对违法所得的没收与冻结、扣押的立法现状

我国刑法对违法所得的没收区分为两种性质：一是刑法中的附

---

① 甄贞等著：《〈联合国反腐败公约〉与国内法协调机制研究》，法律出版社2007年版，第143页。

加刑，即《刑法》第59条和第60条。《刑法》第59条规定，没收财产是没收犯罪分子个人所有财产的一部分或者全部。没收全部财产的，应当对犯罪分子个人及其扶养的家属保留必需的生活费用。在判处没收财产时，不得没收属于犯罪分子家属所有或者应有的财产。《刑法》第60条规定，没收财产以前犯罪分子所负的正当债务，需要以没收的财产偿还的，经债权人请求，应当偿还。二是作为量刑情节的没收，《刑法》第64条规定，犯罪分子违法所得的一切财物，应当予以追缴或者责令退赔；对被害人的合法财产，应当及时返还；违禁品和供犯罪所用的本人财物，应当予以没收。没收的财物和罚金，一律上缴国库，不得挪用和自行处理。另外，为了强化赃款、赃物的追缴，2016年4月18日最高人民法院、最高人民检察院通过的《关于办理贪污贿赂刑事案件适用法律若干问题的解释》第18条规定："贪污贿赂犯罪分子违法所得的一切财物，应当依照刑法第六十四条的规定予以追缴或者责令退赔，对被害人的合法财产应当及时返还。对尚未追缴到案或者尚未足额退赔的违法所得，应当继续追缴或者责令退赔。"这是根据贪污贿赂犯罪特点，结合办案需要，明确了对贪污贿赂案件中赃款、赃物的处理办法：首先对贪污贿赂犯罪分子违法所得的一切财物，应当依照《刑法》第64条的规定予以追缴或者责令退赔，对被害人的合法财产应当及时返还。其次对尚未追缴到案或者尚未足额退赔的违法所得，应当继续追缴或者责令退赔。对藏匿、转移赃款赃物的，要坚持一追到底、永不清零的原则，避免出现以刑罚执行替代经济惩处的现象。所以，即使是隐匿在境外的资产也要一查到底，绝不让腐败分子在经济上占到便宜。

我国《刑事诉讼法》第6节（第139条至第143条）规定了出于侦查需要可以对证明犯罪的财物进行查封、扣押，对犯罪嫌疑人的存款、汇款、债券、股票、基金份额等财产可以查询、冻结。在犯罪嫌疑人、被告人逃匿、死亡案件违法所得的没收程序一章（第280条至第283条）规定了财产没收程序，如第280条规定，

“对于贪污贿赂犯罪、恐怖活动犯罪等重大犯罪案件，犯罪嫌疑人、被告人逃匿，在通缉一年后不能到案，或者犯罪嫌疑人、被告人死亡，依照刑法规定应当追缴其违法所得及其他涉案财产的，人民检察院可以向人民法院提出没收违法所得的申请”。所以，对逃匿至国外的犯罪嫌疑人或者被告人，可以依照财产没收程序没收其在国内的赃款。另外，根据最高人民法院、最高人民检察院于2016年12月26日召开会议通过、2017年1月5日起施行的《关于适用犯罪嫌疑人、被告人逃匿、死亡案件违法所得没收程序若干问题的规定》第1条规定：“下列犯罪案件，应当认定为刑事诉讼法第二百八十条第一款规定的‘犯罪案件’：（一）贪污、挪用公款、巨额财产来源不明、隐瞒境外存款、私分国有资产、私分罚没财物犯罪案件；（二）受贿、单位受贿、利用影响力受贿、行贿、对有影响力的人行贿、对单位行贿、介绍贿赂、单位行贿犯罪案件；（三）组织、领导、参加恐怖组织，帮助恐怖活动，准备实施恐怖活动，宣扬恐怖主义、极端主义、煽动实施恐怖活动，利用极端主义破坏法律实施，强制穿戴宣扬恐怖主义、极端主义服饰、标志，非法持有宣扬恐怖主义、极端主义物品犯罪案件；（四）危害国家安全、走私、洗钱、金融诈骗、黑社会性质的组织、毒品犯罪案件。电信诈骗、网络诈骗犯罪案件，依照前款规定的犯罪案件处理。”这一规定，扩大了原刑事诉讼法规定的案件范围，并将电信诈骗、网络诈骗犯罪案件的违法所得也纳入了没收和追缴的范围。另外，依照《关于适用犯罪嫌疑人、被告人逃匿、死亡案件违法所得没收程序若干问题的规定》第2条的规定，“在省、自治区、直辖市或者全国范围内具有较大影响，或者犯罪嫌疑人、被告人逃匿境外的，应当认定为刑事诉讼法第二百八十条第一款规定的‘重大’”。所以，只要是第1款规定犯罪嫌疑人、被告人逃匿境外的，无论其涉案金额大小，只要构成犯罪，其违法所得均可适用没收程序予以没收。

4. 我国申请没收境外违法所得的方式

刑法以及刑事诉讼法、民事诉讼法的相关规定，是我国惩处国内腐败犯罪、没收腐败财产的法律根据，同时也为境外资产的追回提供了国内法的依据。在目前我国开展海外追赃追逃的专项行动中，我们除了通过双边刑事司法协助条约或引渡条约进行追赃，以及上述介绍的几种追赃追逃措施以外，还可以通过以下几种方式最大限度地追回转移至境外的资产，保护国家和人民的利益。

（1）可以通过国内刑事诉讼的方式追赃。依照2017年1月5日起施行的《关于适用犯罪嫌疑人、被告人逃匿、死亡案件违法所得没收程序若干问题的规定》第22条规定，"违法所得或者其他涉案财产在境外的，负责立案侦查的公安机关、人民检察院等侦查机关应当制作查封、扣押、冻结的法律文书以及协助执行查封、扣押、冻结的请求函，层报公安、检察院等各系统最高上级机关后，由公安、检察院等各系统最高上级机关依照刑事司法协助条约、多边公约，或者按照对等互惠原则，向违法所得或者其他涉案财产所在地国（区）的主管机关请求协助执行。"此时，如果涉嫌的犯罪是国家工作人员实施的贪污贿赂犯罪的，就由负责案件侦查的监察委员会的最高机关国家监察委员会下的中纪委国际合作局依照刑事司法协助条约、多边公约，或者按照对等互惠原则，向违法所得或者其他涉案财产所在地国（区）的主管机关请求协助执行。同时请求函应当载明以下内容：①案由以及查封、扣押、冻结法律文书的发布主体是否具有管辖权；②犯罪嫌疑人、被告人涉嫌犯罪的事实及相关证据，但可能妨碍正在或者即将进行的刑事侦查的证据除外；③已发布公告的，发布公告情况、通知利害关系人参加诉讼以及保障诉讼参与人依法行使诉讼权利等情况；④请求查封、扣押、冻结的财产的种类、数量、价值、所在地等情况以及相关法律手续；⑤请求查封、扣押、冻结的财产属于违法所得及其他涉案财产的相关事实及证据材料；⑥请求查封、扣押、冻结财产的理由和法律依据；⑦被请求国（区）要求载明的其他内容。

另外，如果被请求国（区）的主管机关提出，查封、扣押、冻结法律文书的制发主体必须是法院的，负责立案侦查的公安机关、人民检察院等侦查机关可以向同级人民法院提出查封、扣押、冻结的申请，人民法院经审查同意后制作查封、扣押、冻结令以及协助执行查封、扣押、冻结令的请求函，层报最高人民法院后，由最高人民法院依照刑事司法协助条约、多边公约，或者按照对等互惠原则，向违法所得或者其他涉案财产所在地国（区）的主管机关请求协助执行。

（2）通过境内民事诉讼的方式没收违法所得。依照2017年1月5日起施行的《关于适用犯罪嫌疑人、被告人逃匿、死亡案件违法所得没收程序若干问题的规定》第23条规定，“违法所得或者其他涉案财产在境外，受理没收违法所得申请案件的人民法院经审理裁定没收的，应当制作没收令以及协助执行没收令的请求函，层报最高人民法院后，由最高人民法院依照刑事司法协助条约、多边公约，或者按照对等互惠原则，向违法所得或者其他涉案财产所在地国（区）的主管机关请求协助执行。请求函应当载明以下内容：（一）案由以及没收令发布主体具有管辖权；（二）属于生效裁定；（三）犯罪嫌疑人、被告人涉嫌犯罪的事实及相关证据，但可能妨碍正在或者即将进行的刑事侦查的证据除外；（四）犯罪嫌疑人、被告人逃匿、被通缉、脱逃、死亡的基本情况；（五）发布公告情况、通知利害关系人参加诉讼以及保障诉讼参与人依法行使诉讼权利等情况；（六）请求没收违法所得及其他涉案财产的种类、数量、价值、所在地等情况以及查封、扣押、冻结相关法律手续；（七）请求没收的财产属于违法所得及其他涉案财产的相关事实及证据材料；（八）请求没收财产的理由和法律依据；（九）被请求国（区）要求载明的其他内容。”

（3）通过境外民事诉讼方式进行追赃。由被请求国在本国法院提起通过民事诉讼来确认腐败资产的所有权，在犯罪人无合法根据证明其财产来源合法时，依照本国法律认定财产系非法所得，进而加以没收后返还请求国。

（4）利用赃款赃物所在国的犯罪所得追缴法或其他国内法进行追赃。在我国与被请求国没有司法协助条约的情况下，可以由被请求国认定腐败犯罪人涉嫌洗钱犯罪来没收赃款，然后再将其返还给我国。例如，目前美国正在实施“贪腐政府高层资产追回行动”，该行动旨在追缴外国高级贪官在美资产，在“贪腐政府高层资产追回行动”框架下美国司法部有权没收外国官员贪污的资产并将财产归还受害国。

（5）运用刑事政策促使犯罪嫌疑人或其近亲属自行退赃。司法机关积极开展抓捕，同时也对潜逃的犯罪嫌疑人及其近亲属、重要关系人加大政策和心理攻势，动员犯罪嫌疑人投案自首。

随着中国与世界各国司法协作的加强，境外追逃追赃能力建设和技术水平的提高，特别是伴随《联合国反腐败公约》、《APEC 北京反腐败宣言》和《G20 反腐败行动计划》的贯彻实施，越来越多的国家加入反腐败国际追逃追赃的行动之中，贪污贿赂等职务犯罪嫌疑人跨国潜逃的空间越来越小，这对于惩治和预防腐败犯罪都是大有裨益的。

第二章 腐败犯罪的基本问题

第一节 腐败犯罪的概述

一、腐败的含义

腐败本来是一个生物学概念，意指有机物的腐烂变质。“腐败”一词可以从不同的角度进行理解。从法律的角度而言，腐败是指一个公职人员或将要成为公职人员的人，在执行公务时偏袒或妨碍某人或某一群体，并由此为其本人或他人收受某种非法报酬，其行为即构成了腐败。从社会学角度来看，腐败是一种不按常规的规范预期行事，主要通过占用公共资源为个人或一小部分人谋求利益的行为。[①] 从行为学的角度来看，腐败是指为私人利益滥用公共权力的行为。腐败不仅仅是一个国家的问题，而是全世界都面临的顽疾，腐败的危害性极大，不仅腐蚀一国的政治、经济和文化，而且对国家公共行为的公信力和国民的信仰都有极大的影响。腐败具有极强的扩散效应，政治领域的腐败会扩展到社会其他领域，引起整个社会的道德沦丧，人们的价值观、世界观、人生观发生扭曲，

① ［西班牙］约瑟·阿提拉诺·派纳·洛佩兹、约瑟·曼纽尔·桑切斯·桑托斯：《腐败的社会根源——文化与社会资本的影响》，范连颖译，王燕燕审校，载《经济社会体制比较》2015 年第 4 期。

给拜金主义、个人主义、享乐主义带来可乘之机。腐败还会使人精神失去寄托，使社会丧失向心力和凝聚力。总之，腐败从政治、经济、文化等各方面给国家和人民造成严重危害。严格地说，腐败犯罪不是法律术语，而是社会上普遍认知的概念。在中文语境中，与腐败犯罪最接近的概念是“职务犯罪”。

二、腐败犯罪的发展趋势

当前我国的腐败犯罪形态复杂多样，总体来说其发展趋势如下。

（一）从单一型腐败犯罪向复合型腐败犯罪发展

目前，贪污贿赂犯罪已不仅仅是贪财的问题，而是涉及多个犯罪纠结在一起，犯罪行为中既有贪污，也有受贿、挪用公款等，同时还涉及滥用职权、玩忽职守等犯罪。例如，原重庆市委书记薄熙来案件就是既有贪污罪，也有受贿罪和滥用职权罪等问题。这是由腐败犯罪中权钱交易的复杂性所决定的。①

（二）犯罪形态由“犯罪链”向“犯罪网”方向发展

从近几年查办的腐败案件来看，上下级腐败、家族腐败和权力职能部门的腐败窝案、串案比比皆是。腐败利益集团之所以可怕，是因为这些在不同部门掌握着巨大的行政管理、行政执法甚至司法资源的高官将手中的权力相互交换、相互利用，腐败分子结党营私共同滥用公共权力。他们所谋求的不仅仅是金钱的问题，而是建立在腐败基础上的权力和利益的同盟。只要进入这个圈子，无论你的德行如何、能力水平如何，都能官运亨通、财源滚滚。你要位子，这个集团的顶端人物嘴一噘就成；你要钞票，利益集团中骨干分子那里多得是；你要徇私枉法，其中的实权人物为你斡旋。在他们的“圈子”里没有原则、没有准则，只有权力和利益的反复兑换。所

① 刘伟丽、李军主编：《职务犯罪侦查实务教程》，法律出版社 2015 年版，第 6 页。

谓结党营私、任人唯亲，所谓狐假虎威、党同伐异，所谓是非颠倒、黑白不明，在他们这里都变成了非常自然的事情。

（三）域内型犯罪向跨国型犯罪发展

导致这种犯罪发展趋势的原因，首先，是一些“裸官”的配偶、子女都在国外生活，本人将贪污受贿的巨额财产转移至国外，一旦他们发现情况不妙就会携款潜逃至境外。在美国、加拿大和澳大利亚，已经形成了由中国贪官及子女聚集形成的“腐败村”。由于我国与一些国家没有签订相关的司法协助协议，收集证据、抓捕犯罪嫌疑人以及追回境外的资产较为困难，这不仅影响惩治职务犯罪的整体效果，也给国家财产带来巨大的损失。其次，贿赂犯罪是全球性问题，一些跨国企业为了牟取暴利，向投资地国家公职人员行贿，国内外勾结。还有一些是犯罪行为在国内、境内进行，而赃款在国外、境外银行以化名储存，这在广东、深圳等毗邻港澳地区的地方经常发生。近年来，由于我国对处级以上干部出国、出境的管制较为严格，所以极少有贪官出逃，而且根据我国对外逃贪官发布的“红色通缉令”已有100多名外逃贪官陆续被遣返或劝返归案。但是匿名在境外的存款由于银行的各种保密措施的限制，仍然很难被发现。

三、腐败产生的根源

导致腐败产生的原因有很多，既有历史传统的原因，也有社会发展的特定历史阶段的原因。另外，惩治和预防腐败的法律法规是否健全是影响腐败惩治效果最重要的因素之一，不同的社会结构模式也是影响腐败治理效果的重要原因。

新经济社会学认为，一个社会的腐败程度与信任形式和道德规范相关。信任形式和道德规范在人们的社会交际网络中形成，并形成社会认同或社会文化的评价形式。就此意义而言，人们可以预见到，在一个注重社会关系或彼此依赖的社会中，社会上的信任程度比较低将在很大程度上导致腐败问题的产生。我们可以对比两个极端的社会模型中行为习惯和传统观念对人们腐败心理的影响：冷漠社会和人情社会。冷漠社会中个人之间没有关系往来，彼此间的了解非常有限，即使家人之间也是如此。相反，人情社会里人际关系网庞大，人与人之间彼此相互了解、关系密切，在这种社会中，家人联系极为频繁，而且关系亲密、互相帮助。生活在这两种极端的社会模型中，政府和公共资源管理机构在行使职权时会有两种截然不同的表现，冷漠社会中经济关系单纯，人们往往按规章办事，很少有人违规行使职权牟取私利。而在人情社会，群体内成员关系密切，人们并不期待公职人员公正地按规章办事，保持社会距离是人们所不能接受的，即人们认为将自己最亲近的人与其他人同等对待是不对的。在人情社会，很难区分一个人的行为是违法腐败行为还是合法行为。所以，公职人员与他人之间的一些非法行为可能会因为一些传统理念而被认为是正常的行为。腐败在这样的社会文化背景下就自然而然地存在了。①

此外，腐败跨国蔓延的原因在于政治、文化的跨国交流，跨国商业活动达到较高的一体化水平，个人之间的经济往来也日渐频繁，腐败活动可能会通过相互学习和各种经济活动的交流进行传播，腐败活动的这种传播在商业活动越密集的地区越容易产生。

四、反腐败的路径选择

对于腐败的治理，除了把“权力关进笼子里”，加强对权力的监督和制约，我国还改革监察机构，整合反腐败的力量和资源，从制度上进行反腐败，此外，还要从人们的思想观念上反腐败，如扩大民主、自由度，宣传普及诚信文化、廉政文化等，这些都是实现反腐目标最有效的途径。具体来说有以下几个方面：

① ［西班牙］约瑟·阿提拉诺·派纳·洛佩兹、约瑟·曼纽尔·桑切斯·桑托斯著：《腐败的社会根源——文化与社会资本的影响》，范连颖译，王燕燕审校，载《经济社会体制比较》2015 年第 4 期。

（一）加强制度建设，消除产生腐败的体制缝隙和漏洞

制度包括各种成文的规定或者习惯性形成的行为准则，如法律制度、政治制度、经济制度等。它们对人们的行为模式起着规范和约束的作用，也是社会秩序的主要构成方式，人们通常在这个过程中形成一种共识，使整个社会具有一定的条理性和可预见性。所以，从制度的角度去治理腐败，就要完善各种制度，如严惩腐败的法律制度、预防腐败的政治制度以及健全的经济制度，在每一步都为严防和惩治腐败布下关卡。

（二）加强对权力的制约与监督，确保权力正确行使

一方面体制内要完善监督机制，预防腐败的发生；另一方面要建立惩罚机制，对腐败行为严厉打击，起到警示作用。权力的监督不能忽视社会公众，因为人民大众才是国家的主人，只有每个公民拿起手中的权力，监督政府部门的工作，才能起到立竿见影的作用，促进政府官员正确行使手中的权力，远离腐败。

（三）加强反腐倡廉教育和廉政风险防范管理，筑牢抵御风险和拒腐防变的防线

教育是反腐倡廉的必要手段。在体制内，要对所有人员进行廉洁教育，包括党员干部和基层人员，树立正确的人生观、价值观、权力观，要明白并牢记在政府部门工作，就要抱着为人民服务的宗旨；舍小家为大家，不能贪图享乐、利欲熏心。在体制外，也要加强廉洁文化的建设和宣传，不管是企业还是学校，每个机构都应重视廉洁教育，整个社会形成以廉为荣、以贪为耻的新风尚，使腐败没有生存的社会氛围。

（四）加强对腐败的惩治力度，充分发挥惩治腐败的重要作用

很多学者都支持这个论点，认为目前腐败成本要远远高于廉洁执政成本，使一些本来清廉的官员也慢慢变得腐败，所以对腐败必须要严惩，这样才有约束力。制度有说服力，才能得到认可。如果不严惩腐败，社会风气就会迅速变坏，教育也会显得苍白无力。所以，我们要查出一例、严惩一例，这是治理腐败的最有效手段之一。如果说制度性腐败是最可怕的腐败，那么，提升到社会文化心理层面的腐败，则是病入膏肓的腐败，因为它不但提高了人们对腐败的容忍阈值，也为腐败提供了源源不断的“生力军”。[①]

第二节　腐败犯罪的构成特征

任何一个可归责、可处罚的行为都一定具有构成犯罪的各种主客观要素的总和。腐败犯罪的构成可从行为和责任两个方面加以论证。

一、行为特征

腐败的本质在于以权谋私。国家公职人员利用职务上的便利，可以利用侵吞、挪用的方式侵害公共财产的所有权或使用权，也可以将自己掌控的国家公共管理权作为交易的筹码牟取不正当的利益。前一种是贪污、挪用类犯罪，后一种是各种贿赂类犯罪。

（一）行为的对象

作为经济类犯罪的贪污贿赂犯罪，犯罪行为都指向了“财物”。“两高”《关于办理贪污贿赂刑事案件适用法律若干问题的解释》明确了贿赂犯罪对象的“财物”的范围，规定贿赂犯罪中的“财物”包括货币、物品和财产性利益。财产性利益包括可以折算为货币的物质利益如房屋装修、债务免除等，以及需要支付货币的其他利益如会员服务、旅游等。后者的犯罪数额，以实际支付或者应当支付的数额计算。

（二）行为的方式

本部分的罪名共有12个，每一种犯罪都有自己独特的行为方式，但都是利用了本人职务上的便利。例如，贪污罪是采取侵吞、

① 江彩云：《从社会文化心理视角审视腐败认同潜意识》，载《中央社会主义学院学报》2011年第3期。

窃取、骗取等方式，或者是在对外交往中收受礼物归个人所有；挪用公款罪是将单位的公款挪归个人使用；受贿罪是行为人利用掌握的权力换取非法利益的过程；行贿罪是行为人为谋取不正当利益，用各种好处腐蚀、拉拢国家工作人员，进而实现利益与权力的交换；利用影响力受贿罪和对有影响力的人行贿罪则是国家工作人员身边人或者具有特定关系的人，利用国家工作人员的权力，谋取个人非法利益的行为等。而单位行贿罪和单位受贿罪则是为了单位的集体利益实施的以权谋私，权钱、权力交换的过程。

（三）“为他人谋利益”的认定

这些年随着我国社会经济的发展，贿赂犯罪手段越来越隐蔽。受贿罪的构成要求收受他人财物的，须有为他人谋利益的意图和行为。如此规定，严格地限制了受贿罪的认定。为此，《关于办理贪污贿赂刑事案件适用法律若干问题的解释》第13条规定，具有下列情形之一的，应当认定为“为他人谋利益”，构成犯罪的，应当依照刑法关于受贿犯罪的规定定罪处罚：（1）实际或者承诺为他人谋取利益的；（2）明知他人有具体请托事项的；（3）履职时未被请托，但事后基于该履职事由收受他人财物的。

国家工作人员索取、收受具有上下级关系的下属或者具有行政管理关系的被管理人员的财物价值3万元以上，可能影响职权行使的，视为承诺为他人谋取利益。这对受贿犯罪中的“为他人谋取利益”要件作出了界定，明确事后受贿符合为他人谋取利益要件的要求看，收受下属或者行政被管理人超出人情往来范围财物的视为承诺为他人谋取利益。同时规定国家工作人员收受财物，事先虽未接受请托，但可能影响职权行使的，视为承诺为他人谋取利益。

二、责任特征

（一）腐败犯罪的主体

腐败犯罪要求犯罪主体必须具有特定的身份，也就是要求行为人必须是“国家工作人员”，或者是“准国家工作人员”，这是认定是否构成这类犯罪的关键。

根据我国 1997 年《刑法》第 93 条规定，本法所称国家工作人员，是指国家机关中从事公务的人员。国有公司、企业、事业单位、人民团体中从事公务的人员和国家机关、国有公司、企业、事业单位委派到非国有公司、企业、事业单位、社会团体从事公务的人员，以及其他依照法律从事公务的人员，以国家工作人员论。针对“其他依照法律从事公务的人员，以国家工作人员论”，2000 年全国人大常委会《关于〈中华人民共和国刑法〉第九十三条第二款的解释》规定：“村民委员会等村基层组织人员协助人民政府从事下列行政管理工作，属于刑法第九十三条第二款规定的‘其他依照法律从事公务的人员’：（一）救灾、抢险、防汛、优抚、扶贫、移民、救济款物的管理；（二）社会捐助公益事业款物的管理；（三）国有土地的经营和管理；（四）土地征用补偿费用的管理；（五）代征、代缴税款；（六）有关计划生育、户籍、征兵工作；（七）协助人民政府从事的其他行政管理工作。村民委员会等村基层组织人员从事前款规定的公务，利用职务上的便利，非法占有公共财物、挪用公款、索取他人财物或者非法收受他人财物，构成犯罪的，适用刑法第三百八十二条和第三百八十三条贪污罪、第三百八十四条挪用公款罪、第三百八十五条和第三百八十六条受贿罪的规定。”至此，国家工作人员的范围经历了一个扩张到限缩再到扩张的过程。① 我国的腐败犯罪主体分为以下几类：

（1）公务员。根据《公务员法》第 2 条规定，“公务员是指依法履行公职、纳入国家行政编制、由国家财政负担工资福利的工作人员”。由此可以看出公务员的三个特征：其一，依法履行公职，通常是代表国家履行国家行政管理事务；其二，纳入国家行政编制，依照《公务员法》管理的公职人员；其三，由国家财政负担

① 刘仁文：《刑法中“国家工作人员”概念的立法演变》，载《河南大学学报》（社会科学版）2010 年第 6 期。

工资福利。我国的公务员包括下列几类：国家立法机关、行政机关、司法机关中的工作人员；中国共产党机关的工作人员；民主党派机关的工作人员。公务员“履行公职”是刑法中国家工作人员“从事公务”的表现，系刑法中典型的国家工作人员。

（2）国有公司、企业、事业单位、人民团体中从事公务的人员。依照《刑法》第93条的规定，国有事业单位、人民团体中依法从事公务的工作人员属于准国家工作人员，但是对于国有公司、企业的性质以及工作人员的身份认定，则具有不同的观点：国有公司、企业有广义和狭义两种不同的理解，狭义的国有公司、企业仅限于纯国有公司、企业，公司、企业的资金全部为国家所有；广义的国有公司、企业是指国家出资成立的公司、企业，包括纯国有公司、企业和国有控股、参股的公司、企业。笔者认为，广义说更具合理性，凡属国家控股的公司、企业，包括绝对控股、相对控股以及协议控股的公司、企业都属于国有公司、企业，这一方面符合国有企业改制后的实际情况，[①] 另一方面如此理解有利于对国有资产的保护。许多国有控股公司、企业，受中央或地方政府的行政领导，实现政府的行政领导和国家的公共目标，掌控着关乎国计民生的重要经济领域，这类公司、企业中的工作人员在履行公共职能中造成的损失，将会对国家与地方财政造成直接的损害或影响，所以，其中依法履行公共职能的工作人员应视为国家工作人员。

（3）在公共或公营机构中提供公共服务的人员。根据《联合国反腐败公约》和国外立法，在公共机构或者公营机构中提供服务的人员以公职人员论。由于我国刑法强调国家工作人员“从事公务活动”是一种职权活动，所以，提供公共服务的医生、教师、体育裁判等能否成为国家工作人员一直存在争议。“两高”《关于办理商业贿赂刑事案件适用法律若干问题的意见》规定：“医疗机构中的医务人员，利用开处方的职务便利，以各种名义非法收受药

① 吴敬琏：《反思六十年，迎接新挑战》，载《读书》2009年第12期。

品、医疗器械、医药卫生材料等医药产品销售方财物，为医药产品销售方谋取利益，数额较大的；以及学校及其他教育机构中的教师，利用教学活动的职务便利，以各种名义非法收受教材、教具、校服或者其他物品销售方财物，为教材、教具、校服或者其他物品销售方谋取利益，数额较大的，以非国家工作人员受贿罪定罪处罚。”笔者认为，只要是国有单位中为了单位利益提供服务的工作人员，如单位的司机（无论是正式的还是临时聘用的），都应视为刑法意义上的国家工作人员。

（4）其他依照法律从事公务的人员。《刑法》第93条将“其他依照法律从事公务的人员”作为国家工作人员的立法不免带有模糊性，但司法认定必须把握国家工作人员的实质特征，不能因立法模糊而泛化对国家工作人员的认识。“其他依照法律从事公务的人员”应具备两个基本特征：一是从事公务活动，即从事国家、社会公共事务的组织、监督、管理活动；二是其从事公务活动的资格是依法取得，职权的来源有相应的法律依据。一般认为，“其他依照法律从事公务的人员”包括以下几类：依法履行代表职责的各级人民代表大会的代表、依法履行职责的各级人民政协委员以及履行审判职责的人民陪审员、协助人民政府从事某些行政管理工作的村民委员会等农村基层组织人员等。

（二）主观罪过的认定

贪污受贿罪的构成需要行为人明知自己的行为是亵渎国家赋予的公共管理权力，违反职务廉洁性的要求，损害国家、社会或他人的利益，仍然实施这样的行为，但有些人为了逃避打击，在听到要查自己的风声后会把赃款捐赠出去或拿出来作为单位的公务支出；还有的是自己身边的人收受钱后，自己假装不知情，进而逃避打击。为了堵截漏洞，《关于办理贪污贿赂刑事案件适用法律若干问题的解释》明确规定了以下两种情况可以认定行为人具有犯罪故意：

一是赃款赃物去向与贪污、受贿故意的认定关系问题。《关于办理贪污贿赂刑事案件适用法律若干问题的解释》明确规定，只要是非法获取财物的贪污、受贿行为，不管事后赃款赃物的去向如何，即便用于公务支出或者社会捐赠，也不影响贪污、受贿罪的认定，以此堵住贪污、受贿犯罪分子试图逃避刑事追究的后门。

二是国家工作人员利用职务便利为他人谋利，“身边人”收钱行为的刑事定罪问题，关键看其对收钱一事是否知情及知情后的态度。特定关系人索取、收受他人财物，国家工作人员知道后未退还或者上交的，应当认定国家工作人员具有受贿故意。

（三）犯罪数额

1997 年刑法对贪污受贿罪的构成标准是犯罪数额达到 5000 元即可构成犯罪，并且对何为“情节严重”“情节特别严重”并没有明确细化。《刑法修正案（九）》以及《关于办理贪污贿赂刑事案件适用法律若干问题的解释》将贪污贿赂犯罪的构罪标准提高到 3 万元，并且明确了“情节严重”的具体情形，同时将“数额巨大”从 5 万元提高到 20 万元，“数额特别巨大”从原来的 10 万元提高到 300 万元。这是根据当前贪污贿赂犯罪涉案金额普遍提高，为解决依据涉案金额为基础的量刑，但不同时期、不同地域的量刑标准不统一引发的刑罚不公正的问题，基本解决了量刑的规范化问题。另外，如果行为人涉案金额没有达到 3 万元，但是主观恶性较大，有过违法违纪的行为，或者将赃款用于非法活动，或者转移隐匿赃款拒不上交等情节比较严重的，也可以按犯罪论处。

另外，《关于办理贪污贿赂刑事案件适用法律若干问题的解释》还规定了行贿罪的“数额较大”是 3 万元，“数额巨大”是 100 万元，利用影响力受贿罪、对有影响力的人行贿罪及其单位犯罪的定罪量刑标准，与行贿罪、受贿罪适用相同的定罪量刑标准，但对影响力贿赂犯罪设置了轻于受贿罪和行贿罪的法定刑。挪用公款归个人使用，进行非法活动，数额在 3 万元以上的属于“数额较大”；数额在 300 万元以上的，应当认定为“数额巨大”。挪用公款归个人使用，进行营利活动或者超过3个月未还，数额在5万元以上的，应当认定为《刑法》第384条第1款规定的“数额较大”；数额在500万元以上的，应当认定为《刑法》第384条第1款规定的“数额巨大”。

三、其他方面的问题

（一）贪污、受贿犯罪的终身监禁

根据《刑法修正案（九）》第44条规定，“犯贪污、受贿罪，数额特别巨大，并使国家和人民利益遭受特别巨大损失，被判处死刑缓期执行的，人民法院根据犯罪情节等情况可以同时决定在其死刑缓期二年执行期满依法减为无期徒刑后，终身监禁，不得减刑、假释”。这是本次刑法修正的重大制度创新，兼顾了贯彻严格控制死刑政策与从严惩处腐败犯罪两方面的现实需要。一方面，贪污、受贿犯罪尽管危害严重，但毕竟属于经济性非暴力犯罪，应当更加严格地控制死刑适用；同时，近年来随着“保留死刑，严格控制和慎重适用死刑”政策不断深入贯彻落实，实践中对贪污、受贿犯罪适用死刑事实上也得到了严格控制。另一方面，目前贪污、受贿犯罪仍然高发、多发，特别是涉案数额持续攀升，上千万元甚至上亿元的案件屡见不鲜，必须继续毫不动摇地坚持从严惩处的方针。为此，必须找到一个既能控制、减少死刑适用，又能有效制裁、震慑腐败犯罪的替代性措施。终身监禁正是在这样一种现实背景下孕育的。这一制度的创设对于进一步贯彻死刑政策、有效落实从严惩治腐败犯罪的方针具有重大意义。

（二）为各类贿赂犯罪普遍增设了罚金刑

《刑法修正案（九）》对行贿罪、对单位行贿罪、介绍贿赂罪和单位行贿罪等各类行贿罪分别增加了罚金刑。从立法精神和实践需要来看，这一修改毫无疑问是要加重行贿人的刑事责任，但也有人担忧实践中会不会出现背离立法初衷的情况，即被用作以罚代刑。因为一旦规定罚金刑后，对行贿人的刑罚种类更加多元化，罚金可能成为实际适用率最高的刑种，自由刑适用的可能会更少。事实上，刑法规定的是“并处罚金”而非“并处或者单处罚金”，只要严格执法、公正司法，就不可能出现以罚代刑的情况。

第三章　贪污罪、挪用及其他侵犯财产类犯罪

第一节　贪污罪、挪用及其他侵犯财产类犯罪的概述

一、我国刑法对贪污挪用类犯罪的立法规定

（一）贪污类犯罪

1. 贪污罪

现行刑法规定了不同类型的贪污罪，包括以下几类：

（1）《刑法》第 382 条明确规定了贪污罪的概念和构成条件，即国家工作人员利用职务上的便利，侵吞、窃取、骗取或者以其他手段非法占有公共财物的，是贪污罪。

受国家机关、国有公司、企业、事业单位、人民团体委托管理、经营国有财产的人员，利用职务上的便利，侵吞、窃取、骗取或者以其他手段非法占有国有财物的，以贪污论。

（2）《刑法》第 394 条规定，国家工作人员在国内公务活动或者对外交往中接受礼物，依照国家规定应当交公而不交公，数额较大的，依照本法第 382 条、第 383 条贪污罪处罚。

(3)《刑法》第 183 条第 2 款规定，国有保险公司工作人员和国有保险公司委派到非国有保险公司的工作人员，利用职务上的便利，故意编造未曾发生的保险事故进行虚假理赔，骗取保险金归自己所有的，依照《刑法》第 382 条、第 383 条的规定定罪处罚。

(4)《刑法》第 271 条第 2 款规定，国有公司、企业或者其他国有单位中从事公务的人员和国有公司、企业或者其他国有单位委派到非国有公司、企业以及其他单位从事公务的人员，利用职务上的便利，将本单位财物非法占为己有的，依照《刑法》第 382 条、第 383 条的规定定罪处罚。

2. 私分国有资产罪

《刑法》第 396 条第 1 款规定，国家机关、国有公司、企业、事业单位、人民团体，违反国家规定，以单位名义将国有资产集体私分给个人，数额较大的，是私分国有资产罪。

3. 私分罚没财物罪

《刑法》第 396 条第 2 款规定，司法机关、行政执法机关违反国家规定，将应当上缴国家的罚没财物，以单位名义集体私分给个人的，构成私分罚没财物罪。

(二) 挪用类犯罪

1. 挪用公款罪

挪用公款的犯罪规定在以下法条中：

(1)《刑法》第 384 条规定，国家工作人员利用职务上的便利，挪用公款归个人使用，进行非法活动的，或者挪用公款数额较大、进行营利活动的，或者挪用公款数额较大、超过 3 个月未还的，是挪用公款罪。

(2)《刑法》第 185 条规定，国有金融机构工作人员和国有金融机构委派到前款规定中的非国有机构从事公务的人员有挪用本单位或客户资金的，依照《刑法》第 384 条挪用公款罪定罪处罚。

(3)《刑法》第 272 条第 2 款规定，国有公司、企业或者其他国有单位中从事公务的人员和国有公司、企业或者其他国有单位委派到非国有公司、企业以及其他单位从事公务的人员，利用职务上的便利，挪用本单位资金归个人使用或借贷给他人，数额较大、超过3个月未还的，或者虽未超过3个月，但数额较大，进行营利活动，或者进行非法活动的，依照《刑法》第384条挪用公款罪定罪处罚。

2. 挪用特定款物罪

《刑法》第273条规定，挪用用于救灾、抢险、防汛、优抚、扶贫、移民、救济款物，情节严重，致使国家和人民群众利益遭受重大损害的，构成挪用特定款物罪。

二、贪污挪用类犯罪立法的基本特点

根据1997年立法以及《刑法修正案（九）》的相关规定，贪污挪用类犯罪具有以下特点：

（一）罪名体系相对完善

较之许多国家均独立设置贪污罪、挪用公款罪的立法，我国刑法规定了贪污罪、私分国有资产罪、私分罚没财物罪、挪用公款罪和挪用特定款物罪等罪名，既有个人犯罪，也有单位犯罪；既有公共部门内国家工作人员贪污侵吞财产的行为，也有挪用公款、特定款物犯罪的规定，涵盖的罪名体系更加全面。

（二）对贪污挪用犯罪构成要件的规定较为复杂

首先表现为刑法对贪污挪用犯罪采用叙明罪状，构成要件具体而复杂。例如，贪污罪的规定，对贪污的具体手段，包括侵吞、窃取、骗取或者其他手段做了详细规定；对挪用公款罪的构成条件的规定，不但挪用数额，而且挪用对象、挪用时间、挪用用途都成为罪与非罪的界分标准。其次关于贪污挪用犯罪的规定，不但分散在多个刑法条文中，而且在不同章节，形成了典型的贪污挪用犯罪与非典型的贪污挪用犯罪，法网严密，将所有侵犯国家公共财产所有权及占有使用权的行为都规定为犯罪。

（三）公私财产在保护力度上的不平等性

刑法对侵吞、挪用类犯罪的规定除了国家工作人员在行使公权力过程中的腐败行为之外，还有对集体财产和私有财产的侵犯，刑法也规定了对职务侵占、挪用资金等犯罪的惩处，但惩罚的力度却相差很大。受国家本位思想的影响，公有制经济下的国有财产和集体财产是国家保护的重点，《中华人民共和国宪法（1982）》第12条规定，“社会主义的公共财产神圣不可侵犯。国家保护社会主义的公共财产。禁止任何组织或者个人用任何手段侵占或者破坏国家的和集体的财产。”第13条规定，“公民的合法的私有财产不受侵犯”。非公有制经济一度缺乏明确的法律地位，私人财产权的立法保护相对较弱。我国贪污挪用犯罪的对象基本围绕着公共财产进行规定，侧重于对公共财物的保护。从贪污罪、挪用公款罪、职务侵占罪和挪用资金罪的构成要件与法定刑设置来看，贪污、挪用犯罪是数额犯，依照2016年“两高”《关于办理贪污贿赂刑事案件适用法律若干问题的解释》的规定，职务侵占罪构成犯罪要求的“数额较大”“数额巨大”分别按照贪污罪量刑标准的2倍、5倍执行，挪用资金的数额是挪用公款的2倍。贪污罪的最高法定刑是死刑，职务侵占罪的最高法定刑是15年有期徒刑；挪用公款罪的最高法定刑是无期徒刑，而挪用资金罪的最高法定刑是10年有期徒刑。因而惩治力度明显不同。有人认为这种差别保护的现象，破坏了“价值统一性和法律制度协调性”。①

第二节 贪 污 罪

依据我国《刑法》第382条规定，贪污罪是指国家工作人员利用职务上的便利，侵吞、窃取、骗取或者以其他手段非法占有公

① 张军著：《论非公有制经济刑法规制与保护论纲》，中国人民大学出版社2007年版，第78页。

共财物的行为。受国家机关、国有公司、企业、事业单位、人民团体委托管理、经营国有财产的人员，利用职务上的便利，侵吞、窃取、骗取或者以其他手段非法占有国有财物的，以贪污论。

贪污作为腐败行为的最主要表现形式，是实践中常见多发的一种犯罪，也是严重侵犯国家工作人员职务行为廉洁性和公司财产所有权的犯罪，历来是刑法打击的重点。参照《联合国反腐败公约》关于贪污罪的相关规定，考察我国现行刑法对贪污罪的立法规定及相关司法解释，在解决随着社会的发展变化而逐渐产生的新情况、新问题时出现了法律适用的难题。下面就几个疑难问题逐一探讨：

一、贪污罪的对象范围

依照我国现行刑法的规定，贪污罪的犯罪对象为公共财物。刑法中的公共财物主要包括国有财产、劳动群众集体所有的财产、用于扶贫和其他公益事业的社会捐助或者专项基金的财产，在国家机关、国有公司、企业、事业单位和人民团体中管理、使用或者运输中的私人财产，以公共财产论。另外，根据《刑法》第 183 条第 2 款和第 271 条第 2 款的特别规定，非国有保险公司的保险金和非国有公司、企业或其他单位的财物，也可以成为贪污罪的对象。至于财物的性质，笔者认为，除了现金以外，也包括各种无形财产，如知识产权、股票、基金、证券和各种票据等，以及动产和不动产，如房屋和汽车等。

国有公司的债权、土地使用权、土地拆迁安置补偿费等，能否构成贪污罪的对象？国家拨付给科研人员的科研经费能否成为贪污罪的对象？私人财物、私人的证券等能否成为贪污罪的对象？刑法对这些问题没有明确规定，下面就这些问题分别探讨：

（一）公司债权能否作为贪污罪对象

关于债权能否作为贪污罪对象的问题，是近几年来司法实践讨论热烈，但存在重大争议的问题。针对债权而涉嫌贪污罪的，主要是指国有公司、企业转制过程中，行为人利用职务上的便利对国有公司、企业的对外债权状况予以隐瞒，不纳入国有资产评估的范围，将债权予以控制、进一步实现债权并私吞的情况。

例如，被告人丁某、朱某、李某、蒋某利用担任某市房屋材料供应站（国有企业）正、副站长和财务科科长的职务便利，采用将应收账款不入账和虚列应付账款的手法，陆续将该单位的 20 万余元公款隐匿于由其控制的账户内。2008 年 6 月，该单位改制为股份公司，4 名被告人将上述公款隐匿未申报资产评估。2009 年 3 月至 2012 年 6 月，4 名被告人在分别担任改制后的房屋材料供应站有限公司（非国有企业）正、副总经理和财务主管期间，将账户内的 20 万余元予以瓜分，4 名被告人行为是否构成贪污罪？

在公司、企业的正常生产、经营期间，也可能发生所谓行为人利用职务上的便利隐瞒债权、事后将债权实现并将财产占为己有的情况。对于在国有公司企业改制过程中“债权可否成为贪污罪的对象”，司法实践中存在两种相反的观点和立场：

一是否定说，认为贪污罪的对象不应包括债权。理由是：第一，债权从民法的角度来看属于请求权，相对于所有权来说是绝对权、对物权，债权是一种相对权、对人权，债权人只有在实现债权之后才对作为标的物的财产拥有所有权，而由于债权的实现具有不确定性，故不能等同于所有权。第二，《刑法》第 382 条只将“公共财物”规定为贪污罪的对象，不可能把“财物”解释为包括“债权”在内。另外，1993 年国有资产管理局发布的《国有资产产权界定和产权纠纷处理暂行办法》第 2 条也规定：“国有资产，系指国家依法取得和认定的，或者国家以各种形式对企业投资和投资收益，由国家向行政事业单位拨款等形成的资产。产权，系指财产所有权以及与财产所有权有关的经营权、使用权等财产权，而不包括债权。”

二是肯定说，认为债权可以成为贪污罪的对象。理由是：第一，债权虽然是一种请求权，但债权人有权要求债务人履行债务，将债权予以实现，在债权实现后（变现为财物或者金钱），隐瞒债权的行为人实际上就取得了财产权。第二，国有公司、企业转制过程中国有资产评估的对象不仅包括公司、企业的货币（资金）、实物、工业产权，还包括债权和债务；如果不把债权作为贪污罪的对象看待，对国有财产的保护是很不利的。

对于“债权能否作为贪污罪对象”的探讨，实际上是关于作为债权或债权的标的物能否成为贪污罪的对象问题。具体到国有公司、企业转制过程中的争议案件，就是指行为人利用职务上的便利隐瞒债权并将债权予以实现继而非法占有标的物的行为，从这个意义上来讲，上述侵吞国家财产的行为构成贪污罪是毫无疑问的。如果作为财产的债权标的尚未实现，就属于一种财产性利益。这就涉及如何理解《刑法》第 382 条对贪污罪对象规定的“公共财物”的范围问题。所谓财物，根据 2008 年《关于办理商业贿赂刑事案件适用法律若干问题的意见》第 7 条的规定，商业贿赂中的财物，既包括金钱和实物，也包括可以用金钱计算数额的财产性利益，如提供房屋装修、含有金额的会员卡、代币卡（券）、旅游费用等。具体数额以实际支付的资费为准。① 所以，财物是包括财产性利益在内的能够以金钱计算的有价值的金钱和实物。如前所述，贪污罪虽然被规定在“贪污贿赂罪”一章，但由于贪污罪兼具渎职犯罪和财产犯罪的性质或者说属于贪利性渎职犯罪，所以，对贪污罪对象“财物”的理解，和对其他财产犯罪对象的理解具有共通性。有些国家的刑法专门规定了利益罪，如《日本刑法》第 236 条第 2 项、第 246 条第 2 项、第 249 条第 2 项，分别规定了利益强盗罪、利益欺诈罪和利益恐吓罪。在这些规定了利益罪的国家，法律把财产罪明确分为财物罪与利益罪两类，作为财产罪侵害对象的财物与财产性利益是相并列的概念，两者之间不存在包容关系。但是，我国刑法并未对利益罪作明确规定，作为财产犯罪侵害对象的财物是

① 2008 年最高人民法院、最高人民检察院《关于办理商业贿赂刑事案件适用法律若干问题的意见》第 7 条。

从广义而言的，自然包括了财产性利益。当然，就具体财产罪而言，有些财产犯罪的对象不可能包括财产性利益，如盗窃罪必须以秘密窃取方式实施，所以其对象不可能包括财产性利益。但是，在贪污罪中，由于行为人具有职务上的便利，行为人完全可以通过隐瞒债权这种欺骗的形式使债权的标的失控于债权人，从而使债权人的财产性利益受到损害，因此，在解释论上将贪污罪对象“公共财物”理解为包括作为财产性利益的债权标的，符合罪刑法定原则要求的目的解释结论。①

（二）土地使用权是否属于公共财物，能否成为贪污罪的对象

土地使用权能否成为贪污罪的对象，刑法没有明确规定，司法实践中有人认为，土地属于不动产，其所有权转移必须经过法定的登记程序才能实现，因此，土地使用权不能成为贪污罪的对象。但是根据最高人民法院的指导案例《杨延虎等贪污案》［（2009）浙

① 赵震著：《职务犯罪重点疑难精解》，法律出版社 2013 年版，第 131 页。

刑二终字第 34 号]①，笔者认为，土地使用权是有价值的不动产，可以成为贪污罪的对象。具体理由如下：

其一，土地属于公共财物。根据《刑法》第 91 条关于公共财

① 最高人民法院：《最高人民法院指导案例 11 号：杨延虎等贪污案》，载《人民法院报》2012 年 9 月 26 日第 3 版。被告人杨某虎 1996 年 8 月任浙江省义乌市委常委，2003 年 3 月任义乌市人大常委会副主任，2000 年 8 月兼任中国小商品城福田市场（2003 年 3 月改称中国义乌国际商贸城，以下简称国际商贸城）建设领导小组副组长兼指挥部总指挥，主持指挥部全面工作。2002 年，杨某虎得知义乌市稠城街道共和村将列入拆迁和旧村改造范围后，决定在该村购买旧房，利用其职务便利，在拆迁安置时骗取非法利益。杨某虎遂与被告人王某（杨某虎的妻妹）、被告人郑某（王某之夫）共谋后，由王、郑二人出面，通过共和村王某某，以王某的名义在该村购买赵某某的 3 间旧房（房产证登记面积为 61.87 平方米，发证日期为 1998 年 8 月 3 日）。按当地拆迁和旧村改造政策，赵某某有无该旧房，其所得安置土地面积均相同，事实上赵某某也按无房户得到了土地安置。2003 年 3、4 月，为使 3 间旧房所占土地确权归到王某芳名下，在杨某虎的指使和安排下，郑某潮再次通过共和村王某某，让该村村民委员会及其成员出具了该 3 间旧房系王某芳 1983 年所建的虚假证明。杨某虎利用职务便利，要求兼任国际商贸城建设指挥部分管土地确权工作的副总指挥、义乌市国土资源局副局长吴某某和指挥部确权报批科人员，对王某芳拆迁安置、土地确权予以关照。国际商贸城建设指挥部遂将王某芳所购房屋作为有村证明但无产权证的旧房进行确权审核，上报义乌市国土资源局确权，并按丈量结果认定其占地面积为 64.7 平方米。

此后，被告人杨某虎与郑某潮、王某芳等人共谋，在其岳父王某祥在共和村拆迁中可得 25.5 平方米土地确权的基础上，于 2005 年 1 月编造了由王某芳等人签名的申请报告，谎称“王某祥与王某芳共有三间半房屋，占地 90.2 平方米，两人在 1986 年分家，王某祥分得 36.1 平方米，王某芳分得 54.1 平方米，有关部门确认王某祥房屋 25.5 平方米、王某芳房屋 64 平方米有误”，要求义乌市国土资源局更正。随后，杨某虎利用职务便利，指使国际商贸城建设指挥部工作人员以该部名义对该申请报告盖章确认，并使该申请报告得到义乌市国土资源局和义乌市政府认可，从而让王某芳、王某祥分别获得 72 平方米和 54 平方米（共 126 平方米）的建设用地审批。按王某祥的土地确权面积仅应得 36 平方米建设用地审批，其余 90 平方米系非法所得。2005 年 5 月，杨某虎等人在支付选位费 24.552 万元后，在国际商贸城拆迁安置区获得两间店面共 72 平方米土地的拆迁安置补偿（案发后，该 72 平方米的土地使用权被依法冻结）。该处地块在用作安置前已被国家征用并转为建设用地，属国有划拨土地。经评估，该处每平方米的土地使用权价值 35270 元。杨某虎等人非法所得的建设用地为 90 平方米，按照当地拆迁安置规定，折合拆迁安置区店面的土地面积为 72 平方米，价值 253.944 万元，扣除其支付的 24.552 万元后，实际非法所得 229.392 万元。

产的解释，公共财产包括国有财产、劳动群众集体所有的财产、用于扶贫和其他公益事业的社会捐助或者专项基金的财产。另据《中华人民共和国土地管理法》第2条和第9条的规定，我国土地属于公有制，即全民所有制和劳动群众集体所有制，并可以依法确定给单位或个人使用，因此，土地属于“公共财物”。

其二，土地使用权属于“财物”的范围。关于“财物”的范围，最高人民法院、最高人民检察院2008年发布的《关于办理商业贿赂刑事案件适用法律若干问题的意见》第7条指出，商业贿赂中的财物，既包括金钱和实物，也包括可以用金钱计算数额的财产性利益。虽然土地所有权实行公有制，但是土地的所有权和使用权可以分离，单位或个人可以对土地进行占有、使用、开发、经营，并可以带来相应的经济收益。因此土地使用权具有财产性利益，属于“财物”的范围。

其三，我国已有相关法律确认土地使用权可以成为贪污的对象。“两高”2010年印发的《关于办理国家出资企业中职务犯罪案件具体应用法律若干问题的意见》第1条第1款规定，国家工作人员或受国家工作机关、国有公司、企业、事业单位、人民团体委托管理、经营国有资产的人员利用职务上的便利，在国家出资企业改制过程中故意通过低估资产、隐瞒债权、虚设债务、虚构产权交易等方式隐匿公司、企业财产，转为本人持股的改制后公司、企业所有的，应当依照《刑法》第382条、第383条的规定，以贪污罪定罪处罚。另外，根据国家资产管理局1993年12月制定的《国有资产产权界定和产权纠纷处理暂行办法》有关规定，有权代表国家投资的部门与机构以货币、实物和所有权属于国家的土地使用权、知识产权等形成的资产，界定为国有资产。由此可见，国家出资企业改制过程中故意低估土地使用权，转为本人持有股份的改制后公司、企业所有的，可以构成贪污罪。[①]

（三）土地征用、拆迁补偿费用能否成为贪污罪的对象

根据我国《土地管理法》《土地管理法实施条例》的相关规定，土地征用补偿费用包括土地补偿费、安置补助费、地上附着物和青苗的补偿费。其中，土地补偿费归农村集体经济集体组织所有，地上附着物和青苗的补偿费归地上附着物和青苗的所有者所有。安置补助费分三种情况，对不需要统一安置的，安置补助费发放给被安置人员个人或者征得被安置人员同意后用于支付被安置人员的保险费用；由其他单位安置的，安置补助费支付给安置单位；需要由农村集体经济组织进行安置的，安置补助费支付给农村集体经济组织，由农村集体经济组织进行管理和使用。

土地补偿款的性质应结合其所处的时间，包括领取后、存储于集体账户之前，土地补偿款属于国家的性质没有改变，行为人侵吞这笔费用的应按照贪污罪处理。

（四）科研经费能否成为贪污罪的对象

近年来，随着一些"科研腐败"案件的出现，一些专家学者、大学教授被以贪污罪追究刑事责任，被追责的原因就在于使用与课题无关的票据报销科研经费、编造劳务人员名单冒领"劳务费"等行为。例如，北京外国语大学教授肖某借用非课题组成员 28 名学生的名义和身份证领取劳务费 82400 元，被指控成立贪污罪；[②]中国科学院地质与地球物理研究所研究员段某以各种差旅费、劳务费、租车费及复印装订费等名义套取科研经费 130 万元而被法院以

---

① 胡云腾主编：《中国案例指导》（第 1 辑），法律出版社 2015 年版，第 187 页。

② 《院长用学生名义冒领劳务费据为己有》，载《京华时报》2011 年 12 月 27 日。

贪污罪判处13年有期徒刑;[①] 北京邮电大学软件学院教授宋某因借用他人身份证冒领国家科技重大专项科研经费68万元而被法院以贪污罪判处10年6个月有期徒刑;[②] 浙江大学教授陈某利用课题总负责人身份，通过作为外协单位的关联公司开具虚假发票套取945万元而被以贪污罪判处10年有期徒刑。[③]

根据上述案例的判决，认为科研人员套取科研经费的行为属于贪污罪，究竟科研经费的性质如何？能否成为贪污罪的对象？

有关部门给予科研人员的“科研经费”是否为国家财产？抑或公共财产？科研经费实际上是国家有关部门与项目负责人或课题主持人之间通过合同所约定的，国家有关部门提供给科研人员的、用于“购买”科研人员智力成果（科研成果）及相关补助的费用。[④] 由于科研经费是由国家有关部门审定的，作为科研人员从事课题研究的“对价”而存在，只要科研人员按照原定计划提交符合要求的科研成果，相关机关就会将这笔专项科研经费拨付到单位账户，作为研究费用。目前国家科研经费预算支出科目一般包括图书资料购置费、国内调研差旅费、国际合作与交流费、问卷调查费、专家咨询费、小型会议费、计算机耗材及上网等通信电话费、设备费、复印费、出版资助费、劳务费、成果鉴定费等。这笔费用不是由课题负责人本人管理和支配，而是由所在单位代为管理，需要提供相应的发票才能提取出来，转归本人支配。由于这笔科研费用是由国家出资、拨付给个人使用的专项资金，所以，如果个人没

---

① 全海龙等：《中科院院士套取科研经费养小三遭妻举报获刑》，载《检察日报》2013年1月24日。

② 熊丙奇：《北邮院长如何冒领200万科研经费》，载《中国经济周刊》2014年第7期。

③ 叶铁桥：《贪污千万元科研经费，浙大一教授被判十年》，载《中国青年报》2014年1月10日。

④ 肖中华：《科研人员不当套取国家科研经费不应认定为贪污罪》，载《法治研究》2014年第9期。

有按照当时申请经费时指定的用途使用经费，而是采用虚报、瞒报、假报支出，骗取科研经费的，当然构成贪污罪，科研经费自然成了贪污的对象，实践中对骗取科研经费的人员也是按照贪污罪定罪处罚的。

（五）私人财物、私人的证券等能否成为贪污罪的对象

至于私人财物、私人的证券等能否成为贪污罪的对象，刑法没有规定。如果是单纯的私人财产，如国有保险公司已经开出的赔偿款，在由理赔人交付投保人之前自己私吞或携款潜逃的，是按照贪污罪还是侵占罪追究刑事责任？这里应按照贪污罪追究刑事责任，因为这里的赔偿款除了已经由投保人实际控制之外，都属于公司的财产，当然可以成为贪污罪的对象。另外，纯私有公司中的财产属于私人财产，不可能成为贪污罪的对象。

二、贪污罪的主体认定

根据刑法规定，贪污罪的主体是国家工作人员，根据最高人民法院《关于印发〈全国法院审理经济犯罪案件工作座谈会纪要〉的通知》规定，国家工作人员包括以下三类：

（一）国家机关工作人员的认定

刑法中所称的国家机关工作人员，是指在国家机关中从事公务的人员，包括在各级国家权力机关、行政机关、司法机关和军事机关中从事公务的人员。根据有关立法解释的规定，在依照法律、法规规定行使国家行政管理职权的组织中从事公务的人员，或者在受国家机关委托代表国家行使职权的组织中从事公务的人员，或者虽未列入国家机关人员编制但在国家机关中从事公务的人员，视为国家机关工作人员。在乡（镇）以上中国共产党机关、人民政协机关中从事公务的人员，司法实践中也应当视为国家机关工作人员。

（二）国家机关、国有公司、企业、事业单位委派到非国有公司、企业、事业单位、社会团体从事公务的人员的认定

所谓委派，即委任、派遣，其形式多种多样，如任命、指派、提名、批准等。不论被委派人的身份如何，只要是接受国家机关、国有公司、企业、事业单位委派，代表国家机关、国有公司、企业、事业单位在非国有公司、企业、事业单位、社会团体中从事组织、领导、监督、管理等工作的，都可以认定为国家机关、国有公司、企业、事业单位委派到非国有公司、企业、事业单位、社会团体从事公务的人员。例如，国家机关、国有公司、企业、事业单位委派在国有控股或者参股的股份有限公司中从事组织、领导、监督、管理等工作的人员，应当以国家工作人员论。国有公司、企业改制为股份有限公司后，原国有公司、企业的工作人员和股份有限公司新任命的人员中，除代表国有投资主体行使监督、管理职权的人外，不以国家工作人员论。

（三）“其他依照法律从事公务的人员”的认定

《刑法》第93条第2款规定的“其他依照法律从事公务的人员”应当具有两个特征：一是在特定条件下行使国家管理职能；二是依照法律规定从事公务。具体包括：（1）依法履行职责的各级人民代表大会代表；（2）依法履行审判职责的人民陪审员；（3）协助乡镇人民政府、街道办事处从事行政管理工作的村民委员会、居民委员会等农村和城市基层组织人员；（4）其他由法律授权从事公务的人员。

除了上述刑法解释明确规定的犯罪主体以外，对下面几类犯罪人在司法认定中能否构成贪污罪的主体存在一些分歧，下面试作探讨。

1. 高校或科研所的研究人员能否成为贪污罪的主体

国有科研机构、高校中从事科学技术研究的专业技术人员，在形式上属于“国有事业单位”的“工作人员”，但其主要工作包括两个方面：一是教学；二是科研。无论教学还是科研，都是技术性的劳务，而非公务。所谓从事公务，根据最高人民法院《关于印发〈全国法院审理经济犯罪案件工作座谈会纪要〉的通知》的规定，“从事公务”，是指代表国家机关、国有公司、企业、事业单位、人民团体等履行组织、领导、监督、管理等职责。公务主要表现为与职权相联系的公共事务以及监督、管理国有财产的职务活动。例如，国家机关工作人员依法履行职责，国有公司的董事、经理、监事、会计、出纳人员等管理、监督国有财产等活动，属于从事公务。那些不具备职权内容的劳务活动、技术服务工作，如售货员、售票员等所从事的工作，一般不认为是公务。显然，从事科学技术研究，应当认定属于劳务而非公务，但是如果科研人员从事的科研活动是基于国家有关部门的委托、授权，并给予一定的资金支持，科研成果归属于国家，此时的科研人员就此项研究活动而言可以认定为属于“受委托从事公务的人员”，所以，其假列支出骗取国家给予的科研经费的行为可以认定为“贪污”行为。

2. 农村基层自治性组织人员能否构成贪污罪的主体

(1)《关于〈中华人民共和国刑法〉第九十三条第二款的解释》规定的农村基层组织人员的范围。全国人大常委会第十五次会议通过的《关于〈中华人民共和国刑法〉第九十三条第二款的解释》对何为“其他依照法律从事公务的人员”进行了立法解释，在协助政府从事下列工作时“以国家工作人员论”：救灾、抢险、防汛、优抚、扶贫、移民、救济款物的管理；社会捐助公益事业款物的管理；国有土地的经营和管理；土地征用补偿费用的管理；代征、代缴税款；有关计划生育、户籍、征兵工作；协助人民政府从事的其他行政管理工作。村民委员会等村基层组织人员从事前款规定的公务，利用职务上的便利，非法占有公共财物、挪用公款、索取他人财物或者非法收受他人财物，构成犯罪的，适用《刑法》第 382 条和第 383 条贪污罪、第 384 条挪用公款罪、第 385 条和第 386 条受贿罪的规定。根据我国《刑法》和《关于〈中华人民共和国刑法〉第九十三条第二款的解释》，农村基层组织人员成为贪污贿赂犯罪主体，应当具备两个必要要件：一是实质要件，即从事了立法解释规定的七种情形中“协助人民政府行政管理工作”；二是形式要件，也可以说是身份要件，即具有农村基层组织人员这一身份。这意味着，如果不属于农村基层组织人员，即使从事的是规定的七种情形中的“协助人民政府行政管理工作”，也不能成为贪污贿赂犯罪的主体。但是，农村基层组织人员应当如何界定，哪些人员属于农村基层组织人员，司法实践中有着诸多分歧与模糊认识。把握农村基层组织人员的范围，关键要从这一组织、人员享有、行使的“协助行政管理”职权所依据的法定性与非法定性上来进行区分。[①] 我国法律对哪些人员享有这种法定性职权并没有明确具体的规定，那么，如何判断这种依据的法定性呢？我们认为，此种情形下，可以通过看其职权的产生是基于一般的委托、授权，还是基于一种法定的程序来判断。如果其职权的产生是依据一种法定程序，如法律规定的选举、推举程序，那么应当认为其职权依据有法定性；如果其职权的产生没有这种法定程序，而是根据一般的民事委托、授权，那么应当认为其职权依据虽然具有合法性，但不具有我们所说的法定性。从这样的理论逻辑来看，村委会主任、副主任以及其他村委会成员之所以应当是农村基层组织人员，不是因为他们是班子成员，也不是因为他们实际具有管理职权，而是因为其职务、职权是由法律规定的“由村民直接选举”这种法定程序产生的，因此其职务、职权有法定性，有法律依据。对于实际享有管理职权而不具有这种法定依据的其他村干部，其管理权的产生本质上是一种委托，是村委会的委托、授权，因此不能认为其属于刑法上的农村基层组织人员。由此，农村基层组织人员要与农村基层组织工作人员严格区分。因此，根据《关于〈中华人民共和国刑法〉第九十三条第二款的解释》的内涵，上述立法解释所规定的村基层组织应指以下三类：一是村民委员会；二是村级党组织，包括党委、总支、支部；三是村级集体经济组织，即全体村民参加的区域性合作经济组织，如村经济合作社、村经济联社等，统一管理

① 海南省人民检察院反贪局、研究室课题组：《农村基层组织人员贪污贿赂犯罪争议问题探讨》，载《法治研究》2012 年第 9 期。

全村的土地和村办的各种合作经济组织，包括村办企业、村办各种服务队等。农村基层组织人员具体包括村（社区）党组织（含党委、总支、支部）领导班子成员、村民委员会成员、农村集体经济组织负责人、村民小组负责人（包括组长、副组长）。其组织成员的职务行为具有复杂性：一是从事公务活动，即基层自治组织的村民委员会依法或受政府委托协助人民政府从事一定范围内的行政管理工作；二是办理本村自治事务，即纯粹属于村民自治范围内的与行政管理工作无关的公共事务和公益事业，这些本村的公共事务与公益事业，均非协助政府从事行政管理，亦非村营利性质的经营活动，而是村的自治事务；三是利用村集体所有的财产从事的营利性行为，如营利性的商品房建造、村办企业发包、村固定资产出租、村办企业使用村集体所有的土地等。这种情况导致农村基层组织人员的身份相当特殊，一方面他们不属于国家工作人员，不享有国家工作人员的身份和待遇；另一方面他们又代表人民政府行使着一定的国家职权，充当着人民政府和广大农民之间的桥梁。[①] 所以，基层组织人员侵吞所管理的财物，只有在协助人民政府从事管理工作时才能构成贪污罪，侵吞村集体财产的只能构成职务侵占罪。

（2）村民小组长是否为农村基层组织成员。村民小组不属于村基层组织，为何其负责人（包括小组长、副组长）属于农村基层组织人员呢？为何又仅限于村民小组负责人呢？理由如下：

第一，根据《村民委员会组织法》，村民小组的设立由村民委员会“根据村民居住状况、集体土地所有权关系等决定”，村民小组组长的产生由“村民小组会议推选”，因此，村民小组的设立、村民小组负责人的产生都源自法定程序，村民小组负责人的职权有其法定性。

---

① 贾京霖：《村官职务犯罪的法律适用》，载《中国检察官》2011 年第 10 期。

第二，根据我国法律，村民小组是集体土地所有权的主体，对其所有的集体土地独立享有所有权，因此，村民小组的工作必然存在“土地征用补偿费用的管理”等协助政府行政管理的事务，现实生活中，村民小组长与村委会成员一同协助人民政府工作，村委会担负的协助行政管理任务大部分都是由村民小组长协助完成。

第三，从最高人民法院公布的指导案例来看，也有村民小组长协助行政管理工作时构成贪污贿赂犯罪的案例，如廖某伦贪污、受贿案。[①]

所以，对村民委员会等村基层组织人员从事属于村民自治范围的经营、管理活动不能适用《关于〈中华人民共和国刑法〉第九十三条第二款的解释》的规定。司法实践中，需要对基层自治性组织中工作人员从事的活动进行认真甄别，严格区分公务性质活动与非公务性质活动。关键是要依法区分从事公务与从事村内自治事务以及村级经营活动。[②] 如果是协助政府履行管理的公务，则可以国家工作人员论，构成国家工作人员实施的贪污罪、受贿罪，若是村内的自治事务，则只能按照非国家工作人员构成职务侵占罪。

三、国有企业改制中贪污罪的认定

在国有企业改制过程中，包括国有公司、企业的股份制改造、兼并、重组、破产以及合资、合作过程中发生的侵吞国有资产的行为如何定性，下面分别探讨不同犯罪行为的法律适用问题：

---

① 《廖常伦贪污、受贿案》（第 594 号）、《张留群受贿案》（第 595 号），载最高人民法院《刑事审判参考》2009 年第 6 期、总第 71 期，法律出版社 2010 年版，第 54～68 页。

② 曹坚：《几种特殊贪污犯罪主体的司法认定问题》，载《广州市公安管理干部学院学报》2010 年第 1 期。

（一）国有企业的负责人采取低估资产、隐瞒资产、虚设债务等手段，隐匿国有资产的行为如何定性

这要分不同情况处理：如果改制后的新公司或企业中没有国有股份，或者虽然有国有股份，但是被隐匿的资产没有计入新公司资产，而是被行为人侵吞的，被隐匿的部分应全额认定为贪污的数额；如果改制后新公司或企业中仍有国有股份，且被隐匿的资产成为新公司资产的，被隐匿部分中应按照国有股份所占的比例扣除属于国有的部分，剩余部分认定为贪污的数额。例如，国有企业的负责人在企业改制时将100万元的资产隐匿，改制后新公司国有股份占30%，且该100万元成为新公司的资产，那么应扣除30万元，其余的70万元就是贪污的数额。因为国家还可以对30万元享有所有权，国家失去的是对70万元的所有权。如果所隐匿的财产在改制过程中已为行为人实际控制，或者企业已经改制完成，则以犯罪既遂处理，如李某某等贪污案。[①]

（二）将整个国有企业资产予以非法占有的行为如何定性

国有企业的负责人在国有企业改制时，或借改制之名，欺上瞒下，将国有公司改制为本人的公司，或者变为原国有企业中的部分个人公司，或者以他人名义持有股份、实际为行为人控制的公司，原来的国有资产全部变为改制后个人或少数人资产的，构成贪污罪。对此类贪污行为，应当将国有资产的全额认定为贪污的数额。

---

① （2012）奉刑初字第300号。1999年5月至2002年10月，被告人李某某、韩某、梁某某分别利用担任奉贤县某某金属结构件厂厂长、副厂长、会计及厂改制领导小组成员的职务便利，在该厂改制过程中，采用隐匿资产等方法，将一套价值人民币159146元的生产塑钢门窗的设备共同予以侵吞。1999年12月至2002年1月，被告人李某某利用担任上海奉贤县某某金属结构件厂厂长的职务便利，采用隐匿手法，侵吞该厂用工程款、历年结余款抵扣及账上资金共计人民币88943元支付所得的本区奉城镇某某新村3幢14号102室的商品房1套。2002年11月，被告人李某某利用担任奉贤县某某金属结构件厂厂长的职务便利，侵吞该厂小金库钱款人民币110000元，用于补缴个人房款等开支。

法院认为，被告人李某某、韩某、梁某某身为国家工作人员，在分别担任奉贤县某某金属结构件厂厂长、副厂长、主办会计及厂改制领导小组成员期间，利用职务便利，采用隐匿资产的手法，单独或者共同侵吞公共财物，其中，被告人李某某犯罪金额为35.8万余元，被告人韩某、梁某某犯罪金额为15.9万余元，其行为均已触犯刑律，构成贪污罪。在共同犯罪中，被告人李某某起主要作用，系主犯；被告人韩某、梁某某起次要作用，系从犯，依法应当从轻或者减轻处罚。被告人李某某、韩某、梁某某犯罪后能自动投案，如实供述自己的罪行，属自首，依法均可从轻或者减轻处罚。鉴于被告人李某某退回了全部赃款，亦可酌情从轻处罚。综上，本院根据各被告人的犯罪事实、性质、情节、社会危害程度、退赃情况、认罪态度等，在量刑时一并予以考虑，采纳控辩双方关于对三名被告人均予以减轻处罚的意见。判决如下：一、被告人李某某犯贪污罪，判处有期徒刑5年6个月，并处没收财产人民币4万元。二、被告人韩某犯贪污罪，判处有期徒刑1年，宣告缓刑1年。三、被告人梁某某犯贪污罪，判处有期徒刑1年，宣告缓刑1年。

国有资产的数额应当包括企业成立之初国家投入的资产，以及在企业经营存续期间所积累的资产。[1]

四、利用职务上的便利是否包括利用本人职权、地位形成的便利条件

贪污罪作为一种贪利性渎职犯罪，利用职务便利是其显著特征，是认定贪污罪的前提条件，也是贪污罪区别于其他侵犯财产犯罪的显著标志。对于何为“利用职务上的便利”，刑法没有明确规定，刑法理论上对此理解存在不同的观点，具有代表性的主要有以下几种：

第一种观点认为，利用职务上的便利，是指利用自己职权范围内的权力和地位形成的主管、经手、管理公共财物的便利条件，不是指利用他人的职务便利（共同犯罪除外），也不单纯是利用工作上的便利。[2]

第二种观点认为，利用职务上的便利，是指国家工作人员利用其职务权力和地位所形成的主管、管理、经营、经手公共财物的便利条件。利用因工作关系熟悉作案环境，凭国家工作人员的身份便于进出本单位、易于接近作案目标或对象等与职权无关的方便条件非法占有公共财物的，不构成贪污罪。[3]

第三种观点认为，利用职务上的便利，是指利用自己主管、管理、经手公共财物的职权以及与职务有关的便利条件。“与职务有关”是指虽然不是直接利用职权，但是利用了本人职权或地位形

---

① 杨兴国著：《贪污贿赂犯罪认定精解精析》，中国检察出版社 2011 年版，第 70 页。

② 陈正云、钱航著：《国家工作人员职务经济犯罪的定罪与量刑》，人民法院出版社 2000 年版，第 180 页。

③ 高铭暄、马克昌主编：《刑法学》，北京大学出版社、高等教育出版社 2013 年版，第 621 页。

成的便利条件，也叫间接利用职务之便。[①]

根据2003年最高人民法院《关于印发〈全国法院审理经济犯罪案件工作座谈会纪要〉的通知》第3条规定，受贿罪的“利用职务上的便利”，既包括利用本人职务上主管、负责、承办某项公共事务的职权，也包括利用职务上有隶属、制约关系的其他国家工作人员的职权。[②] 贪污罪与受贿罪虽然犯罪的内容和方式不同，但都是利用了其职务、职权上的便利条件，在这方面两者具有共同性。所以，贪污罪的利用职务上的便利，是指行为人利用主管、管理、经手公共财物的职权及与职务有关的方便条件，既包括利用本人直接管理、经手公共财物的职务便利，也包括利用职务上有隶属关系的其他国家工作人员的职务便利，因为在后一种情况下，行为人虽未直接管理公共财物，但其对被利用的国家工作人员具有人事或工作上的监督制约关系。

例如，在杨某虎贪污案[③]中，义乌国际商贸城指挥部系义乌市委、市政府为确保国际商贸城建设工程顺利进行而设立的机构，指挥部下设确权报批科，工作人员从国土资源局抽调，负责土地确权、建房建设用地的审核及报批工作，分管该科的副总指挥吴某某也是国土资源局副局长。确权报批科作为指挥部下设机构，同时受指挥部的领导，作为指挥部总指挥的杨某虎具有对该科室的领导职权。杨某虎正是利用担任义乌市委常委、义乌市人大常委会副主任和兼任指挥部总指挥的职务便利，给下属的土地确权报批科人员及其分管副总指挥“打招呼”，利用了与其职务上具有隶属关系的其

① 徐武生著：《经济犯罪与经济纠纷》，法律出版社1998年版，第213页。

② 2003年最高人民法院《关于印发〈全国法院审理经济犯罪案件工作座谈会纪要〉的通知》第3条第1款。

③ 最高人民法院：《最高人民法院指导案例11号：杨延虎等贪污案》，载《人民法院报》2012年9月26日第3版。

他国家机关工作人员的职权，才使共同贪污犯罪人王某芳等人虚报的拆迁安置费用得以实现。

五、贪污罪既遂与未遂的认定标准

由于贪污罪与盗窃罪的犯罪构成都具有“以非法占有为目的”的主观目的，所以，对贪污罪既遂与未遂的区分标准可以参考盗窃的区分标准，对此，理论界和实务界主要存在失控说、控制说、占有说、失控或控制说四种学说：

一是失控说，认为贪污罪的既遂应以公共财物脱离单位的控制为标志，只要公共财物脱离财产所有单位的控制，就应认定为犯罪既遂。

二是控制说，认为贪污罪的既遂应以行为人实际控制了公共财物为标志，如果公共财物仅脱离财产所有单位的控制，但尚未被行为人实际控制，也只能认定为犯罪未遂。

三是占有说，认为贪污罪的既遂应以行为人已经取得所有权、占有权为标志。

四是失控或控制说，认为无论当公共财产脱离所有单位的控制还是被行为人实际控制，都应当认定为贪污罪的既遂。

事实上，上述观点各有利弊：失控说只注意到财产被侵犯的一面，却没有注意到贪污罪属于非法占有型犯罪，行为人以占有财物为目的，该种犯罪目的实现才是既遂的标志，所以“失控说”将贪污既遂过分提前；控制说全面反映了犯罪目的和犯罪结果两个方面，但是变相加重了行为人的刑事责任；占有说过分强调所有权，却忽视财产被行为人实际控制后就达到了行为人使用、收益的目的，不一定实际占有财物，只要能实际控制就可以，因而缩小了贪污既遂的成立范围；失控或控制说将“公共财产脱离所有单位的控制”与“公共财产被行为人实际控制”作为贪污罪既遂成立的选择性条件，这种“两可”的立场本身就是自相矛盾的，也混淆了财产失控与被他人控制、财产仅仅被侵犯与财产被侵犯后行为人达到目的之间在危害性程度上的差别。

结合贪污罪的特点，区分贪污罪既遂与未遂界限的控制说和财产所有权转移说两种观点相对较为合理：

控制说以行为人是否实际控制公共财物、实现非法占有目的为标志，既注意到公共财物被行为人侵犯的特征，又注意到行为人非法占有目的实现的结果，站在法益侵害程度的立场考虑也是合理的，因为只有行为人实际控制了财物，才能认为对法益的侵害程度达到了完备状态，构成犯罪既遂。

财产所有权转移说认为，应以行为人所贪污财产的所有权是否已经转移作为认定既遂与未遂的界限，尤其是对于汽车、房屋等需要通过变更登记才能转移所有权的财物来说更是如此。事实上，实践中有的行为人占有了单位的房屋，但由于种种原因没有将产权过户登记在自己名下，而行为人实际控制着房屋，并以所有者的身份居住或出租收取租金，此时能否以行为人没有办理产权过户登记手续为由认为是贪污罪的未遂呢？显然不能。因为刑法的“占有”不同于民法上的“占有”，刑法中的“占有”强调的是对物的有效支配，即行为人能像支配自己所有的财物那样支配犯罪所得财物，而不要求必须办理所有权转移手续，即使因为没有办理过户手续无法正常出售、转让也不影响行为人实际控制房屋的事实，当然应以犯罪既遂认定。

例如，被告人屠某，原系某国有公司副总经理，在负责清理公司存量房时发现有五套存量房无相关登记资料，遂与陆某、黄某共同商量将其中的三套房产办理使用权或者产权变更、转让手续，且以另一套房产变卖所得款作为支付三套房屋产权或者使用权变更的手续费，共同将价值人民币 89.9 万元的三套房产占为己有。屠某将实际分得的价值人民币 49.9 万元的具有使用权的房产出租牟利，但直至案发仍未办理产权变更手续。检察机关对三被告以贪污罪起诉，法院以贪污罪判决。

鉴于此，贪污罪既遂与未遂应以是否实际控制财物而不是是否转移财产所有权为标志，所以，控制说是较为合理的。

最高人民法院2003年下发的《关于印发〈全国法院审理经济犯罪案件工作座谈会纪要〉的通知》采纳了控制说的观点，第2条第1款明确指出："贪污罪是一种以非法占有为目的的财产性职务犯罪，与盗窃、诈骗、抢夺等侵犯财产罪一样，应当以行为人是否实际控制财物作为区分贪污罪既遂与未遂的标准。对于行为人利用职务上的便利，实施了虚假平账等贪污行为，但公共财物尚未实际转移，或者尚未被行为人控制就被查获的，应当认定为贪污未遂。行为人控制公共财物后，是否将财物据为己有，不影响贪污既遂的认定。"

六、贪污罪共同犯罪的认定

（一）国家工作人员与他人勾结共同非法占有单位财物行为的认定

对于国家工作人员与他人勾结，共同非法占有单位财物的行为，应当按照最高人民法院《关于审理贪污、职务侵占案件如何认定共同犯罪几个问题的解释》的规定定罪处罚：

（1）行为人与国家工作人员勾结，利用国家工作人员的职务便利，共同侵吞、窃取、骗取或者以其他手段非法占有公共财物的，以贪污罪共犯论处。

（2）行为人与公司、企业或者其他单位的人员勾结，利用公司、企业或者其他单位人员的职务便利，共同将该单位财物非法占为己有，数额较大的，以职务侵占罪的共犯论处。

（3）公司、企业或者其他单位中，不具有国家工作人员身份的人与国家工作人员勾结，分别利用各自的职务便利，共同将本单位财物非法占为己有的，按照主犯的犯罪性质定罪。

对于在公司、企业或者其他单位中，非国家工作人员与国家工作人员勾结，分别利用各自的职务便利，共同将本单位财物非法占有的，应当尽量区分主犯与从犯，按照主犯的犯罪性质定罪。司法实践中，如果根据案件的实际情况，各共同犯罪人在共同犯罪中的地位、作用相当，难以区分主犯与从犯的，可以贪污罪定罪处罚。

（二）对共同贪污的行为，如何认定各共同犯罪人的刑事责任

对此，有两种不同的观点：

一种是分赃说，认为是以分赃数额的多少为基础认定行为人责任。即以个人所得为基础，再根据其在共同犯罪中的地位和作用，综合考虑其应承担的责任。因此，对一般的共同犯罪，包括其中的主犯、从犯，均应以个人所得为基础适用法律条款；对贪污集团的首要分子，按照集团贪污的总数额处罚；对其他共同贪污犯罪中的主犯，情节严重的，按照共同贪污的总数额处罚。

另一种是参与说，认为应以各共同犯罪人参与犯罪的数额为基础认定行为人的责任。这种观点认为，共同犯罪人均应对共同贪污犯罪的危害后果负责，即应以共同贪污的总数额作为确定各共同犯罪人刑事责任的基础，然后再综合考虑其在共同贪污中的地位、作用、分赃数额，分别依法确定其刑罚。

以上两种观点分歧的关键在于各共同犯罪人分赃数额的多少是否影响其刑事责任。如果以分赃说为标准，对没有参与分赃，或分赃数额太少，即使他在共同贪污中起主犯作用，只要他不是贪污集团的首要分子或情节严重的主犯，也可能不构成犯罪。如果以参与说为标准，各共同犯罪人是否构成犯罪，以及承担何种刑事责任的基础是其参与共同犯罪的数额，即使行为人没有参与分赃，也同样构成犯罪。例如，一个上级单位的领导找到下属单位的财务会计要求报销费用 3 万元，下属单位的财务会计做了假账，就给了上级单位的领导 3 万元，此时的财务会计是否构成贪污罪？如果按照分赃说则不构成，因为没有参与分赃，尽管其是主犯；如果按照参与说，则构成贪污罪的共同犯罪，因为尽管没有参与分赃，但是其对危害结果的发生起了决定性作用，当然构成贪污罪。所以，《刑法》第 383 条第 1 款规定的“个人贪污数额”，在共同贪污犯罪案件中应理解为个人所参与或者组织、指挥共同贪污的数额，不能只按个人实际分得的赃款数额来认定。对共同贪污犯罪中的从犯，应当按照其所参与的共同贪污的数额确定量刑幅度，并依照《刑法》第 27 条第 2 款的规定，从轻、减轻处罚或者免除处罚。[①] 对于共同贪污完成但尚未分赃的案件，处罚时应根据犯罪分子在共同贪污犯罪中的地位、作用，并参照贪污总额和共犯各成员间平均数额确定犯罪分子个人应承担的刑事责任。

七、贪污罪与其他犯罪的区别

（一）贪污罪与职务侵占罪的界限

贪污罪和职务侵占罪都是行为人利用职务上的便利，将自己管理的财物非法占为已有的行为，从某种意义上来说，都是职务犯罪，只不过由于行为人的身份、侵害的对象不同，导致社会危害性的大小也不相同。贪污罪与职务侵占罪的区别表现在以下几个方面：

1. 犯罪主体的身份不同

贪污罪的主体是国家工作人员，包括五类：（1）国家机关工作人员；（2）国有公司、企业、事业单位、人民团体中依法从事公务的人员；（3）受国有单位委派到非国有单位从事公务的人员；（4）其他依照法律从事公务的人员；（5）《刑法》第 382 条第 2 款规定的，受国家机关、国有公司、企业、事业单位、人民团体委托管理、经营国有财产的人员。

职务侵占罪的犯罪主体是公司、企业或其他单位的人员，包括国有单位的工作人员，但是通常不是在从事公共管理事务。

2. 犯罪客体不同

贪污罪与职务侵占罪侵犯的客体都是复杂客体，贪污罪的客体是公共财产的所有权以及国家工作人员的职务廉洁性；职务侵占罪

---

① 最高人民法院《关于印发〈全国法院审理经济犯罪案件工作座谈会纪要〉的通知》第 2 条第 4 款。

的客体是公司、企业或者其他单位的财产所有权以及单位人员的职务廉洁性。我国刑法把贪污罪规定在第八章贪污贿赂犯罪中，把职务侵占罪规定在第五章侵犯财产犯罪中，表明了两者犯罪客体的差异。另外，有人认为二者的犯罪对象不同，贪污罪的犯罪对象是公共财产，职务侵占罪的犯罪对象是非国有单位的财产，笔者认为这种说法太过绝对，两罪的犯罪对象有时是重合的。虽然《刑法》第 382 条规定了贪污罪的犯罪对象是公共财物，但根据第 271 条第 2 款、第 183 条第 2 款的规定，国有公司、企业或者其他国有单位委派到非国有单位中从事公务的人员，利用职务便利非法侵占本单位财物的构成贪污罪，所以贪污罪的犯罪对象可以包括非公共财物。而《刑法》第 271 条第 1 款职务侵占罪的犯罪对象就与第 271 条第 2 款贪污罪的犯罪对象是同一对象，第 183 条第 1 款规定的职务侵占罪的对象就与第 183 条第 2 款贪污罪侵犯的对象属于同一犯罪对象。所以，犯罪对象不是两者的主要区别。

3. 两者“职务”的性质不同

贪污罪的“职务”实质上是指公务，这里的公务应作狭义理解，即理解为具有国家管理性质的事务，具有国家权力性、职能性和管理性等特点。职务侵占罪中的“职务”实质上是非公务，没有管理社会公共事务的性质，仅是公司、企业或者其他单位中的内部管理工作，但该职务应当具有稳定性、持续性。贪污罪中的职务不仅包括国家工作人员从事的公务，还包括受国家机关、国有公司、企业、事业单位、人民团体委托管理、经营国有财产的工作。职务侵占罪的主体为“公司、企业或者其他单位的工作人员”，这决定了职务侵占罪中的“利用主管、管理或者经手单位财物的职务便利”，均不包含国家工作人员利用从事公务的职务便利在内。具体而言，国家工作人员利用在国有单位中从事主管、管理或者经手单位财物的职务便利，或者利用被委派到非国有单位中从事管理工作的职务便利而实施的侵占行为，应当依法认定为贪污罪。①

4. 两者犯罪构成要求的数额以及刑罚的轻重不同

贪污罪的定罪量刑标准是依照最高人民法院、最高人民检察院《关于办理贪污贿赂刑事案件适用法律若干问题的解释》第 1 条至第 4 条的规定，贪污数额在 3 万元以上不满 20 万元的，应当认定为《刑法》第 383 条第 1 款规定的“数额较大”，依法判处 3 年以下有期徒刑或者拘役，并处罚金；贪污数额在 20 万元以上不满 300 万元的，应当认定为《刑法》第 383 条第 1 款规定的“数额巨大”，依法判处 3 年以上 10 年以下有期徒刑，并处罚金或者没收财产。贪污数额在 300 万元以上的，应当认定为《刑法》第 383 条第 1 款规定的“数额特别巨大”，依法判处 10 年以上有期徒刑、无期徒刑或者死刑，并处罚金或者没收财产。

职务侵占罪的犯罪金额，根据《关于办理贪污贿赂刑事案件适用法律若干问题的解释》第 11 条的规定，职务侵占罪中的“数额较大”“数额巨大”的数额起点，按照该解释关于受贿罪、贪污罪相对应的数额标准规定的两倍、五倍执行。由于贪污罪在没有其他严重情节情况下，“数额较大”是指 3 万元以上不满 20 万元，“数额巨大”是指 20 万元以上不满 300 万元。这就意味着职务侵占罪的“数额较大”是指 6 万元以上不满 40 万元，处 5 年以下有期徒刑或者拘役；“数额巨大”是指 100 万元以上不满 1500 万元，处 5 年以上有期徒刑，可以并处没收财产。

（二）贪污罪与私分国有资产罪的界限

贪污罪和私分国有资产罪都是国家工作人员侵吞公共财产的行为，多人共同贪污行为与集体私分国有财产行为在外观上具有相似性，但是实质上两者具有本质的区别，主要有以下几个方面：

首先，犯罪主体不同，贪污罪是为了本人或极少数人的利益，

① 许海娟：《浅析职务侵占罪与贪污罪的区别》，载《法制与社会》2011 年第 11 期。

是自然人犯罪；而私分国有资产罪是为了单位全体成员的利益，是单位犯罪。私分国有资产罪不仅指私分决策主体的集体性，即要经过决策主体研究决定，也指私分对象的集体性。①

其次，私分者是否有共同的故意和行为。在共同贪污行为中，各个行为人均共同参与了赃款的分配过程，了解事情的来龙去脉，他们之间有共同私分的故意和行为。而私分国有资产罪，除了少部分决策者外，大部分的获利者并不知道钱的来源以及分钱的原因，只是被动地去领“福利”，各个行为人对私分的钱财没有共同的故意和行为。

最后，贪污罪和私分国有资产罪的客观行为方式不同。贪污罪采取侵吞、窃取、骗取或者其他手段非法占有公共财物，具有三个特点：(1) 具有秘密性，即贪污对本单位未参与犯罪的其他人来说是秘密的，对此并不知情。(2) 具有欺骗性，即贪污总要采取各种貌似合法的手段非法占有公共财产。(3) 具有隐蔽性，即贪污一般会平账，局外人从账上看不出有任何问题。而私分国有资产罪大多表现为：(1) 以单位名义公开进行，即私分国有资产是由单位领导个人或集体研究决定，是以单位分配的形式分给个人。(2) 集体私分，即国有资产分发给本单位全体人员或绝大多数人员，不管分配是按照级别和职务的高低有所区别还是一律均等，都不影响罪名的成立。

因此，如果行为是以单位名义进行的，且在单位内部是公开的，则应当认定为私分国有资产罪；如果行为仅有参与私分的少数几个人知情，单位的其他人并不知情，则应当认为是贪污罪。例

① 朱孝清：《国企改制中，隐瞒国有资产案定性研究》，载《人民检察》2005 年第 1 期。

如，王某私分国有资产案。①

王某虽然有隐瞒单位同事，其已从上级单位领取过半年奖，且其不能在本单位领取半年奖，以及其不能超额领取上级单位核定的年终奖的事实，但鉴于其领取这27000元的前提是其在整个私分过程中进行的，其并没有采取欺骗手段隐瞒单位的其他人领取这些钱款。对于王某分得这27000元这一基本事实，单位其他人是知情的，王某也和其他人一样履行了领款的手续。虽然这笔钱王某不应

① 肖晚祥：《私分国有资产罪中违反国家规定的理解与把握》，载《人民司法》2008年第16期。被告人王某、姚某于2002年至2005年年初，在分别担任国有企业上海市食品进出口国际货运公司（以下简称国际货运公司）经理、财务人员期间，在该公司2002年至2004年连续三年经营亏损，按照上级公司有关考核规定，在无资格向上级公司申请批准发放奖金的情况下，仍由被告人王某指使被告人姚某对经营收入与成本不作配比，将部分当年成本延后至下一财务年度入账，人为抬高收入，虚列利润，制造假账，将账目伪造成收入与成本略有盈余，而后向食品进出口公司报送内容虚假的财务报表，并由被告人王某申请骗得食品进出口公司批准，获得国际货运公司半年奖、年终奖发放额度，由被告人姚某从该公司开户银行企业基本账户中将国际货运公司的流动资金提现共计人民币1089700元转存于户名为黄舜石的交通银行个人活期储蓄账户内。嗣后，被告人王某、姚某以给该公司职工发放半年奖和年终奖的名义对上述公款进行集体私分。其中，被告人王某、姚某个人分别实得人民币157000元和99000元。王某虚列利润，制造假账，将单位的流动资金提现后私分，共计分得157000元，其中有27000元系其故意隐瞒其已在上级公司领取过半年奖和上级公司总经理批给其个人的年终奖，于本公司职工发放半年奖和年终奖时擅自为自己重复列支领取半年奖，超过上级领导实际批准数额，为自己开列领取年终奖的所得。王某所在国际货运公司的上级主管单位食品进出口公司规定，食品进出口公司的下级单位负责人如总经理的半年奖由食品进出口公司总经理直接发放，各负责人不得在本单位领取半年奖；年终奖由各负责人在本单位领取，但其额度由食品进出口公司总经理决定，各单位负责人不得超出核定的额度范围在本单位领取年终奖。对于这27000元，公诉机关认为应当另外定贪污罪，法院认为不应当再定贪污罪，而是私分国有资产罪。

当领取，但仅凭这一点隐瞒尚不足以认定其构成贪污罪。所以，王某分得27000元和其分得其他钱款没有犯罪构成要件意义上的区别，应当统一定私分国有资产罪。

八、贪污罪的刑罚适用问题

随着政治经济的发展，为了严惩腐败犯罪，体现宽严相济的刑事政策，《刑法修正案（九）》及最高人民法院、最高人民检察院《关于办理贪污贿赂刑事案件适用法律若干问题的解释》对贪污罪进行了大幅度的修改和完善。

（一）修改了定罪量刑的标准

《刑法修正案（九）》及最高人民法院、最高人民检察院《关于办理贪污贿赂刑事案件适用法律若干问题的解释》将贪污罪“数额较大”“数额巨大”“数额特别巨大”的具体数额标准分别调整为3万元以上、20万元以上、300万元以上。由于《刑法修正案（九）》对贪污受贿犯罪除规定了数额标准外，还规定了情节标准，采取了“数额标准+从重情形”的模式，即贪污受贿犯罪数额在“1万元以上不满3万元”“10万元以上不满20万元”“150万元以上不满300万元”，同时具有第1条第2款、第3款规定从重处罚情形之一的，应当认定为具有“较重情节”“严重情节”“特别严重情节”。所谓的从重情节有以下六种：

（1）贪污救灾、抢险、防汛、优抚、扶贫、移民、救济、防疫、社会捐助等特定款物的。这是基于犯罪行为事关民生等重大事项的特定危害性而提出的，贪污特定款物较一般款物具有更为严重的危害性，也一直是刑事打击的重点。

（2）曾因贪污、受贿、挪用公款受过党纪、行政处分的。对该条款注意考虑处分事由的相关性，非相关事由的党纪、行政处分不适用该条款。

（3）曾因故意犯罪受过刑事追究的。对该条款注意是“刑事追究”而不是“刑事处罚”，刑事追究包括不起诉、免予刑事处罚等。

（4）赃款赃物用于非法活动的。行为人犯罪后将赃款赃物用于非法活动，具有更大的社会危害性。此处的“非法活动”应从犯罪性质方面考虑，至少受到了治安处罚，考虑其行为的严重社会危害性。

（5）拒不交代赃款赃物去向或者拒不配合追缴工作，致使无法追缴的。该条款注意拒不交代赃款赃物去向、不配合追缴，说明主观上无悔罪表现，客观上造成的经济损失往往难以挽回。

（6）造成恶劣影响或者其他严重后果的。这是兜底性条款。

（二）增加了从宽处罚的情形以及不得减刑、假释的终身监禁

《刑法修正案（九）》第44条规定：“犯第一款罪，在提起公诉前如实供述自己罪行、真诚悔罪、积极退赃，避免、减少损害结果的发生，有第一项规定情形的，可以从轻、减轻或者免除处罚；有第二项、第三项规定情形的，可以从轻处罚。”

“犯第一款罪，有第三项规定情形被判处死刑缓期执行的，人民法院根据犯罪情节等情况可以同时决定在其死刑缓期执行二年期满依法减为无期徒刑后，终身监禁，不得减刑、假释。”

如此轻轻重重的立法是实现刑罚个别化以及刑罚的公平正义的前提和基础。

下表是《刑法修正案（九）》实施后的判决情况。[①]

时间	犯罪金额（元）	有无自首、坦白情节	刑期	判决法院
2016.3.8	0.98万	自首	免予刑事处罚	山东省夏津县人民法院

① 《〈刑九〉实施后各地贪污案件判决结果一览表》，载360doc.个人图书馆，www.360doc.com/content/16/0415/20/120-htm。

续表

时间	犯罪金额（元）	有无自首、坦白情节	刑期	判决法院
2015. 11. 30	5. 7 万	自首	有期徒刑 1 年 6 个月，缓刑 3 年	辽宁省绥中县人民法院
2016. 1. 5	5. 77 万	无	有期徒刑 1 年 6 个月	青海省海东市中级人民法院
2015. 12. 3	10 万	坦白	有期徒刑 3 年，缓刑 4 年	湖南省衡南县人民法院
2015. 12. 6	50 万	无	有期徒刑 15 年	黑龙江省哈尔滨市阿城区人民法院
2015. 11. 2	95. 4 万	全部退赃	有期徒刑 8 年	北京市第三中级人民法院
2016. 2. 25	124. 57 万	自首、退赃	有期徒刑 4 年 6 个月	上海市静安区人民法院
2015. 11. 23	149. 69 万	坦白、退赃	有期徒刑 10 年	浙江省义乌市人民法院
2016. 2. 3	829. 64 万	坦白	有期徒刑 12 年	安徽省宣城市宣州区人民法院

从上表可以看出，犯罪数额是量刑轻重的基础，有无自首坦白、退赃情节实质上影响了刑罚的轻重。3 万元是贪污罪的起刑点，满 1 万元且具备严重情节就可入罪，但是对于不满 1 万元，且有自首从宽情节的仍然构成犯罪但是免予刑事处罚。还有贪污 50 万元，即使没有从宽情节，也只能判处 10 年以下有期徒刑，但是法院却判了 15 年有期徒刑等，可以看出司法判决的随意性。只有严格按照法律的规定量刑，刑罚的公正性才能得到保障。

第三节　挪用公款罪

一、我国刑法关于挪用公款罪的相关规定

根据《刑法》第 384 条的规定，挪用公款罪是指国家工作人员利用职务上的便利，挪用公款归个人使用，进行非法活动的，或者挪用公款数额较大、进行营利活动的，或者挪用公款数额较大、超过 3 个月未还的行为。

挪用用于救灾、抢险、防汛、优抚、扶贫、移民、救济款物归个人使用的，从重处罚。

第 185 条第 2 款规定，国有金融机构工作人员和国有金融机构委派到非国有金融机构从事公务的人员，利用职务上的便利，挪用本单位或者客户资金的，以挪用公款罪追究刑事责任。

第 272 条第 2 款规定，国有公司、企业或者其他国有单位中从事公务的人员和国有公司、企业或者其他国有单位委派到非国有公司、企业以及其他单位从事公务的人员，利用职务上的便利，挪用本单位资金归个人使用或者借贷给他人，数额较大，超过 3 个月未还的，或者虽未超过 3 个月，但数额较大，进行营利活动的，或者进行非法活动的，以挪用公款罪追究刑事责任。

挪用公款罪的构成特征如下：

（一）挪用公款罪的主体

挪用公款罪的主体是国家工作人员，具体包括：（1）国家机关工作人员；（2）国有公司、企业、事业单位、人民团体中从事公务的人员；（3）国家机关、国有公司、企业、事业单位、人民团体委派到非国有公司、企业、事业单位、社会团体中从事公务的人员；（4）其他依照法律从事公务的人员。

（二）挪用公款罪的客体

挪用公款罪的客体是复杂客体，主要侵犯的是国家工作人员职

务行为的廉洁性，其次还有公共财产的占有权、使用权和收益权，但在某些情况下并不同时侵犯上述三种权能，如用存单抵押贷款不一定侵犯收益权。所有权包括占有、使用、收益和处分四种权能，对所有权权能的侵犯也就是对所有权的侵犯。挪用公款罪对所有权的侵犯与贪污罪对所有权的侵犯程度不同，挪用公款罪侵犯程度相对较弱，没有侵犯全部所有权，这也是挪用公款罪的处罚轻于贪污罪的理论依据。

至于挪用公款罪的对象，根据《刑法》第 384 条第 1 款的规定，挪用公款罪的犯罪对象仅限于“公款”；第 2 款规定挪用的对象包括救灾、抢险、防汛、优抚、扶贫、移民、救济款物；第 185 条第 2 款规定包括非国有保险公司的资金；以及第 272 条第 2 款规定包括非国有公司、企业或其他单位的资金。

（三）挪用公款罪的客观方面

挪用公款罪在客观方面表现为利用职务上的便利，挪用公款归个人使用，进行非法活动，或者挪用公款数额较大、进行营利活动，或者挪用公款数额较大、超过 3 个月未还的行为。因此，挪用公款罪有三种具体行为，不同的行为构成挪用公款罪的要件不同，需要对每种行为的构成要件进行具体分析研究。

1. 关于“挪用公款归个人使用，进行非法活动”

根据《刑法》第 384 条的规定，国家工作人员利用职务上的便利，挪用公款归个人使用，进行非法活动的，构成挪用公款罪。根据最高人民法院《关于审理挪用公款案件具体应用法律若干问题的解释》的规定，挪用公款归个人使用，进行赌博、走私等非法活动的，构成挪用公款罪，不受“数额较大”和挪用时间的限制；挪用公款给他人使用，明知使用人用于非法活动的，应当认定为挪用公款进行非法活动；挪用公款归个人使用，进行非法活动的，以挪用公款 5000 元到 1 万元为追究刑事责任的数额起点；挪用公款进行非法活动构成其他犯罪的，依照数罪并罚的规定处罚。1999 年最高人民检察院《关于人民检察院直接受理立案侦查案件立案标准的规定（试行）》在附则部分规定，挪用公款罪中的“非法活动”，既包括犯罪活动，也包括其他违法活动。实践中，在执行上述规定时，应注意两个问题：

一是对“非法活动”的理解问题。何为非法活动，我国法律没有具体规定，上述司法解释中用词也不一致，没有具体界定其范围，无论是“进行赌博、走私等非法活动”，还是“既包括犯罪活动，也包括其他违法活动”，实践中都有一个如何正确地理解其内涵和外延的问题。即判断某一行为是否属非法活动，关键要看该行为本身是否具有一定的社会危害性，是否为法律所禁止。对此应当从行为本身的性质来判断。如果行为本身就是被法律所禁止的，只要挪用公款进行此类活动即为进行非法活动。对此主要有两种观点：一种观点认为，非法活动包括一切违反国家法律、法令和政策的活动；另一种观点认为，非法活动应限定在刑事违法活动的范围内。笔者认为，这两种观点都有一定道理，但不全面。第一种观点扩大了非法活动的范围，容易导致打击面太大的后果；第二种观点过分缩小了非法活动的范围，容易出现放纵犯罪的现象。挪用公款进行非法活动有两种情况，一是非法活动本身构成犯罪；二是非法活动尚不构成犯罪。因此，我们认为将非法活动解释为“既包括犯罪活动，也包括其他违法活动”是符合立法精神的。但对“其他违法活动”也应有所限制，不宜过分扩大化，即此种违法活动应与“赌博、走私”等非法活动在危害程度和性质上有相似、相当之处。

二是“挪用公款进行非法活动”是否有犯罪数额起点限制。由于刑法对“挪用公款归个人使用，进行非法活动”既没有规定时间要求，也没有规定数额界限，但并不是只要挪用公款进行非法活动，数额较小也可以作犯罪处理。根据最高人民法院《关于审理挪用公款案件具体应用法律若干问题的解释》的规定，挪用公款进行非法活动追究刑事责任的数额起点是5000元至1万元。

2. 关于“挪用公款数额较大，进行营利活动”的认定

最高人民法院《关于审理挪用公款案件具体应用法律若干问题的解释》规定，挪用公款数额较大，归个人使用进行营利活动的，不受挪用时间和是否归还的限制。在案发前部分或者全部归还本息的，可以从轻处罚，情节轻微的，可以免除处罚。挪用公款存入银行、用于集资、购买股票、国债等，属于挪用公款进行营利活动。所获取的利息、收益等违法所得，应当追缴，但不计入挪用公款的数额。挪用公款给他人使用，明知使用人用于营利活动的，应当认定为挪用人挪用公款进行营利活动。挪用公款归个人进行营利活动，以1万元至3万元为数额较大的起点。至于何为“营利活动”，刑法立法及司法解释均没有明确规定，理论界对营利活动曾有不同的理解：

第一种主张认为，营利活动是指将公款用于生产经营以谋取利润，从而使该公款进入流通领域，危害经济管理秩序的活动。

第二种主张认为，营利活动泛指一切谋取利润的活动。

笔者认为第一种观点强调将公款用于生产经营，进入流通领域，其实质是将“营利活动”简单地等同于“经营活动”。其实营利活动不仅仅包括经营活动，还包括一切谋取利润的活动，营利活动的范围比经营活动的范围要广，包括生产、经营、兴办企业、入股分红、存款获取利息等。上述司法解释强调挪用公款存入银行、用于集资、购买股票等属于营利活动，也正是看到了营利活动与经营活动的不同之处，故予以具体明确。比如，将公款以个人名义存入银行获取利息，行为人虽能得到利息，却未进行具体的经营活动。但其目的仍然是营利，当然应视为营利活动。此时的“利息”可以认为是挪用公款的“营利”所得，属于违法所得，应予以追缴，而不计入挪用公款的数额。因此，我们同意第二种观点。

实践中，有些挪用公款不直接进行营利活动，而是为营利活动做准备，也算是营利活动。例如，行为人为了自己或亲朋好友取得工商注册登记，挪用公款用作注册私人公司的资金证明，注册完毕

后即将公款退还的行为。我们认为，此类行为虽然没有直接将公款投入营利活动，但是为营利活动做准备，是行为人整个营利活动不可或缺的环节，因此属于进行营利活动。

另外，要注意营利活动与非法活动的区别，从实践来看，挪用公款进行非法活动一般都是为了获取经济利益，如挪用公款进行赌博、走私、贩毒等，其目的都是获取非法利润；当然，有些行为人挪用公款进行非法活动并非为了经济利益，如挪用公款进行嫖娼、进行资助危害国家安全的犯罪活动等。对挪用公款进行非法活动的目的是获取经济利益的，与营利活动有相似之处。因此，对挪用公款进行营利活动的应理解为仅限于合法的营利活动，而不包括非法的营利活动，对后者应以挪用公款进行非法活动论。[①]

3. “挪用公款数额较大，超过三个月未还”的行为

认定这种挪用公款的行为方式需要明确两个问题：

（1）公款的用途。从立法规定来看，这种情况下挪用公款是用公款进行非法活动和营利活动以外的合法及非营利性活动。一般认为，挪用公款的去向包括建造私房、购置消费品、办理婚丧事项、支付医疗费或者偿还家庭、个人债务，以及家庭其他日常开支等，也包括用于个人挥霍吃喝等。

对实践中挪用公款用于归还个人贷款、借款或其他债务的性质如何认定，最高人民法院2003年《关于印发〈全国法院审理经济犯罪案件工作座谈会纪要〉的通知》明确提出：挪用公款归还个人欠款的，应当根据产生欠款的原因，分别认定属于挪用公款的何种情形。归还个人进行非法活动或者进行营利活动产生的欠款，应当认定为挪用公款进行非法活动或者进行营利活动。

（2）如何理解“超过三个月未还”。刑法规定挪用公款归个人使用，必须是数额较大，且超过3个月未还的，既有数额的限制，

① 杨兴国著：《贪污贿赂犯罪精解精析》，中国检察出版社2011年版，第115页。

也有时间的限制。对“超三个月未还”如何理解，有两种不同的观点：

一种观点认为，“超过三个月未还”是指挪用公款的时间超过3个月，案发时尚未归还的。“超过三个月”与“未还”是并列的限制条件，缺一不可。如果超过3个月但案发前已还的，则不构成犯罪。

另一种观点认为，“超过三个月未还”是指挪用公款超过3个月即构成犯罪，没有超过3个月即已归还的不构成犯罪。超过3个月即使在案发前已经归还的，也不影响其行为的定性，但是在量刑时可以考虑从轻、减轻或免除处罚。

对此，究竟应该如何处理？根据1998年最高人民法院《关于审理挪用公款案件具体应用法律若干问题的解释》第2条第1款的规定，“挪用正在生息或者需要支付利息的公款归个人使用，数额较大，超过三个月但在案发前全部归还本金的，可以从轻处罚或者免除处罚。给国家、集体造成的利息损失应予追缴。挪用公款数额巨大，超过三个月，案发前全部归还的，可以酌情从轻处罚。”“数额较大”以1万元至3万元为起点，“数额巨大”以15万元至20万元为起点。所以，对于挪用公款罪的认定应当从两个方面进行判断：一是数额大小，凡是挪用公款数额巨大的，只要超过3个月，不管案发前是否归还，均构成犯罪。二是以挪用公款的性质是否属于正在生息或需要支付利息为标准，如果是正在生息的公款，只要超过3个月就能构成犯罪，不管是否归还。如果挪用的不是正在生息或不需要支付利息的公款，且数额不是巨大的，则不构成犯罪。

一般而言，挪用公款数额大小以及挪用时间的长短是影响其社会危害性的重要因素。按照刑法规定“超过三个月未还”，是指挪用公款的时间只要超过了3个月仍未还的，就构成挪用公款罪，至于案发前是否归还不影响行为的性质，只是在量刑时酌情从轻处罚的情节。从这个角度来看，“未还”二字纯属多余，建议将来修订刑法时予以删除，便于司法统一处理。①

（四）挪用公款罪的主观方面

挪用公款罪的主观方面是故意，且具有为了本人或其他单位或个人利益无偿使用公款的目的。

二、我国挪用公款罪的特征

根据《刑法》第 384 条、第 185 条第 2 款、第 272 条第 2 款对挪用公款罪的规定，挪用公款罪具有如下特征：

（一）犯罪对象

我国刑法规定挪用公款罪的对象包括公款、救灾、优抚、扶贫、移民、救济款物，非国有金融机构的资金，非国有公司、企业或其他单位的资金。

（二）犯罪行为方式和构成标准

我国刑法规定挪用公款罪不仅要有“挪”的行为，还要有“用”的行为（非法活动、营利活动），只有两个行为都具备了才能构成犯罪。“归个人使用”具体包括三种行为方式：进行非法活动；数额较大，进行营利活动；数额较大，超过 3 个月未还。

（三）挪用的主观故意

我国刑法规定挪用公款罪是为了本人或他人利益，挪用特定款物罪则可以是为了个人，也可以是为了单位或其他人的利益。

三、挪用公款罪疑难问题解析

（一）挪用公款罪主体的认定——受委托经营管理国有资金的非国家工作人员挪用国有资金行为的认定

根据《刑法》第 384 条的规定，挪用公款罪的主体是国家工作人员，具体是指《刑法》第 93 条规定的四类国家工作人员，犯

① 杨兴国著：《贪污贿赂犯罪精解精析》，中国检察出版社 2011 年版，第 121 页。

罪主体范围与贪污罪和受贿罪的范围大小一致，但是《刑法》第382条第2款中特别指出，受国家机关、国有公司、企业、事业单位、人民团体委托管理、经营国有财产的人员可以是贪污罪的主体，而对挪用公款罪并没有明确规定。2000年2月16日颁布的最高人民法院《关于对受委托管理、经营国有财产的人员挪用国有资金行为如何定罪问题的批复》（以下简称《批复》）中规定："对于受国家机关、国有公司、企业、事业单位、人民团体委托，管理、经营国有财产的非国家工作人员，利用职务上的便利，挪用国有资金归个人使用构成犯罪的，应当依照刑法第272条第1款的规定定罪处罚。"即按照挪用资金罪而非挪用公款罪定罪处罚。这说明最高人民法院将受委托经营管理国有资产的非国家工作人员排除在挪用公款罪的主体之外。针对《批复》，有人认为，从挪用公款罪的构成要件上看，受国家机关、国有公司、企业、事业单位、人民团体委托管理、经营国有财产的非国家工作人员利用职务上的便利，挪用国有财产归个人使用的行为，无论从主体、主观方面，还是从客体、客观方面论都符合挪用公款罪的构成要件。[①] 这一观点是否太过绝对？因为根据2003年最高人民法院《关于印发〈全国法院审理经济犯罪案件工作座谈会纪要〉的通知》规定："受委托经营、管理国有财产"是指因承包、租赁、临时聘用等管理、经营国有财产。于是"委托"就被界定在"承包、租赁、临时聘用"的范围之内。

对"承包、租赁"国有资产情况下"经营、管理国有财产"属于"自主经营、自负盈亏"的情形，个人收入是上交国家承包费之后的利润差价，此时行为人利用管理国有资产的便利条件，挪用国有资金归个人使用的才能认定为挪用资金罪。如果是受委托代表国有单位对国有资产进行经营管理时，利用职务上的便利挪用国

① 林志标、苏志强：《受委托人员挪用国有资金应以挪用公款罪定罪处罚》，载《人民检察》2007年第14期。

有资金归个人使用的，则应当认定为挪用公款罪。最高人民法院发布的审判指导案例，如刘某挪用公款案①，就属于受烟草公司（国有单位）委托，代表烟草公司对分公司进行管理，发给提成工资，而不是通过承包或租赁烟草公司、通过经营公司赚取利润差价的自主经营行为。所以刘某是代表烟草公司从事公务的准国家工作人员，其利用职务便利，挪用国有资金归个人使用的行为就属于挪用公款罪。

对于最高人民法院《关于印发〈全国法院审理经济犯罪案件工作座谈会纪要〉的通知》中所规定的“临时聘用”的含义究竟是指什么则无从理解。有人认为，既然最高人民法院《关于印发〈全国法院审理经济犯罪案件工作座谈会纪要〉的通知》只是将“临时聘用”归属于受“委托”的范畴，这就意味着如果是长期受聘用的人员，因为其与单位形成的劳动关系较为固定，且工作又具有公务性质，则直接依照“国有公司中从事公务人员”论处，长期委托即双方具有长期的合同关系就属于依法从事公务，所以在刘某挪用公款案中，认为刘某被聘任为烟草公司经理，有领导、管

① 《刘某挪用公款案》（第 406 号，总第 51 辑），载《刑事审判参考》，法律出版社 2006 年版。某市烟草公司是国有独资经营企业。1999 年 9 月 2 日，该公司聘任农民刘某担任分公司副经理并全面主持该分公司工作，其可获得相应提成工资。1999 年 9 月 2 日至 2001 年 2 月间，刘某利用职务便利采取每月压款的手段拖欠烟款（用后一月烟款交前一月烟款），将销售香烟所得款用于归还个人欠款等，共拖欠该公司烟款 60. 263 万元。在市烟草公司的催要下，刘某于 2001 年 1 月 8 日向市烟草公司出具了欠条，承认上述欠款，并保证在 1 月 19 日下午还清，但到时未归还，刘某谎称客户路途远一时难以收回。3 月 1 日，市烟草公司作出决定免去刘某副经理职务，调回市烟草公司负责追款。3 月 18 日刘某向公司写出还款计划，称 4 月 15 日前全部还清，但到期未能归还。一审法院经审理认为，被告人刘某系国有公司中从事公务的人员，利用职务上的便利，挪用国有资金人民币 60 万余元归个人使用，数额巨大不退还，其行为已构成挪用公款罪，判处有期徒刑 12 年。

理、经营的权力，负有监督、管理国有财产并使之保值、增值的职责属于公务性质当无异议，所以，判决认定刘某构成挪用公款罪是正确的。[①] 这里的关键是要注意区分“委托”与“委派”的区别，这里的“委托”不同于《刑法》第93条第2款规定的“国家机关、国有公司、企业、事业单位委派到非国有公司、企业、事业单位、社会团体从事公务的人员”中的“委派”，此处受委派的人员是“以国家工作人员论”。“委托”从本质上讲是平等的民事法律主体之间的一种民事委托法律关系，而“委派”则是管理者与被管理者之间的一种带有行政性、隶属性的委托关系，如果国家机关、国有公司、企业、事业单位、人民团体与有关人员签订了承包、租赁合同，这时的关系只能是“委托”而非“委派”。[②]

综上，区分受委托经营管理国有资产的非国家工作人员是构成挪用公款罪还是挪用资金罪的关键有两点：一是看经营管理国有资产的方式，是以“承包、租赁”方式对经营管理国有资产的后果负责，还是受单位委派代表国有单位经营管理国有资产，前者属于挪用资金，后者属于挪用公款；二是看是否属于受委托代表国有单位从事公务，只有代表国有单位从事经营管理的行为才属于从事公务，才能构成挪用公款罪。

（二）如何理解挪用公款“归个人使用”

根据2002年全国人大常委会《关于〈中华人民共和国刑法〉第三百八十四条第一款的解释》的规定，有下列情形之一的，属于挪用公款“归个人使用”：(1) 将公款供本人、亲友或者其他自然人使用的；(2) 以个人名义将公款供其他单位使用的；(3) 个人决定以单位名义将公款供其他单位使用，谋取个人利益的。司法

① 孙万怀：《挪用公款罪判例体系中的司法展拓》，载《法学评论》2011年第6期。

② 杨兴国著：《贪污贿赂犯罪认定精解精析》，中国检察出版社2011年版，第105页。

实践中，如何认定下列行为人的刑事责任？

1. 现实中单位决定将公款给个人使用行为的认定

2003年最高人民法院《关于印发〈全国法院审理经济犯罪案件工作座谈会纪要〉的通知》第4条第1款规定，经单位领导集体研究决定将公款给个人使用，或者单位负责人为了单位的利益，决定将公款给个人使用的，不以挪用公款罪定罪处罚。上述行为致使单位遭受损失，构成其他犯罪的，依照刑法的有关规定对责任人员定罪处罚。[①] 国有企业工作人员因单位经营的需要，根据集体决定的意见，将公款划拨至名为个体、实为集体的其他企业使用，没有从中谋取私人利益的，其行为同样不构成挪用公款罪，如河南省

① 最高人民法院《关于印发〈全国法院审理经济犯罪案件工作座谈会纪要〉的通知》第4条。

新郑市人民检察院诉歹某学挪用公款案。[①]

2. 挪用公款供其他单位使用行为的认定

根据全国人大常委会《关于〈中华人民共和国刑法〉第三百八十四条第一款的解释》的规定，“以个人名义将公款供其他单位使用的”“个人决定以单位名义将公款供其他单位使用，谋取个人利益的”，属于挪用公款“归个人使用”。在司法实践中，对于将公款供其他单位使用的，认定是否属于“以个人名义”，不能只看

① 《河南省新郑市人民检察院诉歹进学挪用公款案》，载《最高人民法院公报》2005年第5期。1999年5月，上诉人歹某学通过竞争方式担任了农机公司（国有性质）经理职务。该公司当时负债高达637.8万元，公司濒临倒闭。为扭转该公司单纯从事农机产品销售导致严重亏损的局面，歹某学经与农机公司其他领导研究，并在公司职工大会上提出决定成立金华机械厂。为达到逃避公司外债的目的，歹某学同农机公司党委书记马某喜（同时兼任公司副经理及办公室主任）商量并向公司的上级主管单位新郑市农机局领导刘甲、乔某顺等人汇报，将金华机械厂的工商营业执照办成由其本人负责的个体性质的企业，并由歹某学、马某喜二人办理金华机械厂的工商营业执照，该执照记载，金华机械厂负责人为歹某学，马某喜、王某选（农机公司工会主席）、董某平（农机公司副经理）为雇工。金华机械厂资金由公司职工集资，农机公司本身亦集资2万元，厂房设在农机公司院内。该厂两任厂长分别由马某喜、董某平担任，会计、出纳分别由农机公司职工曹某申、刘乙担任，该厂职工由从农机公司下岗的3名职工组成，且金华机械厂的有关事宜在农机公司内部会议一并做出安排，并将该厂的生产经营状况反映到农机公司的财务报表中向税务部门呈报。2000年1月至7月，歹某学将农机公司公款38.71万元挪至金华机械厂使用，用于购车及生产资料，其中购买桑塔纳轿车及农用汽车共花去22.5213万元，入该厂固定资产账，该两辆车车主分别为刘乙、马某喜。郑州市中级人民法院经审理认为：歹某学在担任国有公司经理职务期间，因所在单位经营的需要，经集体研究决定，将公款划拨到名为个体、实为集体的其他企业使用，虽情况属实，但其本人并没有从中谋取私人的利益，其行为不符合《刑法》第384条规定的挪用公款罪的构成要件，不构成挪用公款罪，因此，撤销新郑市一审判决认定的挪用公款罪，判决宣布歹某学无罪。

形式，要从实质上把握。对于行为人逃避财务监管，或者与使用人约定以个人名义进行，或者借款、还款都以个人名义进行，将公款给其他单位使用的，应认定为“以个人名义”。“个人决定”既包括行为人在职权范围内决定，也包括超出职权范围所做的决定。“谋取个人利益”，既包括行为人与使用人事先约定谋取个人利益实际尚未获取的情况，也包括虽未事先约定但实际已获取了个人利益的情况。其中的“个人利益”，既包括不正当利益，也包括正当利益；既包括财产性利益，也包括非财产性利益，但这种非财产性利益应当是具体的实际利益，如升学、就业等。如果行为是个人决定，以单位名义将公款借给其他单位使用，收取利益归单位所有，个人没有谋取利益的，则不构成挪用公款罪，如张某生滥用职权案。①

3. 国有单位领导向其主管的具有法人资格的下级单位借公款归个人使用的认定

国有单位领导利用职务上的便利指令具有法人资格的下级单位将公款供个人使用的，属于挪用公款行为，构成犯罪的，应以挪用公款罪定罪处罚。

---

① 《张群生滥用职权案》，载《刑事审判参考》（总第68集），法律出版社2009年版，第109页。1998年10月至2002年12月，被告人张某生作为某军事院校科研部财务负责人，为给单位赚取利息，未经请示单位领导，擅自决定从院校财务账户支取转账支票出借资金给两个地方公司，并与对方约定利率和还款期限，借款方出具向张所在院校借款的借条。借款方到期无力还款时，应对方请求，张某生又让借款人借新还旧。通过此种滚动方式，张某生先后多次出借公款，累计2900万元。在此期间，收回利息款45万余元。至案发，尚有本金500万余元无法追回，张以项目协作费名义挂账。法院经审理认为，被告人张某生身为国家机关工作人员，违反国家和军队财务管理规定，超越职权范围行使权力，多次擅自出借军队资金，给单位造成重大经济损失，其行为已构成滥用职权罪，判处有期徒刑2年6个月。

4. 对挪用公款归还个人欠款行为性质的认定

挪用公款归还个人欠款的，应当根据产生欠款的原因，分别认定属于挪用公款的何种情形。归还个人进行非法活动或者进行营利活动产生的欠款，应当认定为挪用公款进行非法活动或者进行营利活动。

5. 挪用公款用于注册公司、企业行为性质的认定

申报注册资本是为进行生产经营活动做准备，属于成立公司、企业进行营利活动的组成部分。因此，挪用公款归个人用于公司、企业注册资本验资证明的，应当认定为挪用公款进行营利活动。

（三）如何认定挪用公款的对象

1. 挪用公款罪的犯罪对象是否仅限于国有财产

根据我国《刑法》第384条第1款及第2款的规定，挪用公款罪的犯罪对象有四类：一是公款；二是特定公物，即用于救灾、抢险、防汛、优抚、扶贫、移民、救济款物；对于挪用公款罪犯罪对象是否限于纯国有资金没有加以明确，但是《刑法》第185条第2款规定：国有商业银行、证券交易所、期货交易所、证券公司、期货经纪公司、保险公司或者其他国有金融机构的工作人员和国有商业银行、证券交易所、期货交易所、证券公司、期货经纪公司、保险公司或者其他国有金融机构委派到前款规定中的非国有机构从事公务的人员有前款行为的，依照《刑法》第384条的规定定罪处罚。第272条第2款规定，国有公司、企业或者其他国有单位中从事公务的人员和国有公司、企业或者其他国有单位委派到非国有公司、企业以及其他单位从事公务的人员有前款行为的，依照《刑法》第384条的规定定罪处罚。

据此可见，如果行为人是国有金融机构、国有公司、企业或者其他国有单位委派到非国有公司、企业以及其他单位从事公务的人员，其利用职务上的便利，挪用该金融机构或非国有企业的资金归个人使用的，如果同时符合了挪用公款罪的其他构成要件，就应当以挪用公款罪定罪处罚，而不论这些资金是国有资金还是非国有资

金，抑或私人资金，都可以成为挪用公款罪的对象。

需要特别指出的是，当挪用公款罪的适格主体擅自将非特定公物变卖取得变卖款，行为人主观上不具有非法占有目的，而只是将变卖款挪作个人使用的，同样构成挪用公款罪，应当以挪用公款罪论处，因为挪用公物变现与挪用公款行为本质上是无差异的。[①]

2. 有价证券、金融凭证能否成为挪用公款罪的对象

关于金融票证的含义，是指可以证明债权债务关系的合法书面凭证，它主要具有以下几个特征，即偿还性、流动性、安全性和收益性。[②] 金融学上将金融票证划分为“短期金融票证”和“长期金融票证”。“短期金融票证”也称为货币证券或信用证券，是指期限在一年以下的信用凭证，一般是指支票、汇票、本票等票据法意义上的金融票据以及信用卡、信用证、银行存单等银行结算凭证；“长期金融票证”也称为资本证券，是指期限在一年以上的能够代表投资的凭证，一般包括股票和债券，统称为有价证券。

对有价证券、金融票证是否能够成为挪用公款罪的犯罪对象，《全国法院审理经济犯罪案件工作座谈会纪要》第 4 条第 4 款规定：“挪用金融凭证、有价证券用于质押，使公款处于风险之中，与挪用公款为他人提供担保没有实质的区别，符合刑法关于挪用公款罪规定的，以挪用公款罪定罪处罚，挪用公款数额以实际或者可能承担的风险数额认定。”所以，对于金融凭证和有价证券能否成为挪用公款罪的对象不能一概而论，需要结合其性质和特征予以具体分析：

（1）金融票证都是资金、货币的载体，其一旦被挪用就会给公共资金的使用权、收益权造成损失，可以将其作为挪用公款罪的

---

① 王彩玲：《保护弱势群体：现代伦理秩序建构的一个重要环节》，载《现代哲学》2001 年第 3 期。

② 罗猛：《金融票证、有价证券是否挪用公款罪的犯罪对象》，载《检察日报》2009 年 2 月 20 日第 3 版。

对象。

（2）有价证券要分情况：对作为资金、货币载体，可以兑换成为资金、货币的有价证券，可以成为挪用公款罪的对象，因为它们是以资金、货币为记载的内容，其一旦被使用，对资金、货币的使用、收益就会造成侵害，使资金、货币处于风险中，挪用此种有价证券、金融票证无异于挪用了资金、货币，因而对此行为应该以挪用公款罪处罚；对于作为物品载体的有价证券，如仓单、提货单等，体现的是物品的请求权，以及特定物品的存在价值，其一旦被挪用，损害的是物品的使用、收益权，对挪用此种有价证券的行为不能以挪用公款罪处罚。[①] 但是如果将其作为物权进行担保或质押，使单位对这些有价证券处于无法正常管理和使用的状态，且可能存在无法收回的风险，这和挪用单位公款造成的危害性质和结果大致相同，则可以挪用公款罪定罪处罚。

3. 挪用单位“小金库”的钱款能否构成挪用公款罪

当前部分国有单位私设“小金库”，并将“小金库”中钱款挪作他用的现象较为常见。对此能否以挪用公款罪追究行为人的刑事责任，笔者认为，国有单位“小金库”的钱款属于公款性质，当然可以成为挪用公款罪的犯罪对象。理由如下：

其一，“小金库”钱款是为逃避财务制度或为谋取小“集体”的共同利益而设置的，其来源都是依靠单位的自身地位或者是直接截留的单位收入，都是以货币或者银行存款的形式存在的，属于公款范畴。

其二，挪用“小金库”钱款的行为侵犯了国家工作人员职务廉洁性和单位对这部分公款的占有、使用、收益权，应当以挪用公

---

① 罗猛：《金融票证、有价证券是否挪用公款罪的犯罪对象》，载《检察日报》2009 年 2 月 20 日第 3 版。

款罪定罪处罚。[1]

(四)挪用公款罪既遂与未遂的认定

挪用公款之所以是犯罪，是因为挪用行为侵害了公款的占有权、使用权与收益权，一旦成立犯罪，挪用行为也必然构成对职务行为廉洁性的破坏。换言之，正因为接受挪用款的个人或者单位，与公款单位之间没有任何使用公款的正当理由与合法根据，国家工作人员利用职务之便的挪用行为，才侵害公款的占有权、使用权与收益权。如果接受"挪用"款项的个人或者单位有权利用，那么，由于"目的的公利性",[2] 那就不是刑法上的"挪用"。所以，判断是否属于刑法上的"挪用"，不能仅依据形式上符合挪用公款犯罪的构成要件，就认定属于挪用公款罪的犯罪，还应当受法益侵害的制约与限制，即"挪用行为"必须侵害了公款的占有、使用与收益的权益，评价为犯罪才是正当的。[3] 为此，一方面，挪用型犯罪刑事立法应重点规制"挪"的行为;[4] 另一方面，挪用型犯罪必须关注"用"的前提，而不是"用"的去向。行为人有没有"用"的权利，决定了是否属于"挪"的性质。因为"用"是行为人实施"挪"这一行为的目的，没有行为人"用"这一目的，便不会有"挪"这一行为的发生。"用"是行为人实施"挪"的目的，它属于该类犯罪主观要件方面的要素。[5] 从这个意义上说，"挪而未用"与"挪而不用"，并不影响挪用犯罪的认定。就此来

---

① 刘小山、曹欢欢:《挪用公款罪认定中若干疑难问题解析》，载《法制与社会》2011 年第 8 期。

② 游伟、徐虹:《挪用公款罪界限认定》，载《法学》2000 年第 8 期。

③ 蔡道通:《何为"挪用"》，载《国家检察官学院学报》2014 年第 2 期。

④ 安文录等:《挪用型犯罪的界定及其立法完善》，载《政治与法律》2010 年第 10 期。

⑤ 谢锡美:《"挪"与"用"之关系及其在挪用型犯罪中的定位思考》，载《中国刑事法杂志》2003 年第 5 期。

说，挪用公款罪的构成只要有为了“用”而“挪”的行为，不管最终是否按照“挪”的目的来用，只要同时具备“数额较大”和“超过三个月未还”的构成要件，就应当认定为挪用公款罪，但可以酌情从轻处罚。

但是，并不是说挪用公款罪不存在未遂，在行为人意欲挪用公款进行营利活动或非法活动的情况下，是存在犯罪未遂的。犯罪既遂、未遂的标志是行为人是否已经实际控制了公款。具体而言，行为人已经着手实行了“挪”的行为，但由于意志以外的原因，使公款尚未脱离单位的控制，或者虽然公款脱离了单位的控制，但行为人或者使用人并没有实际控制公款，则属于挪用公款罪未遂。

（五）挪用公款罪转化为贪污罪的认定

挪用公款罪与贪污罪的根本区别在于前者不具有永久、非法占有公款的故意，而后者具有永久、非法占有公共财物的故意。可见，两罪在主观上具有本质上的区别，但同时也具有轻罪向重罪转化的可能性。即当行为人主观上由暂时非法占有公款转化为永久地非法占有公款后，其行为性质也相应地由挪用公款罪转化为贪污罪。挪用公款是否转化为贪污，应当按照主客观相一致的原则，具体判断和认定行为人主观上是否具有非法占有公款的目的。在司法实践中，具有以下情形之一的，可以认定行为人具有非法占有公款的目的：

（1）根据最高人民法院《关于审理挪用公款案件具体应用法律若干问题的解释》第 6 条的规定，行为人“携带挪用的公款潜逃的”，对其携带挪用的公款部分，以贪污罪定罪处罚。

（2）行为人挪用公款后采取虚假发票平账、销毁有关账目等手段，使所挪用的公款难以在单位财务账目上反映出来，且没有归还行为的，应当以贪污罪定罪处罚。

（3）行为人截取单位收入不入账，非法占有，使所占有的公款难以在单位财务账目上反映出来，且没有归还行为的，应当以贪污罪定罪处罚。

（4）有证据证明行为人有能力归还所挪用的公款而拒不归还，并隐瞒所挪用公款去向的，应当以贪污罪定罪处罚。

（六）挪用公款罪的定罪量刑标准

根据2016年最高人民法院、最高人民检察院《关于办理贪污贿赂刑事案件适用法律若干问题的解释》第5条的规定，挪用公款归个人使用，进行非法活动，数额在3万元以上的，应当依照《刑法》第384条的规定以挪用公款罪追究刑事责任；数额在300万元以上的，应当认定为《刑法》第384条第1款规定的“数额巨大”。具有下列情形之一的，应当认定为《刑法》第384条第1款规定的“情节严重”：（1）挪用公款数额在100万元以上的；（2）挪用救灾、抢险、防汛、优抚、扶贫、移民、救济特定款物，数额在50万元以上不满100万元的；（3）挪用公款不退还，数额在50万元以上不满100万元的；（4）其他严重的情节。同时该解释第6条规定，挪用公款归个人使用，进行营利活动或者超过3个月未还，数额在5万元以上的，应当认定为《刑法》第384条第1款规定的“数额较大”；数额在500万元以上的，应当认定为《刑法》第384条第1款规定的“数额巨大”。具有下列情形之一的，应当认定为《刑法》第384条第1款规定的“情节严重”：（1）挪用公款数额在200万元以上的；（2）挪用救灾、抢险、防汛、优抚、扶贫、移民、救济特定款物，数额在100万元以上不满200万元的；（3）挪用公款不退还，数额在100万元以上不满200万元的；（4）其他严重的情节。

四、挪用公款罪的完善建议

实践中，挪用单位的财物如电脑等价值较大的财物归个人使用的现象比比皆是，无论是公款还是公物，同为国家财产，挪用行为侵犯了单位对这些款物正常的管理和使用，所以都应当按照犯罪处理。但是由于刑法规定的国家工作人员挪用犯罪仅限于“公款”，对挪用公物的行为则无法认定为犯罪。虽然对将单位财物带回家里以所有人的身份使用，而且对外宣称是自己财物的行为，可以依照贪污罪处罚。但如果事发后又归还的，且无证据证明行为人具有非法占有的目的，则无法按照贪污罪追究刑事责任，我国刑法又无挪用公物罪的规定，最多只能给予行政处罚，或者不了了之，这无形中放纵了犯罪。因此，建议扩大挪用公款罪的对象，将挪用公共财物的行为也规定为犯罪。

第四节　私分国有资产罪和私分罚没财物罪

一、我国私分国有资产罪和私分罚没财物罪的相关规定

我国的私分国有资产罪和私分罚没财物罪是 1997 年刑法修订时新设的罪名，目的是严惩集体腐败，打击单位犯罪，防止国有资产流失。当前，国有资产流失情况较为严重，实践中，大多是借企业股份制改造之机，以出售、合资、合作以及合并等为名私分国有资产，或者是趁机构调整如关停、转让之际私分国有资产，造成国有资产的大量流失。

（一）私分国有资产罪的概念和特征

根据《刑法》第 396 条规定，私分国有资产罪是指国家机关、国有公司、企业、事业单位、人民团体，违反国家规定，以单位名义将国有资产集体私分给个人，数额较大的行为。其构成特征如下：

（1）私分国有资产罪的犯罪主体是单位，包括国家机关、国有公司、企业、事业单位、人民团体等国有单位，集体企业、外资企业和私营企业以及混合所有制企业都不能成为本罪的主体。至于单位的内设机构或派出机构能否成为本罪的主体，根据 2001 年《全国法院审理金融犯罪案件工作座谈会纪要》认为，以单位的分支机构或内设机构、部门的名义实施的犯罪，违法所得亦归分支机构或内设机构、部门所有的，应认定为单位犯罪。不能因为单位的

分支机构或内设机构、部门没有可供执行罚金的财产，就不将其认定为单位犯罪，而按照个人犯罪处理。一般认为，判断一个单位能否成为单位犯罪的主体可以从以下几个方面认定：第一，单位犯罪的主体必须是合法存在的组织，即具有合法性；第二，单位犯罪主体必须具有一定的组织结构形式，即具有组织性；第三，必须具有独立决策能力和自主活动能力，即具有独立性；第四，必须能够完全承担法律责任，可以独立承担民事责任。

（2）私分国有资产罪的犯罪客体是复杂客体，既侵犯了国有资产的所有权，也侵犯了国家机关等国有单位职务行为的廉洁性。犯罪对象仅限于国有资产，根据“谁投资，谁拥有产权”的原则界定财产的权属和企业的性质。这里的国有资产仅限于纯国有资产，而不包括由国家出资成立的公司、企业，不管国有企业所占比例如何。

（3）私分国有资产罪的客观行为表现为，违反国家规定，以单位的名义将国家所有的资产集体私分给个人，数额较大的行为。所谓“以单位名义”，是指私分国有资产是单位领导共同研究决定或单位负责人决定的，以单位名义作出决定，私分的款物是以单位分配的形式分配给个人；所谓“集体私分给个人”，是指将国有资产擅自分给单位中的每一个成员或绝大多数成员，非法占有国有资产的是一个集体而非某几个人。判断是否属于集体私分可以从以下几个方面判断：一是私分行为体现的是单位意志而非个人的意志。二是私分表现为单位成员利益均沾、人人有份的特点，单位所有人员或绝大多数人员以集体分配的形式非法占有国有资产。三是具有公开性。集体私分可能是以发奖金、补贴、津贴及福利、加班费等名义发放的，虽然对上级主管部门具有隐瞒、欺骗性，但对单位内部成员则是公开的。

另外，对于国有公司、企业违反国家规定，在改制过程中隐匿公司、企业财产，转为职工集体持股的改制后公司、企业所有的，对其直接负责的主管人员和其他直接责任人员，依照《刑法》第

396 条第 1 款的规定，以私分国有资产罪定罪处罚。

（4）私分国有资产罪的主观方面是故意，且具有非法占有的目的。

（二）私分罚没财物罪的概念和特征

根据《刑法》第 396 条第 2 款的规定，所谓私分罚没财物罪，是指司法机关、行政执法机关违反国家规定，将应当上缴国家的罚没财物，以单位名义集体私分给个人的行为。本罪与私分国有资产罪在构成要件上有很多相同的地方，如两罪均为单纯的单位犯罪，且只处罚主管人员和其他直接责任人而不处罚单位，在客观方面均表现为违反国家规定，以单位名义集体私分国有资产的行为。其构成特征如下：

（1）私分罚没财物罪的主体是特定的，仅限于司法机关、行政执法机关，其中，对“司法机关”应作广义的理解，包括公安机关、国家安全机关、检察机关、审判机关、监狱管理机关以及海关缉私部门。“行政执法机关”是指政府所属的工商、税务、海关、质量监督、卫生检疫、环境保护等机关，公安机关在行使行政执法权时也属于行政执法机关。其他任何单位和个人均不能成为本罪的犯罪主体。

（2）私分罚没财物罪侵犯的客体是复杂客体，既侵犯了国家对罚没财物的所有权，也侵犯了司法机关、行政机关职务行为的廉洁性。其犯罪对象是罚没财物，所谓“罚没财物”既包括司法机关在办理案件中追缴、没收犯罪嫌疑人、被告人的财物，以及对犯罪分子判处的罚金、没收财产；也包括行政执法机关在执法活动中没收和处罚收缴的财物、罚款等。

（3）私分罚没财物罪在客观方面表现为违反国家规定，将应当上缴国家的罚没财物，以集体名义私分给个人的行为。其犯罪行为方式同私分国有资产罪。

（4）私分罚没财物罪的主观方面是故意，且只能是直接故意。即明知按照国家规定禁止将罚没的财物集体私分给个人，却违反规定以单位的名义集体私分的行为。

二、私分国有资产罪的完善建议

（一）私分国有资产罪与非罪的认定

1. 私分国有资产罪与发放奖金、津贴等正当行为的区别

根据国家规定，国家允许国家机关、国有公司、企业、事业单位、人民团体根据有关规定发放奖金、津贴等，用预算外资金发放奖金、津贴、补贴以及用于福利支出的部分，属于正当合法的行为。但是私分国有资产的行为也是以奖金、福利的名义发放的，如何区分两者的不同？有人认为可以从以下两点加以判断：一是是否按照单位制订的计划和标准发放，而且要根据个人的工作性质、时间长短来确定不同的数额，若是，则属于合法的奖金，若是临时性的，且发放的数额大致相同的，则构成私分国有资产罪；二是发放的奖金、津贴应当是本单位有权支配的资金，若是无权支配而发放的则是违法的，有可能构成私分国有资产罪。[①] 对于一些事业单位和社会团体通过市场行为取得的不体现政府职能的经营性、服务性收入的资金，不作为预算外资金管理，收入可不上缴财政专户，在完税之后用这笔资金发放奖金、津贴的，不能认为是私分国有资产罪。

2. 注意区分违法与犯罪的区别

根据刑法的规定，私分国有资产罪数额较大才构成犯罪，何为数额较大？刑法没有明确规定，根据1999年最高人民检察院《关于人民检察院直接受理立案侦查案件立案标准的规定（试行）》的规定，私分国有资产累计数额在10万元以上的应予立案。所以，私分国有资产总额超过10万元的才构成犯罪，没有达到此数额的通常不认为是犯罪，只能对主管人员或直接责任人进行行政处罚。

---

① 杨兴国著：《贪污贿赂犯罪认定精解精析》，中国检察出版社2011年版，第335页。

（二）私分国有资产罪的犯罪对象是否仅限于国有资产

1. 国有资产的范围及认定方式

目前，有两部行政性法律规范涉及国有资产界定，一是1993年原国有资产管理局发布的《国有资产产权界定和产权纠纷处理暂行办法》，二是2009年5月1日起施行的《企业国有资产法》，这两部法律规范主要遵循“谁投资，谁拥有主权，谁受益”的原则界定国有资产的性质。另外，最高人民检察院《关于人民检察院直接受理立案侦查案件立案标准的规定（试行）》的附则指出：“本规定中有关私分国有资产罪案中的‘国有资产’，是指国家依法取得和认定的，或者国家以各种形式对企业投资和投资收益、国家向行政事业单位拨款等形成的资产”，这是司法实践中判断是否为国有资产的主要依据。另外，也可以采取委托国有资产管理部门出具鉴定的方式确认资产性质。

国家出资的公司、企业资产，也就是国有控股、参股的公司、企业的资产不能界定为国有资产。因为，国家将国有资产作为股本投入公司、企业以后，国家也只是一个投资者，享受的是公司法以及其他相关法律所规定的股东权利，而公司、企业则享有公司法和其他相关法律所规定的企业法人财产所有权，因此，出资者的产权不能直接对应企业的法人财产，出资者既不能直接支配，也不能直接处分企业的法人财产。①

2. 国有单位中的非法所得能否成为私分国有资产罪的对象

对于国有单位因违反行政法规、滥用职权而乱收费、乱摊派、乱罚款所得的款项，及违反刑事法律、从事某种犯罪所得的款物等非法所得能否作为单位的国有资产、成为私分的对象，就前者而言，由于是单位的职务违规行为所得，国家一般要责令清退和予以赔偿，此类违法收入原则上应算国有资产，构成本罪的犯罪对象；

① 章文巍：《国家工作人员新型私分行为的定性》，载《中国检察官》2014年第1期。

而对于后者，如走私、偷税、收受回扣等取得的收入，由于是犯罪所得的赃款、赃物，则应当追缴，并上缴国库，不宜按照国有资产予以认定。

（三）刑法对私分非国有资产行为规制的缺失

对于国家工作人员利用职务便利，私分非国有资产或者无法界定资产属性的行为，应该如何定性？在司法实践中，对该行为的评定主要有三种观点：

第一种观点认为，这些受委派从事公务的人员应属于该单位的人员，并且利用自己职务上主管、管理、经手本单位财物的便利条件，通过参与私分的方式将本单位财产非法占为己有，符合职务侵占罪的构成要件，故应以职务侵占罪定罪处罚。

第二种观点认为，因为受委派的国家工作人员属于贪污罪主体的一种，他们利用职务便利，私分非国有资产和无法界定权属的资产，不仅侵犯了国家工作人员职务行为的廉洁性，而且有可能侵犯公共财产的所有权，故应以贪污罪定罪处罚。

第三种观点认为，由于我国刑法立法的局限性，致使这类行为无法被追诉，放纵了危害公共财产行为的发生，所以应当增设侵犯单位资产罪，将侵犯国有资产和非国有资产的行为全部规定为犯罪。

笔者认为，针对侵犯非国有资产的行为，根据具体情况定贪污罪或职务侵占罪，抑或采用民事或经济制裁，没有必要再修改刑法增设新罪名。理由如下：

首先，行为具有严重的社会危害性是构成犯罪且承担刑事责任的前提。对于股份制公司中部分大股东或者企业高管人员滥用职权，对公司员工发放高额奖金的行为，具备较为严重的社会危害性的，能否以私分国有资产罪定罪处罚呢？事实上，现代化的公司企业从构成上可以大致分为个人独资企业和股份制企业。对于个人独资企业来说，公司财产属于企业所有，其对公司财产具备完全的处分权利，其在自由意志下实施的分发企业资产的行为属于正当行为。但是对于由国家出资成立的股份制企业，则认为大股东或高管给员工发放高额奖金等行为侵犯了小股东的权益，而且对于国有股东，由于其监管主体的国有性，使这部分资产的流失更为严重且缺乏追诉主体。对于此类股份制企业，因其具备现代企业结构，故部分领导成员实施的私分单位资产致使小股东或国有股份受损的情况完全可以通过经济法、公司法进行规制，利用民事上的撤销之诉加以解决，这也是刑罚谦抑性原则的应有之义。如果是单位领导小范围内的私分行为，可以根据犯罪情节考虑定性为职务侵占罪或者贪污罪；对于公司领导滥用职权给单位全体员工或者部门内部全体职员发放奖金等行为，造成严重后果的，可以考虑用国有公司、企业、事业单位人员滥用职权罪进行规制；对于其中符合国家机关工作人员身份的，还可以考虑定为滥用职权罪，没有必要再增设新罪名来解决这一问题。

其次，许多人建议设立私分单位资产罪的另一个重要原因是这样可以实现对私有财产和国有资产的同等保护，更为有效地保护公民个人财产。但是笔者认为，现实生活中公民对个人财产具备所有权和完全的处分权，对于侵犯其财产的行为有民事、经济等多种手段可以恢复被侵犯的财产权利，而不必单设私分单位资产罪来解决。我国刑法之所以单独设立私分国有资产罪，也是因为根据以往的司法实践，国有资产比私有财产更易于遭受犯罪的侵害，必须用刑法手段加以规制，这种立法方式不是对私有财产的漠视，而是基于现实的需要。我国法律对私有财产可以通过民事法、经济法等多重保护手段加以保护，这也完全符合我国法律保护公民个人财产的宪法原则。①

---

① 苗继元：《国家工作人员新型私分行为的定性》，载《中国检察官》2014 年第 1 期。

第四章　贿赂类犯罪

贿赂犯罪通常是以权钱交易、以权谋私的方式实现的，是腐败犯罪最典型的表现。我国刑法对贿赂犯罪的规定有以下八个：受贿罪、行贿罪；单位受贿罪、单位行贿罪，对单位行贿罪；介绍贿赂罪；利用影响力受贿罪，对有影响力的人行贿罪。我国近年来修改完善了贿赂犯罪的相关罪名和刑事责任体系，这对于严密贿赂犯罪的法网与惩治和预防贿赂犯罪具有重要的意义。本章在解析相关具体犯罪规定的基础上，提出了我国贿赂犯罪的立法规定在惩治腐败犯罪方面的局限性，并提出了相关的完善建议。

第一节　我国贿赂犯罪的概述

一、贿赂犯罪的分类

贿赂是最严重的一种腐败形式，贿赂犯罪的本质是权钱交易、权利交易或权色交易。本章讨论的贿赂犯罪包括受贿罪和行贿罪、利用影响力受贿罪和对有影响力的人行贿罪、单位受贿罪和对单位行贿罪、单位行贿罪、介绍贿赂罪共八个罪名，依据不同的标准可做以下分类。

（一）我国关于贿赂犯罪的分类

第一，依照贿赂犯罪的对象和犯罪主体的身份，可以分为行贿罪和受贿罪、单位行贿罪和单位受贿罪、对单位行贿罪、介绍贿赂罪、对有影响力的人行贿罪和利用影响力受贿罪。

第二，根据受贿罪是否要求为他人谋利益，以及受贿人是主动还是被动，可以分为索贿和收受贿赂两种情形，并规定在收受贿赂的情况下，必须是受贿人已经为行贿人谋取不正当利益，或者已经着手为行贿人谋取非法利益。

第三，根据行为人在贿赂犯罪中是利用本人的职务便利还是他人的职务便利，可以分为受贿罪和利用影响力受贿罪。

（二）国外关于贿赂犯罪的分类介绍

1. 日本刑法关于贿赂犯罪的规定：

（1）收贿罪（公务员或仲裁人关于其职务，收受或者要求或者约定了贿赂时，处5年以下惩役）。

（2）受托收贿罪（公务员或者仲裁人关于其职务接受请托，收受或者要求或者约定了贿赂时，处7年以下惩役）。

（3）事前收贿罪（会成为公务员或仲裁人的人，关于其应该担当的职务，接受请托，收受或者要求或者约定了贿赂的，在成为公务员或者仲裁人时，处5年以下惩役）。

（4）第三者供贿罪（公务员或仲裁人关于其职务，接受请托，向第三者提供或者要求或者约定了提供贿赂时，处5年以下惩役）。

（5）加重收贿罪［公务员或仲裁人犯前两条之罪（收贿罪、受托收贿罪、事前收贿罪或者第三者供贿罪），由此实施不正当行为或者没有实施适当的行为时，处1年以上有期惩役］。

（6）事后收贿罪（曾经是公务员或仲裁人的人，关于其在职时接受请托所实施的职务上不正当行为或者没有实施相当行为，而收受或者要求或约定了贿赂时，处5年以下惩役）。

（7）斡旋收贿罪（公务员接受请托，作为使其他公务员实施职务上不正当的行为或者使其不实施相当的行为而进行或者进行了斡旋的报酬，收受或者要求或者约定了贿赂时，处 5 年以下惩役）。[①]

2. 意大利刑法关于贿赂犯罪的规定

根据 2012 年意大利预防和打击腐败的最新立法，第 190 号《反腐败法》中规定的受贿罪包括以下几类：

（1）索贿罪（第 317 条规定，公务员滥用其身份或者权力，强迫他人非法向自己或者第三人给予或许诺给予钱款或其他利益的，处 6 年至 12 年有期徒刑）。

（2）诱使非法给予或许诺给予利益罪（第 319-4 条规定，公务员或者受委托从事公务的人员滥用其身份或权力，诱使他人非法向自己或某一第三人给予或许诺给予钱款或其他利益的，处 3 年至 8 年有期徒刑。第 2 款规定，对于给予或者许诺给予钱款或其他利益的，处 3 年以下有期徒刑）。

（3）因履行职务收贿罪（第 318 条规定，公务员因履行其职务或行使其权力而为自己或第三人非法接受钱款或其他利益的，或者接受有关的许诺的，处 1 年至 5 年有期徒刑）和因违反职责义务的收贿罪（公务员实施某一违反其职责义务的行为或者不履行或延迟履行某一职务行为，而为自己或第三人非法接受钱款或其他利益的，或者接受有关的许诺的，处 4 年至 8 年有期徒刑）。[②]

（4）私人间的贿赂罪（本罪是在《民法典》规定的基础上修改的，是公司犯罪，犯罪主体仅限于公司内成员，保护的利益仅限于《民法典》所列举的“公司”，一般不适用于个体企业、基金会、非营利性机构等私营部门）。

---

① ［日］大塚仁著：《刑法概说》（各论），冯军译，中国人民大学出版社 2003 年版，第 597~604 页。

② 《意大利反腐败法》，黄风译，中国方正出版社 2013 年版，第 118~123 页。

3. 美国刑法关于贿赂犯罪的分类

对于公共部门贿赂犯罪，美国刑法中又区分了背职贿赂（violation of duty）和履职贿赂（discharge of duty）两种情形，其中对前者的处罚最为严厉，如《美国法典》第 201（b）条规定了背职贿赂，第 201（c）条规定了履职贿赂。

（1）背职贿赂。根据该法典第 201（b）条的规定，背职贿赂罪又包含三种情形：从行贿方来看，一是意图对公务行为施加影响；二是意图对公职人员施加影响从而使其实施、帮助他人实施、与人串谋实施以及容忍他人实施任何针对美国的诈骗行为，或者为任何针对美国的诈骗行为的实施创造条件；三是诱使公职人员实施任何违反其法定职责的作为或不作为。受贿方与此相对应。背职贿赂是为了谋取不正当利益而行贿，法定刑为罚金或者 15 年以下监禁，或者两者并用，同时可剥夺其担任特定职位的资格。

（2）履职贿赂。根据该法典第 201（c）条的规定，履职贿赂中的行贿指的是除法律许可的情形外，因为或者为了使公职人员恰当履行其法定职责而直接或间接地给予、提议或者许诺给予该公职人员任何有价物的情形。履职贿赂中的受贿亦与此相对应。履职贿赂是为了谋取正当利益而行贿，法定刑为罚金或者 2 年以下监禁，或者两者并用。① 中国刑法不追究履职贿赂或者说是谋取正当利益的行贿人的责任。

二、贿赂犯罪的共性问题

（一）我国贿赂类犯罪的对象范围

行为人收受的贿赂不仅与其职务行为具有关联性，而且与其为他人谋取的非法利益具有对价关系。作为实现犯罪目的的工具，随着社会的发展变化，贿赂的内容也在不断发展变化。到目前为止，

① 余高能：《各国贿赂犯罪立法分类比较研究》，载《西北大学学报》（哲学社会科学版）2014 年第 4 期。

关于贿赂的对象，根据范围大小不同，依照我国刑法明确规定，“财物”包括各种动产、不动产，有形财产和无形财产。另据2016年4月18日最高人民法院、最高人民检察院联合发布的《关于办理贪污贿赂刑事案件适用法律若干问题的解释》第12条规定：“贿赂犯罪中的财物，包括货币、物品和财产性利益。财产性利益包括可以折算为货币的物质利益如房屋装修、债务免除等，以及需要支付货币的其他利益如会员服务、旅游等。后者的犯罪数额，以实际支付或者应当支付的数额计算。”至此，贿赂的对象范围包括“财物”和“财产性利益”已经明确。只是对于一些能够作为权力交易的、能给人带来好处的“非财产性利益”，如某些资格、荣誉、招工、提干晋级、晋升等能否成为贿赂的对象，对此存在不同的观点：

否定说认为，非财产性利益虽然可以达到贿赂的目的，但是作为“以赃计罪量刑”的立法模式导致没有犯罪金额则无法衡量其社会危害性的大小，以及刑罚的轻重，所以，为避免各地刑罚的不统一，建议不入罪。

肯定说认为，虽然刑法立法及解释将“非财产利益”排除在贿赂的范围之外，但现实生活中，行贿人为了谋取不正当利益，可能会给予各种购物卡、公司的干股、提供免费旅游，或者是提供女色、提供就业机会或职务晋升等非财产性利益。为了有效惩治腐败，虽然权钱交易是贿赂犯罪的主要形式，但是，通过自己的权力进行利益交换的腐败行为在现实中也比比皆是，将贿赂的对象范围扩大到包括财物、财产性利益以及非财产性利益的“一切不正当利益”会使刑事法网更加严密。随着反腐力度的加大，在深度剖析官员们犯罪的原因和发展历程时，发现绝大多数贪官都有情妇，而且很多贪腐犯罪都是由于情妇导致的，有时候权色交易甚至比权钱交易更易于击破官员的心理防线。权力互易或称为权力交换在人事任免过程中也会影响职权的行使及职务的廉洁性。例如，两个单位的负责人分别有自己的亲属要到对方所在的单位工作，此时双方互为对方谋取不正当利益，这种行为的危害性影响了正常的公职人员的人事任免规定，此时虽然没有权钱的交易，但是权权交易同样是应当惩处的腐败行为。所以，贿赂的犯罪对象应从财产性利益扩大到一切不正当好处。这样才会严密刑事法网，打击任何权力交易形式的腐败行为。另外，《联合国反腐败公约》中将“贿赂”规定为不正当好处，就是指除了财物、财产性利益以外的任何能够给行为人带来“好处”的一切不正当利益。

笔者赞同肯定论的观点，认为作为权力交易筹码的非财产性利益，只要行为人影响了职权的正常行使，获得了不正当的好处，就可以构成犯罪，这也是为了打击权色交易、权权交易、权利交易的必要手段，从长远发展来看，贿赂的对象范围一定包括能带来利益的一切不正当好处。就此问题的争议自然涉及关于“性贿赂应否入罪”问题的讨论：

性贿赂具有严重的社会危害性，对于某些有女色偏好的官员，性贿赂比一般的金钱贿赂更容易拉他们下水，谋取到非法利益。当前对于“性贿赂”如何处罚、应否入罪的问题存在两种截然相反的观点：

反对论者认为“性贿赂”入罪首先违反刑法的谦抑性原则，其次量刑情节很难统一，最后取证比较困难。

肯定论者认为“性贿赂”应当入罪，理由如下：

首先，社会危害性较大。“性贿赂”表面上看是一种非财产性利益，但实际上是一种利益的交换，是权色交易。

其次，“性贿赂”犯罪化有境外的经验可以借鉴，如美国2006年洛杉矶机场官员利兰·金因为给市长詹姆斯·哈恩支付性按摩费，帮客户牵线搭桥签订市政合同而被起诉。2003年香港特别行政区高级警司冼锦华因接受免费性服务而被判刑入狱，可以成为我国以性贿赂定罪的先例。[1]

最后，从法的价值来说，法律应随着社会的发展不断进行修改完善以达到调整社会秩序、惩治违法行为的目的。

综合来看，性贿赂一般有两种方式，一种是“自为式”性贿赂，即请托方本人利用自己的姿色主动与国家工作人员发生性关系，进而谋取非法利益，或者是具有领导职务的国家工作人员要求或暗示异性下属与其发生性关系，并以此作为对下属提拔任用或谋取其他利益的条件。对于这种性贿赂由于无法判断价值或者基于双方感情而无法认定，所以不宜作为犯罪处理。另一种是“雇佣式”性贿赂，国家工作人员接受请托人提供的“嫖资”或者包养情妇(夫)的费用，等于直接接受了请托人的财物用于非法“消费”，这与典型的受贿的权钱交易没有实质区别，因此应当作为犯罪认定。

一项具有社会危害性的行为能否入罪可从以下几个方面判断：一是行为须在大多数人看来有显著的社会危害性；二是将该行为纳入刑事制裁不会违背惩罚目的；三是抑制该行为不会约束人们合乎社会需要的行为；四是不会面临严重的定性或定量的负担；五是没有合理的刑事制裁替代措施来处理该行为。[2] 正如有的论者所说：“在金钱—性贿赂—谋取利益的整个行为流程中，权钱交易的本质得到完全体现：行贿人付出的是钱，得到的是受托人通过职务行为提供的交易机会；受贿人付出的是利用职务便利后的帮助行为，得到的是请托人提供的以一定金钱为代价的性贿赂。”[3] 行为人利用

---

① 彭文华：《性贿赂犯罪化的理性分析》，载《法治研究》2014 年第 4 期。

② 参见［美］帕克著：《刑事制裁的界限》，梁根林等译，法律出版社 2008 年版，第 293~294 页。

③ 谢杰：《性贿赂不排除权钱交易》，载《检察日报》2007 年 12 月 7 日。

权色交易和利用权钱交易没有实质的区别，都是为了谋取非法利益，有时权色交易甚至可以达到权钱交易所无法达到的效果。所以，将可以用金钱衡量的性贿赂纳入贿赂的范围符合刑罚的目的。在日本，“贿赂”是作为公务员或仲裁人职务的不当报酬的利益，不论贿赂的目的物是有形的还是无形的，它都包括足以满足人的需要或欲望的一切利益。因此，如点心盒、谢金、基于金钱消费借贷契约的金融利益、债务的清偿、保证及担保的提供等自不待言。从食物的餐用、租用客厅里的吃喝玩乐、艺妓的演出、异性间的情交、高尔夫俱乐部的会员权等，到公私职务或者其他有利地位、就职的斡旋等，都可以成为贿赂。盗品等也能成为贿赂。① 因此，笔者赞同将贿赂的范围扩大为“利益”，包括财产性利益和非财产性利益的一切不正当好处，这样既同《联合国反腐败公约》的要求相吻合，也是为了打击一切利用权力牟取私利的行为。

（二）如何认定用于“感情投资”的“礼金”性质

我国是礼仪之邦，历来重视礼尚往来，亲朋好友通常会在逢年过节、婚丧嫁娶时赠送礼金以联络感情。“身居闹市无人问，远居深山有远亲”，说的就是人们倾向于结交有权势的人，以便将来会对自己有所帮助。但是也有人借人情往来、交流感情之名行权钱交易之实。“感情投资”是当前拉近行贿人和受贿人关系的一种方式，是贿赂犯罪不断演化的一种新形式，很多官员的落马都与其相处多年的商人“朋友”有很大的关系。究竟如何正确区分行为人是基于亲情、友情收受的馈赠，还是基于对职权的期托而收受的礼金，抑或是基于权钱交易而收受的贿赂？如果是既有前期的感情投资行为，也有明确的权钱交易行为，如何认定贿赂的数额？

1. 礼金与贿赂的界限

根据 2008 年最高人民法院、最高人民检察院《关于办理商业

---

① ［日］大塚仁著：《刑法概论》（各论），冯军译，中国人民大学出版社 2003 年版，第 596 页。

贿赂刑事案件适用法律若干问题的意见》第 10 条规定，区分贿赂与馈赠的界限应当结合以下因素全面分析、综合判断：（1）发生财物往来的背景，如双方是否存在亲友关系及历史上交往的情形和程度；（2）往来财物的价值；（3）财物往来的缘由、时机和方式，提供财物方对于接受方有无职务上的请托；（4）接受方是否利用职务上的便利为提供方谋取利益。

另外，结合最高人民法院、最高人民检察院《关于办理贪污贿赂刑事案件适用法律若干问题的解释》中第 13 条第 2 款和第 15 条分别规定了收受了他人以“感情投资”为目的的“礼金”的性质。第 13 条第 2 款规定了国家工作人员索取、收受具有上下级关系的下属或者具有行政管理关系的被管理人员的财物价值 3 万元以上，可能影响职权行使的，视为承诺为他人谋取利益，构成受贿罪。但适用时注意两点：一是该款规定强调行为性质是权钱交易，即可能影响职权行使；二是强调累计收受的财物价值在 3 万元以上。

根据上述司法解释，收受的礼金的行为能否构成受贿罪可以从以下两个方面加以判断：

其一，首先要对礼金的性质进行判断，如果收受的礼金是发生在经常来往的亲朋好友之间所赠送的数额不大的礼金，对方也以礼物相赠的，可视为正当的礼尚往来，所收受的礼金也是合法的。例如，检察机关指控原河北省国税局局长李真，在 1999 年 6 月收受北京某公司经理李某在首都机场送给他的 5000 美元。法院经审理后认定，李真出国前收受李某 5000 美元时，李某尚无具体请托事项，李真回国时亦有较贵重的礼品回赠，现有证据不能排除李某送给李真的 5000 美元系朋友间的礼尚往来，此行为不能认定为受贿。[①]

其二，如果看中了对方手中的权力或者是将来有可能会有的权力而给予礼金，目的是拉近与对方的感情，以备后用，即所谓“感情投资”。对这种性质的礼金能否认定为贿赂，关键是看双方之间的关系是否属于上下级关系或行政管理关系，若是且索取或收受礼金数额达到 3 万元以上，可能影响职权行使的，则构成受贿罪。例如，检察机关指控原某市财政局局长李某，在担任财政局局长期间，于 1993 年 1 月至 1999 年 2 月，19 次收受某县、区财政局局长等人送的“礼金”“红包”等共计人民币 91000 元。当时法院经审理认为，有关人员送钱的目的是希望李某在工作中给予支持和关照，但无具体的请托事项，公诉机关也没有向法庭出示李某为他们谋取利益的证据，因此，公诉机关指控的上述行为不能认定为受贿罪[②]。但是这类案件如果按照《关于办理贪污贿赂刑事案件适用法律若干问题的解释》的规定，则构成受贿罪。

若双方不具有行政隶属关系或管理关系，给予者并没有提出明确的请托事项，收受者当时或前后也没有为对方谋取利益，即使数额达到 3 万元也只能是一般的违法违纪，这种礼金不应当计入受贿的数额中，而应当按照违纪行为对行为人给予党纪或行政处罚。这种没有明确期许而是为了拉近双方的距离、加深彼此的感情而给予国家工作人员财物，国家工作人员也没有实际行动或承诺为其谋取非法利益的行为，由于国家工作人员没有利用自己的职权为对方牟利，对方也没有得到实质利益，所以不能按照犯罪处理。

---

① 《李真贪污、受贿案——河北省唐山市中级人民法院刑事判决书》，载《刑事审判参考》（2002 年第 6 辑），法律出版社 2003 年版，第 185~222 页。

② 《江苏省南京市中级人民法院（2001）宁刑初字第 110 号刑事判决书》，载《刑事审判参考》（2002 年第 2 辑），法律出版社 2002 年版，第 255 页。

总之，对馈赠与基于职务收受的礼金和贿赂的正确区分的关键在于，看是否与国家工作人员的职务有关：单纯的一般社会中的习惯乃至社会礼仪范围内与职务无关的礼金属于合法的馈赠。如果是在逢年过节给予的被认为是社交上的习惯礼仪的礼金，但是基于公职人员的职务而给予的，需要根据公职人员职务的内容、其职务与礼金给予者的关系、当事人之间关系的亲疏、礼金的种类和数额大小、礼金接受的情况等各种情况综合判断是否属于贿赂，礼金是情感交流的媒介，而贿赂则是职务行为的对价。

2. 礼金数额的认定

根据《关于办理贪污贿赂刑事案件适用法律若干问题的解释》第 15 条第 2 款规定，国家工作人员利用职务上的便利为请托人谋取利益前后多次收受请托人财物，受请托之前收受的财物数额在 1 万元以上的，应当一并计入受贿数额。也就是说国家工作人员在为他人谋取利益前后收受的礼金数额达到 1 万元以上的，这些礼金一并计入受贿的数额。例如，安徽省宣城市泾县国税局原局长胡某受贿案，在当地开办公司的商人为了获得税收方面的优惠和照顾，自 2007 年春节至 2013 年春节，每逢中秋节和春节前，都要去胡某家里“意思意思”，胡某共收受 10 名商人送的“节日礼包”，包括现金、购物卡共计 27.5 万元。查看其 27.5 万元的受贿“清单”，绝大多数都是发生在春节、中秋期间。法院经审理认为，被告人胡某收受礼金和购物卡是在其任职期间，行贿人行贿的目的是希望得到其关照，胡某是在明知的情况下，非法收受行贿人财物，客观上形成了以权换利的关系。至于被告人是否实际为他人谋取或是否谋取到利益，不影响受贿罪的认定。2014 年 6 月胡某被判处有期徒刑 7 年零 6 个月[①]。

对于这种收受他人以感情投资为目的给予的礼金的行为，在

---

① 查富宏：《节前礼包击中了国税局长》，载《检察风云》2014 年第 23 期。

《刑法修正案（九）》酝酿之初，曾经一度将其规定为“非法收受礼金罪”，当时，社会上的反响较大，褒贬不一。但是在《刑法修正案（九）（草案）》的征求意见稿及正式的条文中却取消了对这一行为犯罪化的规定。对此有的学者认为，对于官员大肆收受礼金、红包的行为，“解决问题的根本之道在于完善行政立法，加大行政反腐的力度”，“在今后的法律中，也没有必要对灰色收入犯罪化，否则，巨额财产来源不明罪将无适用的空间和余地”。①

笔者认为，“非法收受礼金”入罪虽然符合我国“零容忍”的反腐理念，可以从源头上树立领导干部廉洁自律的生活作风，避免更严重犯罪的发生，但是其弊端也是显而易见的：

首先，收受礼金数额达到多少才应当入罪？现行刑法规定我国受贿罪立案条件之一是受贿金额要达到3万元以上，具备特定情节的1万元以上。考虑到“非法收受礼金罪”比受贿罪的社会危害性要小，同时兼顾人情社会的现实国情，“非法收受礼金罪”的起刑点数额应当比受贿罪要高，但中国地域辽阔，发达的沿海地区与相对封闭的内陆地区随礼的标准差异很大，如何确定入罪的标准也是应当考虑的难题。

其次，容易导致犯罪分子逃避处罚。由于收受礼金的构成条件较为宽泛，入罪门槛较低，当官员涉嫌贿赂犯罪时，在“趋利避害”心理的驱使下，往往避开受贿行为而认为是收受礼金行为，以摆脱更严重的刑法处罚，违反了罪责刑相适应原则。这样，收受礼金罪同现行刑法中的巨额财产来源不明罪一个掐头、一个剪尾，大大压缩了受贿罪的适用空间。本意致力于打击腐败，解决向官员“感情投资”问题的收受礼金罪在司法实践中却容易异化成助长犯罪、减轻刑罚的立法，不能不说是一种遗憾。所以，对官员收受礼

① 李辰著：《受贿犯罪研究》，中国政法大学出版社2011年版，第39页。

金行为治理的钥匙，或许并不是重形式的立法而是强有力的监督和执法[①]。

虽然刑法立法没有明确规定“非法收受礼金罪”，但是收受礼金的行为并非就是合法的，而且在2016年4月18颁布实施的《关于办理贪污贿赂刑事案件适用法律若干问题的解释》中明确规定：“国家工作人员索取、收受具有上下级关系的下属或具有行政管理关系的被管理人员的财物价值三万元以上，可能影响职权行使的，视为承诺为他人谋取利益。”这种明确规定收受礼金入罪的条件和数额认定标准的司法处理模式非常科学合理，并且也符合我国法治人情，原因如下：

首先，由于单纯地基于公职人员的“职务”收受的礼金违反公务人员的廉政纪律守则，违反了职务廉洁性的要求，可以通过党纪政纪处分来加以处罚；另外基于刑法的谦抑性和刑罚的必要性，只要通过行政处罚可以达到预防犯罪目的，就没有必要施以较重的刑罚，否则就是处罚过重、刑罚过剩，属于“昂贵之刑”。

其次，我国几千年流传下来的礼仪习俗想要通过刑法的规制使之戛然而止是不现实的，可以通过行政立法逐步限定礼金数额的方式达到处罚的目的。例如，美国现行的国会道德规则从1990年1月起禁止参议员、众议员及他们的雇员每年从任何亲属之外的个人那里接受价格超过250美元的礼品，价值在100美元以下的礼品可以不计。接受礼品价值的限制将随着通货膨胀每3年自动调整一次。[②] 我国对于公职人员接受的跟职务有关联的礼品也可以设定一个合理的数额，超过一定的数额就认为是贿赂，这样既可以充分考虑人情往来的现实，又可以警戒官员不要以身试法，达到了预防犯

① 王群：《公职人员收受礼金入刑的冷思考》，载《民主与法制》2015年第2期。

② 周琪、袁征著：《美国的政治腐败与反腐败》，中国社会科学出版社2009年版，第112页。

罪的目的。

最后，请托人基于某种特殊利益的考虑，先以“感情投资”来联络感情，如果双方清楚地知道财物的给予是建立在权钱交易的基础上，给予者和收受者之间具有上下级关系或行政管理关系，国家工作人员索取、收受具有上下级关系的下属或者具有行政管理关系的被管理人员的财物价值3万元以上，可能影响职权行使的，可以认定为受贿罪。因为行贿人正是看中这样的“感情投资”具有可期待利益，受贿人亦通过明示或暗示承诺以日后利用职务之便为行贿人谋利作为回报，认为受贿人属于承诺为他人谋取利益，应当成立受贿罪，并将先前“感情投资”的数额一并计入受贿数额。①

三、《刑法修正案（九）》及《关于办理贪污贿赂刑事案件适用法律若干问题的解释》对贿赂犯罪的刑事责任的规定

（1）修改受贿罪、行贿罪等贿赂犯罪的定罪量刑具体数额及情节，普遍提高构成犯罪的起刑点，并对受贿数额特别巨大，情节特别严重，给国家和人民利益造成特别重大损失的适用死缓两年期满减为无期徒刑的，可以适用不得减刑、假释的终身监禁，以示对贪官的严惩。

（2）对贿赂类犯罪普遍增加了罚金刑，并明确了受贿罪罚金数额具体标准，并规定对所有违法所得的一切财物，都应当依照《刑法》第64条的规定予以追缴或者责令退赔，对被害人的合法财产应当及时返还。对尚未追缴到案或者尚未足额退赔的违法所得，应当继续追缴或者责令退赔，一追到底，不用清零，让腐败分子在经济上占不到任何便宜。

（3）单位贿赂犯罪的规定。对单位实施的对有影响力的人的行贿数额明确规定达到20万元才构成犯罪。但是其他罪名如单位

① 《第470号马平、沈建萍受贿案：以房产交易形式收受贿赂的犯罪数额的认定》，载《刑事审判参考》（第59辑），法律出版社2007年版。

行贿罪、单位受贿罪等单位犯罪的数额，并没有明确修改意见，此时，在没有相关规定的情况下，仍然按照 1999 年最高人民检察院《关于人民检察院直接受理立案侦查案件立案标准的规定（试行）》规定的标准执行：单位受贿起刑点是 10 万元，单位行贿罪的起刑点是 20 万元，基本吻合当前贪污贿赂犯罪的量刑标准，但是介绍贿赂罪的起刑点 2 万元与行贿及受贿的标准 3 万元不统一，而且这种犯罪很多，但实践中处罚的却极少。对于单位犯罪的处罚坚持双罚制的原则，除了对单位判处罚金以外，还可以对直接责任人员适用自由刑。

第二节 受 贿 罪

受贿犯罪是腐败行为最重要的表现形式，是权钱交易最直接的体现，也是当前发案率最多的犯罪类型。贿赂犯罪在理论研究和司法实践适用中，都存在一些争议问题需要厘清，以刑法立法及司法解释为依托，在犯罪的构成要件要素范围内逐一探讨。

一、受贿罪的概念和特征

根据《刑法》第 385 条规定，所谓职务上的便利，索取他人财物，或非法收受他人财物，为他人谋取利益的行为。

（一）受贿罪的客体

受贿罪侵犯的客体是复杂客体，包括国家工作人员职务廉洁性和他人的财产权利，犯罪对象是“贿赂”，通常认为是指“财物”，具体包括货币、物品和财产性利益。

（二）我国受贿罪客观行为要素的认定

依照《刑法》第 385 条规定，国家工作人员利用职务上的便利索取或收受贿赂，为他人谋取利益的，是受贿罪。国家工作人员在经济往来中，违反国家规定，收受各种名义的回扣、手续费，归个人所有的，以受贿论处。受贿罪的客观行为是行为人积极或消极地利用国家赋予的公共管理职权谋取个人非法利益的行为。在以权谋私的过程中，有以下几个问题需要明确：

1. 何为利用职务上的便利

根据最高人民法院印发的《全国法院审理经济犯罪案件工作座谈会纪要》第3条第1项规定：《刑法》第385条第1款规定的“利用职务上的便利”，既包括利用本人职务上主管、负责、承办某项公共事务的职权，也包括利用职务上有隶属、制约关系的其他国家工作人员的职权。担任单位领导职务的国家工作人员通过不属自己主管的下级部门的国家工作人员的职务为他人谋取利益的，应当认定为“利用职务上的便利”为他人谋取利益。

利用职务上的便利，还可分为积极利用和消极利用两种形式，具体包括四种情况：

（1）通过积极实施或者承诺实施自己正当的职务行为，即以本人职务上有权做或应当做的事务，为他人谋取利益，以此为交换条件，向他人索取或非法收受贿赂。

（2）通过积极实施或者承诺实施在其职务范围内能够实施，却不应该实施的行为，为他人谋取利益，以此为交换条件，向他人索取或非法收受贿赂。

（3）通过消极的不实施自己职务的行为，亦即不履行自己的职责，为他人谋取利益，而向他人索取或非法收受贿赂。例如，海关工作人员明知他人有走私行为，本应对其货物进行检查，但在收受该人贿赂后有意不去检查。

（4）国家工作人员不通过自己积极的或消极的职务行为，而是以自己职务所必然产生的特定事实，直接为他人谋取利益。例如，某外贸机关主管外贸业务的负责人，擅自将因其职务而掌握的我国对某种商品进出口的重要情报泄露给外商，从而向外商索取巨额贿赂。[1] 在行为人利用其他国家工作人员职务行为具体实施谋利的情况下，行为人成立直接受贿，这主要是由于行为人因自己的职权对被其利用的其他国家工作人员具有制约关系。从实际情况来看，《刑法》第 385 条规定的受贿罪中的“利用职务上的便利”，所包含的权力及其所形成的便利条件，主要体现为行为人本人职权所产生的一定制约关系。

制约关系主要表现为两类：纵向的制约关系和横向的制约关系。所谓纵向的制约关系，是指行为人对他人具有上下级的隶属、制约关系。例如，上级领导人员对其下级国家工作人员在职务上具有隶属、制约关系，上级领导人员凭借其本人在职务上对其下属单位和人员的领导、监督、管理的便利，利用下属单位及人员的职务上的行为，为他人谋取利益，而本人从中索取或者收受贿赂。例如，某县教育局局长受他人之托为请托人的子女安排进某一重点中学学习，该学生并不符合转学的条件，行为人却凭借其局长的地位，写条子给中学校长，事成之后行为人向请托人索取了贿赂，即属于利用职务上的便利实施的直接受贿行为。教育局局长虽然不具体管理有关转学事务，但中学校长的职务受制于该教育局局长。所谓横向的制约关系，是指在不同的部门、单位之间，这一国家工作人员与那一国家工作人员存在职务上的制约关系。一方可以凭借自己的职权左右或者节制另一方，使其利用职权为他人办事。

国家、社会是个复杂的有机体，国家各机关、部门要在国家机器的运转中发挥各自的作用，必须通过法律、法规和各种规章赋予它们各自的职能，规定各种规章制度。有规章制度，就必然存在各机关、部门之间的制约，只有这样，社会才能在有条不紊的状态中发展。但是，有些国家工作人员却利用本人的职务与其他国家工作人员的制约关系，通过其他国家工作人员的职务行为为请托人谋取

① 赵震著：《职务犯罪重点疑难精解》，法律出版社 2013 年版，第 256 页。

利益，达到本人受贿的目的。这种情况发生在工商、税务、金融、物资、房屋土地、水电、交通、公安、纪检、劳动人事等管理部门较多，而且部门权力对其他单位的个人有着强烈的制约作用，为某些国家工作人员以权谋私提供了便利条件。

“利用职务上的便利”是否包括利用将来的职务便利？笔者认为，回答是肯定的。所谓利用将来的职务便利，是指行为人利用现在尚未担任，但即将担任的职务上的便利。比如，担任某区工商局局长的某甲即将到该区税务局担任局长，某私有公司为了获得非法减免税款的待遇，将数万元人民币作为某甲担任税务局局长后为该公司少征税款的条件，某甲收受了这些钱财。可见，在利用将来职务上的便利的情况下，行为人用于权钱交易的“权”，在行为人索取或收受贿赂时还是一种“期权”，而不是现实的职权，与一般情况下的受贿在形式上有不同的特征——索贿或收受财物时的职务状况与谋利时的职务状况存在差异（有的是从此种职务变更为彼种职务，有的是从无职到有职、从非国家工作人员到国家工作人员）。但是，在这种情况下，请托人（行贿者）毕竟已经将贿赂送出，受贿人也已经将贿赂索取或收受，而且答应将来担任某职务时为请托人谋利，请托人与受贿人之间已经存在“权钱交易”的不法行为，而不是什么单纯的权钱交易“约定”了。虽然索取或收受贿赂时行为人尚不具有为请托人谋利所需的“职务”（有的行为人在索取或收受贿赂时可能还不是国家工作人员），但行为人索取或收受贿赂的行为与为他人谋利的行为是密切相连、作为一个整体的。行为人之所以在任职之前索取或收受贿赂，就是因为他与请托人约定了任职后为其谋利。因此，从实质上讲，利用将来职务便利与利用现在职务上的便利没有任何区别，两者同样对职务行为的不可收买性造成了损害。当然，上述情形下成立受贿罪，要求行为人案发时已是具有为请托人谋利的“职务”的国家工作人员，否则与刑法对受贿罪主体的规定不符。

受贿罪中“利用职务上的便利”是否包括“利用过去的职务

便利”？所谓利用过去的职务便利，是指利用自己退休前的职务便利，收受他人财物为他人谋取不正当利益的行为。这与利用将来职务便利是不同的。前者因为行为人已经不再具有国家工作人员身份，丧失了侵犯职务行为不可收买性的前提，无法形成“权钱交易”，所以只能按照利用影响力受贿罪处罚；而后者因为行为人将来要担任的职务，具有为他人谋取不正当利益的可能性，因而具有侵犯职务不可收买性的现实可能性，行为人可以先收受贿赂、担任职务后为他人谋取利益，当然应当按照受贿罪处罚。

2. 索取贿赂

索取贿赂，即所谓贿赂，是指行为人在公务活动中，利用自己职务上的作为或不作为作筹码，主动向他人索要或者勒索财物。索贿不要求行为人客观上是否有为他人谋取不正当利益的行为，依照《关于办理贪污贿赂刑事案件适用法律若干问题的解释》第 1 条第 3 款的规定，只要主动向他人索要财物或财产性利益 3 次以上且数额达到 1 万元以上的，均应以受贿罪论处。索贿表现为行为人索要行为的主动性和他人交付财物的被动性，可以由本人或第三人实施。另外，注意以借为名、实为索贿行为的认定。

3. 非法收受他人财物，为他人谋取利益

行贿人主动向行为人提供财物时，行为人接受并许诺、着手为行贿人谋取非法利益或者已经为行贿人谋取到了非法利益的行为。至于为他人谋取的利益是在收受贿赂之前、当时，还是之后，均不影响受贿罪的构成。根据最高人民法院《全国法院审理经济犯罪案件工作座谈会纪要》第 3 条第 2 款规定，“为他人谋取利益”包括承诺、实施和实现三个阶段的行为。只要具有其中一个阶段的行为，如国家工作人员收受他人财物时，根据他人提出的具体请托事项，承诺为他人谋取利益的，就具备了为他人谋取利益的要件。明知他人有具体请托事项而收受其财物的，视为承诺为他人谋取利益。

另根据《关于办理贪污贿赂刑事案件适用法律若干问题的解

释》第13条规定，具有下列情形之一的，应当认定为“为他人谋取利益”，构成犯罪的，应当依照刑法关于受贿犯罪的规定定罪处罚：(1) 实际或者承诺为他人谋取利益的；(2) 明知他人有具体请托事项的；(3) 履职时未被请托，但事后基于该履职事由收受他人财物的。国家工作人员索取、收受具有上下级关系的下属或者具有行政管理关系的被管理人员的财物价值3万元以上，可能影响职权行使的，视为承诺为他人谋取利益。

国家工作人员或非国家工作人员利用职务上的便利索取他人财物或者非法收受他人财物，同时“为他人谋取利益”的行为又触犯其他罪名的，对行为人如何处理？是认定一罪还是实行数罪并罚？

从我国刑法和相关司法解释的规定来看，对于受贿又同时触犯其他罪名的情况如何处理，存在不同的规定。例如，《刑法》第399条第4款明确规定：“司法工作人员收受贿赂，有前三款行为的，同时又构成本法第三百八十五条规定之罪的，依照处罚较重的规定定罪处罚。”亦即，司法工作人员收受贿赂，徇私枉法、枉法裁判或者执行判决、裁定滥用职权的，应当从一重罪定罪处罚，而不实行数罪并罚。而1998年4月29日最高人民法院《关于审理挪用公款案件具体应用法律若干问题的解释》第7条明确规定：“因挪用公款索取、收受贿赂构成犯罪的，依照数罪并罚的规定处罚。”2013年1月9日最高人民法院、最高人民检察院《关于办理渎职刑事案件适用法律若干问题的解释（一）》第3条规定：“国家机关工作人员实施渎职犯罪并收受贿赂，同时构成受贿罪的，除刑法另有规定外，以渎职犯罪和受贿罪数罪并罚。”

笔者认为，根据《关于办理渎职刑事案件适用法律若干问题的解释（一）》的精神，对于刑法和刑法解释没有明文规定的国家机关工作人员乃至其他国家工作人员，其收受贿赂为他人谋取利益同时触犯数罪的，除法律或者法律解释有一罪处理规定的外，应当一律实行数罪并罚。比如，国家机关工作人员收受他人贿赂甚至索取贿赂，以此作为交换条件，利用职务便利为他人违法提供出口退税凭证，不征或少征税款，放纵走私，对不符合法律规定条件的公司设立、登记申请予以批准或登记等，均应实行数罪并罚。

当然，如果行为人收受贿赂、索贿的数额达不到受贿犯罪的起刑数额标准，而为他人谋取利益的行为符合挪用公款罪，徇私枉法罪，滥用管理公司、证券职权罪，徇私舞弊不征、少征税款罪，违法提供出口退税凭证罪，放纵走私罪等其他犯罪的构成要件，对行为人应当以挪用公款罪等罪定罪处罚（当行为人因其主体不属于国家工作人员而成立挪用资金罪时，原理相同），收受贿赂、索贿的行为作为量刑情节考虑。但是，如果有关国家机关工作人员的受贿行为符合受贿罪的构成，而为他人谋取利益行为也达到了定罪标准的，除刑法和刑法解释规定从一重罪处罚的外，对行为人应以受贿罪和其他犯罪实行数罪并罚。在笔者看来，只要行为人索取或者收受贿赂，且承诺为他人谋取利益，就足以构成受贿犯罪，就已经侵犯了职务行为的不可收买性；行为人客观上实施了“为他人谋取利益”的行为，如果又触犯其他罪名，以其他犯罪故意侵犯了相关犯罪的法益，则实质上又符合其他犯罪的构成要件。所以，对行为人以受贿犯罪和其他犯罪实行数罪并罚，是妥当的。就牵连犯形态的处罚原则而言，“从一重处”虽然为刑法理论历来之主流观点，但在理论上不无值得进一步推敲之处。在许多场合，一些被认为属于牵连犯的形态，实际上是因为符合吸收犯或想象竞合犯的特征，对其从一重处才具有合理性，而由受贿罪中“为他人谋取利益”的含义与内容决定，受贿为他人谋取利益又触犯其他罪名的情形，既不属于吸收犯，也不属于想象竞合犯，对这种情况实行数罪并罚在刑法评价上是公正的。司法解释规定因挪用公款索贿、收受贿赂实行数罪并罚，也是基于这种考虑。至于《刑法》第 399 条第 4 款规定徇私枉法、枉法裁判等犯罪与受贿的牵连犯从一重罪处断，应当视为刑法分则的特别规定，对于受贿犯罪和其他犯罪的牵连犯的处理，不具有普遍参照的效力。

需要指出的是，在认定受贿犯罪时，应当注意避免对行为事实的重复评价问题。比如，根据 1999 年 9 月 16 日最高人民检察院《关于人民检察院直接受理立案侦查案件立案标准的规定（试行）》的规定，一般情况下，徇私舞弊不征、少征税款行为，致使国家税收损失累计达 10 万元以上的，才构成犯罪，但如果行为人具有索取或者收受贿赂等情节的，即使致使国家税收损失不满 10 万元，也可以予以追诉。这样，当行为人徇私舞弊不征、少征税款致使国家税收损失不满 10 万元，而因为综合考虑索取或者收受贿赂情节才认定行为人成立徇私舞弊不征、少征税款罪时，索取或者收受贿赂情节已经作为徇私舞弊不征、少征税款罪的构成事实被评价了，如果对行为人另行认定受贿罪，显然存在重复评价的问题。笔者认为，当受贿事实作为两种犯罪“交叉”构成要件事实时，应当视具体情况处理，总的原则是受贿事实“一头挑”而不能“两头挑”。以受贿徇私舞弊不征、少征税款为例，如果不征、少征税款致使国家税收损失不满 10 万元，而索取或者收受贿赂的行为本身达到犯罪标准，应当比较以徇私舞弊不征、少征税款罪定罪量刑重还是以受贿罪定罪量刑重，选择其中的重罪予以处断。比如，行为人徇私舞弊不征、少征税款不满 10 万元，受贿的数额刚达到 5000 元，且案发后积极退赃的，则以受贿罪定罪处罚要比以徇私舞弊不征、少征税款罪定罪要轻，此时应当选择徇私舞弊不征、少征税款罪定罪处罚，受贿作为徇私舞弊不征、少征税款罪的定罪情节进行评价（仅仅有徇私舞弊不征、少征税款不满 10 万元本不构成徇私舞弊不征、少征税款罪，受贿作为“促成”情节）。如果不征、少征税款致使国家税收损失 10 万元以上，而索取或者收受贿赂的行为本身也达到犯罪标准，则对行为人应当以受贿罪和徇私舞弊不征、少征税款罪实行数罪并罚，在对其中的徇私舞弊不征、少征税款罪量刑时，不应将受贿作为量刑情节考虑。

（三）受贿罪另外两种行为表现形式

1. 收受回扣、手续费的行为

根据《刑法》第 385 条第 2 款规定，国家工作人员在经济往来中，违反国家规定，收受各种名义的回扣、手续费，归个人所有的，以受贿论处。

所谓“回扣”，是指在商品交易中，卖方在收取的价款中扣除一部分返还给买方或者买方经办人的金钱。“手续费”是指如辛苦费、介绍费、酬劳费、活动费等多种名目费用的统称。“账外暗中”是指未在依法设立的财务账目上按照财务会计制度如实记载，一般人不容易发现。

2. 斡旋受贿（间接受贿罪）

根据《刑法》第 388 条规定，斡旋受贿罪是指国家工作人员利用本人职权或者地位形成的便利条件，通过其他国家工作人员职务上的行为，为请托人谋取不正当利益，索取请托人财物或者收受请托人财物的行为。斡旋受贿罪具有如下几个特点：

第一，行为人不是利用本人的职权或地位，而是利用与其具有某种关系的其他国家工作人员职务上的行为。

第二，《刑法》第 388 条规定的“利用本人职权或者地位形成的便利条件”，是指行为人与被其利用的国家工作人员之间要么具有职务上直接的隶属、制约关系，要么是本人职权或者地位对其产生影响和与其有一定的工作联系。无论是直接利用还是间接利用了职务上的便利，都仅限于利用现任职务便利这一种情况，而不包括将任职务和曾任职务受贿。

第三，必须是为请托人谋取了不正当利益。所谓谋取不正当利益，是指谋取违反法律、法规、国家政策和国务院各部门规章规定的利益，以及要求国家工作人员或者有关单位提供违反法律、法规、国家政策和国务院各部门规章规定的帮助或方便条件。本罪属于结果犯，行为人必须事实上索取或者非法收受了他人财物，并且数额较大或者情节较重的，才能构成犯罪。

二、受贿罪犯罪故意的认定

根据《刑法》第385条规定，受贿罪的构成要求行为人要有受贿的故意，这是对行为人追究刑事责任的前提和基础。所谓受贿的故意，是指行为人明知自己的行为会发生权钱交易、侵害国家工作人员职务廉洁性及他人财产所有权的行为，并且希望或放任这种结果发生的一种心理态度。

根据《关于办理贪污贿赂刑事案件适用法律若干问题的解释》第16条第2款的规定，特定关系人索取、收受他人财物，国家工作人员知道后未退还或者上交的，应当认定国家工作人员具有受贿故意。本着主客观相一致的原则，该行为能否认定国家工作人员构成受贿犯罪，关键看其对收受财物一事是否知情及知情后的态度。如果行为人当时并不知道其近亲属或情妇等特定关系人收受他人财物，但是事后知道后并没有及时上交的，属于默认了其受贿罪的共同犯罪，这其实就属于“应知”。由于贪污贿赂犯罪人的主观心理要素很难查清楚，对此，《联合国反腐败公约》第28条规定，“根据本公约确立的犯罪所需要具备的明知、故意或者目的等要素，可以根据实际情况予以推定。”据此，《联合国反腐败公约》所规定的关于腐败犯罪的主观要件的明知、故意或者目的的证明可以采用推定的方式进行。《联合国反腐败公约》如此规定的原因在于：其一，腐败犯罪主观要件本身难以证明，因为人犯罪时的心理态度不像犯罪客观要件那样，会与外界发生接触以及信息的交换，因而很少在外界留下痕迹和证据。而且腐败犯罪往往是发生在个人之间一种较为隐蔽的权钱交易，双方均获得相应的好处，因而行为人对犯罪行为及结果的明知、故意和犯罪目的等就更难查明。其二，各国严厉打击腐败犯罪的刑事政策。法律上的推定，常常被用来表达立法者所倡导的某种价值取向，实施立法者所提出的某种社会政策。近年来，腐败犯罪已成为破坏民主体制和价值观、道德观与正义并危害着可持续发展和法治的一颗毒瘤，因此，许多国家以推定的方式降低证明标准、减轻控方的证明责任，以体现严厉打击腐败犯罪的刑事政策。[①]

《联合国反腐败公约》规定的对腐败犯罪主观故意的明知、目的的认定采用推定的方式，这不仅仅扩大了受贿罪的构罪范围，最主要的是减轻了检察机关的证明责任，具有刑事诉讼法的意义。也就是说，如果国家工作人员的特定关系人非法收受他人财物的事实确已查证属实，只要其本人不能证明其确实不知情，即可推定其明知而认定为犯罪。

另外，根据《关于办理贪污贿赂刑事案件适用法律若干问题的解释》第16条规定，国家工作人员出于贪污、受贿的故意，非法占有公共财物、收受他人财物之后，将赃款赃物用于单位公务支出或者社会捐赠的，不影响贪污罪、受贿罪的认定，但量刑时可以酌情考虑。这是国家工作人员为了逃避处罚而将赃款赃物用于单位公务支出或者社会捐赠，以减少其涉案的财产，进而减轻责任的一种逃避处罚的方式。

三、新型受贿罪刑事责任的认定

随着社会经济的发展，贿赂犯罪的手段和方式也越来越隐蔽。根据2014年“透明国际”发布的对全球175个国家和地区廉政指数[②]的报告显示，中国得分36，排名第100，因此在世界范围内的廉政状况是比较差的。究其原因，主要有以下三个方面：（1）应让老百姓知道更多政府预算的情况（信息公开）；（2）公职人员的

---

① 杨宇冠、吴高庆主编：《〈联合国反腐败公约〉解读》，中国人民公安大学出版社2004年版，第197页。

② 全球廉政指数是由“透明国际”（Transparency International，TI，全球著名非营利性反腐败组织），自1995年起每年都发布《全球腐败年度报告》，公布世界各地企业界及民众对当地贪污情况观感，所整合出来的指数。这个指数衡量的是公众对腐败的感觉程度，而不是实际的腐败程度，因大多数腐败案件并不公开。评分为1～100，分数越低越腐败，分数越高越清廉。

财产公示应更加透明；（3）政府应规定公开公司的幕后利益持有者身份。当前，中国的腐败犯罪主要发生在经济领域，公司为了谋取竞争优势，获取巨额的经济利益，会想方设法地拉拢、腐蚀公职人员，通过各种更为隐蔽的方式输送利益，贿赂公职人员。下面这几种都是当前贿赂犯罪行为的新形式：

（一）以交易形式收受贿赂行为的认定

国家工作人员利用职务上的便利为请托人谋取非法利益，以下列形式收受请托人的财物的，以受贿罪论处：（1）以明显低于市场的价格向请托人购买房屋、汽车等物品的；（2）以明显高于市场的价格向请托人出售房屋、汽车等用品的；（3）以其他交易形式非法收受请托人财物的。受贿的数额按照交易时当地市场价格与实际支付价格的差额计算。根据商品经营者事先设定的各种优惠交易条件，以优惠价格购买的，不属于受贿。

例如，李某系甲国有公司副经理，代表甲国有公司购买乙房地产公司开发的一小区两万平方米住宅。2006 年 11 月，当李某获悉乙公司正在开发一处楼盘时，找到乙公司负责人，提出要购买两套铺面房约 200 平方米，并提出应优惠按照成本价购买。乙公司负责人考虑到李某要代表甲公司购买大量商品房，经核算，该处房产成本为 2500 元/m^2，即同意以 2600 元/m^2 的价格出售给李某两套商品房（200 平方米），当时市价系 5000 元/m^2。后该处楼盘竣工，开发公司将钥匙交付给李某。但李某并未到该房产公司支付房款，而是等到房价上涨后，以 6000 元/m^2 的价格将两房出售而牟利。

李某利用职务上的便利为请托人谋取利益，以明显低于市场的价格向请托人购买房屋，其行为涉嫌受贿罪。但对其受贿数额，司法实践中存在的分歧有：

一种意见认为，房产公司同意出售给李某时该房的价格为 2600 元/m^2，当时市场价格为 5000 元，李某实际获利为 48 万元，因此，李某受贿数额为 48 万元。

另一种意见认为，以李某出售给王某的获利价格为受贿数额，即 68 万元。

根据“两高”《关于办理受贿刑事案件适用法律若干问题的解释》规定，国家工作人员利用职务上的便利为请托人谋取利益，以明显低于市场的价格向请托人购买房屋、汽车等物品的，以受贿论。同时规定：受贿数额按照交易时当地市场价格与实际支付的差额计算。本案中，李某的行为已涉嫌受贿罪，但对其犯罪数额的认定，应按交易时当地市场价格与实际支付的差额计算。因此，交易时间节点的确定，对于受贿数额的确定至关重要。认定“交易时”应区分动产与不动产。对汽车等动产，应该以双方交付之日为交易时，对于房屋等不动产，应当以双方签订合同生效之日为交易时。

本案中，乙房地产公司同意以 2600 元/m^2 的价格出售给李某两套商品房（200 平方米）时，应视为李某与乙房地产公司之间的合同成立，合同成立时该房市场价格为 5000 元/m^2，而交易价格为 2600 元/m^2，李某受贿数额应为 48 万元。至于交易后房屋上涨的那部分价格则不属于受贿的数额，应当作为犯罪违法所得予以追缴。

（二）以借款为名索取或者非法收受财物行为的认定

国家工作人员利用职务上的便利，以借为名向他人索取财物，或者非法收受财物为他人谋取利益的，应当认定为受贿。具体认定时，不能仅看是否有书面借款手续，应当综合各种因素加以判定：（1）双方平时关系如何、有无经济往来；（2）有无正当、合理的借款事由；（3）款项的去向；（4）出借方是否要求国家工作人员利用职务上的便利为其谋取非法利益；（5）借款后是否有归还的行为或意思表示；（6）是否有归还的能力；（7）未归还的原因等。

（三）以委托请托人投资证券、期货或者其他委托理财的名义收受贿赂行为的认定

国家工作人员利用职务上的便利为请托人谋取利益，以委托请托人投资证券、期货或者其他委托理财的名义，未实际出资而获得“收益”，或者虽实际出资，但获取的“收益”明显高于出资应得收益的，以受贿罪论处。认定受贿数额时，看其是否交付本金，如果交付本金，利用本金投资获取的利益应视为合法收入，不应作为贿赂。如果行为人没有交付本金，是利用他人提供的本金投资，然后将投资收益的一部分作为本金归还投资人的，受贿数额应为除去交给投资人本金后的所有余额。因为行为人并没有实际出资却获得了利益，这些利益是其利用职权为投资人谋取非法利益的对价，所以，应当视为贿赂的实际数额。

（四）收受干股行为的认定

干股是指本人未出资而获得的他人公司的股份。国家工作人员利用职务上的便利为请托人谋取利益，收受请托人提供的干股的，以受贿论处。对于进行了股权转让登记，或者有相关证据证明股份发生了实际转让的，受贿数额按发生转让行为时股份价值计算，所分红利按受贿孳息处理。同时需要区分公司的不同性质来确定股份转让时的价值。如果是有限责任公司，其股份价值应当为发生转让行为时该干股占公司总股份的比例乘以公司净资产额。如果是上市公司的股份，能够确定发生转让行为时该股票成交价的，以该成交价格计算；不能确定的，以转让行为当天股票在证券市场上的平均价格计算。股份未实际转让，以股份分红名义获取利益的，实际获利数额应当认定为受贿数额。对于购买股份的权利，即股份期权，由于行为人要获得股份还必须支付对价，股份期权不能通过交易直接转换为财物，收受股份期权不能像收受股份一样成为受贿行为。

（五）以开办公司等合作投资名义收受贿赂的认定

国家工作人员利用职务上的便利为请托人谋取利益，以合作开办公司或者其他合作投资的名义，本人及其亲属并没有实际出资和参与经营、管理，却可以获取“利润”或参与分红。这是近年来经常出现的新的受贿犯罪形式之一。对于实践中出现的请托人垫付资金的情形，必须分清垫资及还款的具体情况来分析是否构成受贿。如果国家工作人员与请托人有着真实借贷关系，愿意承担对请托人的还款义务，愿意承担合作投资产生的风险（收益或亏损），与请托人有着明确投资意向并且垫资用于该项投资业务的，不能认定为受贿。

对于国家工作人员是否参与合作投资经营管理的认定，可从国家工作人员是否了解掌握合作投资项目经营状况、与请托人及其他投资人联系程度如何、是否参与投资项目商议及提出相关发展建议和意见、在投资项目中是否承担相应职能分工、是否参与公司管理和经营运作、是否完成分工范围内事项等方面综合予以考虑。

“出资应得收益”的数额大小是认定委托理财型受贿的关键。“出资应得收益”是请托人收取国家工作人员实际投资后进行理财操作的实际收益，在请托人将国家工作人员的资金挪作他用时，以请托人在该阶段的理财投资收益率计算国家工作人员的应得收益。实践中，一些国家工作人员委托请托人理财时约定由其收取固定保底收益，这种保底条款违背了投资经济活动中收益结局具有不确定性的基本原则，同时也于法无据，“出资应得收益”应以请托人理财的实际收益情况计算。

例如，邱某林、李某荣出资100万元为刘某成注册成立了峰德公司，后又以虚假化纤贸易的形式向峰德公司输送资金825万元。此后，经刘某成同意邱某林用其中900万元炒股，所获600万余元系孳息，不应计入受贿数额的辩护意见，经查，证人邱某林、傅某娟、刘某成等人的证言证明，峰德公司的注册资金来源于恒逸集团，刘某成没有出资，注册成立峰德公司、虚构化纤原料贸易及买卖股票均由邱某林集团的员工进行，刘某成均未参与，峰德公司始终处于邱某林的控制之下，故以峰德公司名义开展的“经营”及炒股获利依法均不应归属刘某成；通过开展“贸易”和炒股使峰德公司获利，均系邱某林向刘某男父子输送利益的借口和手段，故应按照刘某成实际获取的钱款即1549万余元认定该笔受贿的数额。[1]

---

① （2014）廊刑初字第50号。

（六）以赌博形式收受贿赂的认定

根据“两高”《关于办理赌博刑事案件具体应用法律若干问题的解释》第7条规定，国家工作人员利用职务上的便利为请托人谋取利益，通过赌博方式收受请托人财物的，依照受贿罪认定。实践中应注意区分贿赂与赌博活动、娱乐活动的界限，主要结合以下因素进行判断：（1）赌资来源；（2）赌博的背景、场合、时间、次数；（3）其他赌博参与者有无事先通谋；（4）输赢钱物的具体情况和金额大小。

（七）特定关系人“挂名”领取薪酬的受贿行为认定

国家工作人员利用职务上的便利为请托人谋取利益，要求或者接受请托人以给特定关系人安排工作为名，使特定关系人不实际工作却获取所谓薪酬的，以受贿论处。

例如，被告人陈某宇利用担任中共上海市委副书记，上海市人民政府副市长、市长，中共上海市委书记的职务便利，于1996年12月，通过其妻黄某玲接受上海互感器厂厂长、上海MWB互感器有限公司总经理邱某清的请托，为上海互感器厂免交人民币252890元住宅建设配套费和310平方米公建配套房提供了帮助。为此，陈某宇接受邱某清关于黄某玲的人事档案放在上海MWB互感器有限公司而不实际工作并领取“薪酬”的安排。1995年9月至2006年9月，黄某玲先后从上海MWB互感器有限公司领取“薪酬”共计人民币446419.36元。① 领取“薪酬”的金额就是受贿的数额。

（八）收受物品未办理权属变更登记的能否认定为受贿

国家工作人员利用职务上的便利为请托人谋取利益，收受请托人给予的房屋、汽车等物品，未办理权属变更登记或者借用他人名

---

① 《陈良宇受贿、滥用职权判决书》，转自2009年2月15日中华人民共和国最高人民检察院公报2009年第1期出版，http：//3y. uu456. com/bp_4kec33j4gd1oirv32m8z_ 1. html。

义办理权属变更登记的，不影响受贿的认定。但是应注意受贿与借用的区分，在具体认定时，除双方交代或者书面协议之外，主要应当结合以下因素进行判断：（1）有无借用的合理事由；（2）是否实际使用；（3）借用时间的长短；（4）有无归还的条件；（5）有无归还的意思表示及行为。此类受贿的数额就是收受的汽车、房屋的价款。

（九）涉及股票受贿行为的认定

对于国家工作人员利用职务上的便利，索取或非法收受他人给予的股票，没有支付股本金，为他人谋取利益的，按照受贿罪认定。对涉及股票的受贿行为如何认定的问题，可分以下几种情况处理：第一，如果行为人收受他人给予的股票，没有支付股本金的，其受贿数额按照收受股票时的实际价格计算；第二，如果行为人支付股本金而购买较有可能升值的股票，由于不是无偿收受请托人财物，不以受贿罪论处；第三，对于股票已上市且已升值，行为人仅支付股本金，其“购买”股票时的实际价格与股本金的差价较大的，差价部分应认定为受贿金额。

（十）放贷生利型受贿行为的认定

司法实践中，国家工作人员利用职务便利为请托人谋取利益，以自己或者特定关系人名义向请托人发放贷款收取高额利息，这种放贷生利型行为体现了权钱交易的本质特征，应当作为受贿罪处理。其犯罪数额为行为人实际获取数额与国家工作人员出具借款可得预期收益即银行同期贷款利息的差额。对于借款不满 1 年（含 1 年）的以国家 1 年定期存款利率为扣除标准，超出 1 年的以 3 年定期存款利率为扣除标准，以最大限度地实现惩罚犯罪与保障人权的有机统一。另外，有人认为，一些国家工作人员为请托人谋取利益，长期无偿“借用”请托人大额资金，由于资金的使用权是有价值的，国家工作人员长期无偿使用请托人大额资金，也符合权钱交易的本质。“大额”可比照汽车的价格，至少要在 10 万元以上。同时，按国家规定的贷款基准利率标准，如果行为人占用大额资金利息达到5000元以上的，可以成立受贿。①

四、受贿罪疑难问题分析

（一）离职国家工作人员索取或收受他人财物行为的处理

离退休国家工作人员能否构成受贿罪，可分为以下几种情况处理：

（1）根据2000年7月21日最高人民法院《关于国家工作人员利用职务上的便利为他人谋取利益离退休后收受财物行为如何处理问题的批复》：国家工作人员利用职务上的便利为请托人谋取利益，并与请托人事先约定，在其离、退休后收受请托人财物，构成犯罪的，以受贿罪定罪。应当指出，这里的离退休人员构成的受贿罪是利用其退休前的职务便利，权钱交易也是在退休之前达成的。如果行为人已经退休，利用其退休前职务的影响力为其他人谋取不正当利益、收受财物的，应当按照利用影响力受贿罪定罪处罚，如果双方有共同收受贿赂的意思联络的，则按照共同受贿罪处罚。

（2）请托人给予行为人的贿赂，应当是按照离、退休人员的要求互相约定的财物，为请托人谋取利益如系行为人违背原职务之行为，则不论由于何种原因受贿未遂，都应追究责任。

（3）行为人在职期间为请托人谋取利益，但未向请托人要求或约定贿赂，而请托人在行为人离、退休后出于感谢给予财物的，按照《关于办理贪污贿赂刑事案件适用法律若干问题的解释》第13条第3项的规定：履职时未被请托，但事后基于该履职事由收受他人财物的，应当认定为“为他人谋取利益”，构成犯罪的，应当依照刑法关于受贿犯罪的规定定罪处罚，所以此种情况下，行为人应按照受贿罪处罚，因为其退休后收受的贿赂是基于其在职时利用其职权为他人谋取利益的结果。如此规定，就统一了离、退休人

① 孙应征主编：《新型贿赂犯罪疑难问题研究与司法适用》，中国检察出版社2013年版，第2页。

员在职时为他人谋取利益，离、退休后收受他人财物的行为均按照受贿罪处罚的制度，便于实践操作。若是离、退休人员被重新聘用并依法从事公务而受贿的，理所当然应按照受贿罪定罪处罚。

（二）共同受贿罪的认定

根据《刑法》第25条第1款的规定，共同犯罪是指两人以上共同故意犯罪。具体到受贿罪来说，两个以上具有国家工作人员身份的人共同利用职务便利索取或收受他人财物为他人谋取非法利益的构成受贿罪。有些情况下，非国家工作人员利用国家工作人员的职务便利索取或收受他人贿赂，由国家工作人员为行贿人谋取非法利益的行为是否构成共同受贿罪？根据最高人民法院《全国法院审理经济犯罪案件工作座谈会纪要》第5条规定，根据刑法关于共同犯罪的规定，非国家工作人员与国家工作人员勾结，伙同受贿的，应当以受贿罪的共犯追究刑事责任。非国家工作人员是否构成受贿罪共犯，取决于双方有无共同受贿的故意和行为。国家工作人员的近亲属向国家工作人员代为转达请托事项，收受请托人财物并告知该国家工作人员，或者国家工作人员明知其近亲属收受了他人财物，仍按照近亲属的要求利用职权为他人谋取利益的，对该国家工作人员应认定为受贿罪，对其近亲属以受贿罪共犯论处。近亲属以外的其他人与国家工作人员通谋，由国家工作人员利用职务上的便利为请托人谋取利益，收受请托人财物后双方共同占有的，构成受贿罪共犯。国家工作人员利用职务上的便利为他人谋取利益，并指定他人将财物送给其他人，构成犯罪的，应以受贿罪定罪处罚。①

五、“雅贿”数额认定的标准及惩防对策分析

贪污贿赂犯罪是我国刑法惩治的重点，也是反腐败的重点和难

---

① 2003年11月13日最高人民法院文件法〔2003〕167号发布《关于印发〈全国法院审理经济犯罪案件工作座谈会纪要〉的通知》第5条。

点。由于社会政治经济的发展变化，除了传统的金钱贿赂以及新型贿赂的犯罪以外，当前涌现出了大量以文物、古玩、字画等艺术品作为贿赂对象的贿赂犯罪，即雅贿。所谓雅贿，就是行为人为了谋取不正当利益，利用古玩书画等艺术品进行贿赂，把权钱交易掩盖在文人雅趣的面纱之下，使其表面上看起来更为高雅但实质上却更为隐蔽的一种贿赂形式①。雅贿作为贿赂犯罪的手段方式之一，鉴于其隐蔽性、增值性和高雅性的特点，使文物、艺术品成为我国贪官继金钱、美女之后的第三次“收藏热”，是继权钱交易、权色交易之后腐败的新变种——权艺交易，即权力与文物艺术品的交易。权艺交易作为贪官尤其是位高权重，又有特殊爱好如喜爱书法、绘画、摄影，或者喜欢收藏古玩、玉石、瓷器等“雅好”的官员们腐败的最主要表现形式，也是腐败的“重灾区”，所以，打击雅贿是惩治和预防此类犯罪的最主要及最有效的方式。由于我国刑法规定的贪污贿赂犯罪的定罪量刑标准是“犯罪数额”或者是“犯罪数额加犯罪情节”的模式，雅贿数额大小直接决定了行为人刑事责任的轻重。

但是鉴于当前我国实践中对雅贿的认定困难，或者说雅贿的数额大小并没有引起反贪侦查人员足够的重视，究其原因，一方面是由于我国司法实践历来秉持着重定罪、轻量刑的司法理念；另一方面是由于古玩艺术品市场混乱，鱼目混珠、真假难辨；另外我国司法鉴定机构中没有专门鉴定文物艺术品价格或价值的机构或组织；更为纠结的是司法实践中对文物艺术品价值价格认定的标准也存在分歧：究竟是按照鉴定价格认定，还是应当按照行贿人实际支付的金钱数额认定，抑或应当按照艺术品标注的数额或者说是受贿者收受的数额认定，众说纷纭，莫衷一是。司法实践中，法官的判决也没有一个统一的标准，随意性较大，按照上述三种情况判决的判例

① 马文红：《揭开“雅贿”犯罪的面纱》，载《法律与生活》2013 年第 8 期。

都发生过，这对于审判的统一性和刑罚的公正性是极为不利的。笔者认为对雅贿数额的认定既不能一概按照鉴定的数额认定，也不能一概按照行贿人实际支付的数额认定，而是要在罪责刑相适应原则的指导下，按照主客观相统一的原则确定雅贿的认定标准和数额，既不放纵犯罪，又不冤枉无辜、侵犯人权。

当前学界对雅贿的研究主要集中在探讨雅贿的行为方式及其危害性上，也有实务专家谈及雅贿的认定标准，但是由于没有相关的法律或司法解释的指导和约束，致使实务中的判决也是因人因案而异，没有权威的认定标准和模式，笔者对此问题进行探讨，以寻求认定雅贿数额的最合理的模式及标准。另外，雅贿之所以能够在当前高压反腐下依旧悄然进行，除了由于自身的隐蔽不易被发觉、保值增值、易于逃避处罚以外，我国目前对于雅贿惩治措施的消极滞后也是雅贿愈演愈烈的主要原因，本部分将对这些问题逐步进行分析探讨。

（一）雅贿的发展演变及其危害

雅贿自古以来就是官场内部的“高级润滑剂”，只不过在古代用的是“媚赂”一词，“雅贿”这一称呼是近几年才开始使用的。“雅贿”有案可稽的开端来源于《史记》记载的周文王姬昌因对商纣的荒淫享乐不满而被纣王囚禁时，一个叫闳夭的人用金银珠宝、良马、美女等通过纣王的宠臣费仲去贿赂纣王以便救出姬昌，纣王收受这些贿赂后不仅释放了姬昌回其封地，而且对其倍加信任，[①]至此周文王姬昌才有机会招兵买马，招纳贤才姜尚，并最终灭商纣王、建立周朝。

到了明代，当时的书画既是艺术品又可以充当俸银在市场上流通，所以作为“雅贿”的古玩字画便成为官场交际的利器。明朝嘉靖时的权臣严嵩，在历史上臭名昭著，虽其贪污的金银数目总量远远赶不上一些口碑很好的明代官员，但他收藏了大量的艺术品，

① 《雅贿古与今》，载《收藏·拍卖》2015 年第 4 期。

其中既有墨刻法贴，也有古今名画手卷，其中大部分都是下级所赠。清朝乾隆皇帝时期的和珅也素爱收集古玩字画，他收集字画的目的除了自身喜好以外，更重要的是迎合具有同样“雅好”的乾隆皇帝，所以和珅深得乾隆皇帝的喜爱。

在当前高压反腐的态势下，“雅贿”已经成了贪官们隐性腐败的最主要表现形式。越来越多的人避开赤裸裸的权钱交易，转而以玉石字画、文物、古董作为贿赂的对象，或者是根据当权者的兴趣爱好，奉上学历、文凭、著作及各种荣誉称号，如书画家协会会长、名誉教授等，或者请领导题字题词，送上丰厚的“润笔费”，用上述看起来高雅的行为掩盖真实的权钱交易的本质。雅贿的危害性比起普通的贿赂犯罪有过之而无不及。有记者统计的 32 起贿赂案件中，其中 27 人曾收受字画，如浙江杭州原副市长许某被查后，家中搜出了齐白石、潘天寿等名家真迹。江苏常州市委原常委孙某受贿 80 万多元，光字画的价值就达 52 万多元。浙江丽水市建设局原副局长邹某则在家中挖了个专门用来存放受贿的古瓷、古玉等的“藏宝室”。苏某之妻于某则喜欢景德镇瓷器。[①]“好船者溺，好骑者堕，君子各以所好为祸。”河南省公安厅原副厅长秦某喜欢摄影，北京某影像有限公司老板曹某为了迎合秦某，累计花费 580 多万元为其摄影作品出版画册、拍摄电视纪录片、举办摄影作品展等，作为回报，秦某将云台山公司在北京、南京、上海等城市的地铁广告业务交给了曹某，曹某的公司就此获得 7600 多万元广告费。安徽省副省长倪某爱玉石，吉某送其大量玉石，倪某就能放下副省长的“架子”，和吉某一起跑环评项目审批手续，帮助其以低价购买铁矿探矿权，获得了巨大的经济利益。

与古代的“雅贿”相比，当今的“雅贿”已呈现出三大变化：

首先是“雅贿”的对象范围更广，书法、绘画作品，古玩玉

① 李天锐：《官员“雅腐”如何影响政治生态》，载《廉政瞭望》2015 年第 4 期。

石等，官员个人特殊的喜好也可能招来贿赂，如河南省公安厅原副厅长秦某、内蒙古鄂尔多斯市原副市长王某等 4 人都是因为爱好摄影，被不法商家找到了攻破其防线的软肋，使其难以拒绝，最后被拉下马，锒铛入狱。

其次是官员们多以参加与“雅好”有关的官方或民间协会并获得相关的资格证书为荣，如书画家协会会长、摄影协会会长等，如秦某想谋取中国摄协主席一职、倪某任省珠宝协会名誉会长等，他们希望通过这种社会兼职来提高自己的身份地位，造成一种博学多才的假象，或者是希望在退休后能继续利用其社会兼职的地位谋取荣誉和利益。

最后是当今官员收受“雅贿”更加直接赤裸。在清朝，有雅好的官员收受“雅贿”时多假手古玩店等中介，或低价买进行贿者放在古玩店中的真品，或高价卖出赝品到古玩店，通过复杂的中介周转以掩人耳目，而当代官员接受的雅贿多是从行贿者手里直接“笑纳”，权艺交易愈加明目张胆、简单直接。

对于大部分贪官来说，热衷收藏、搜刮古董的终极目的还是敛财聚宝，不少贪官获得价格不菲的文物字画之后，一般不敢在国内公开露面，而是寻找机会通过各种渠道将其收藏的“宝贝”悄悄走私出境，或以他人的名义送到国外拍卖公司去拍卖，或与古董商进行私下交易，这已成为我国文物流失的一个不容忽视的祸源。所以，“官员收藏热”的出现，毫无疑问使中国腐败问题再次发生了恶性变异，它不但为权钱交易提供了变相的掩护、加剧了权力腐败的变量，而且还增加了打击文物走私犯罪的难度，致使本已十分严峻的文物大量外流的局势进一步失控①，使赃物追缴和打击跨国洗钱犯罪的难度进一步加剧。

---

① 吴树：《官员收藏热与“雅贪”“雅贿”》，载《中国美术馆》2010 年第 5 期。

(二) 雅贿盛行的原因分析

权艺交易何以盛行一时，官员们尤其是位高权重的官员们缘何避开赤裸裸的权钱交易而乐于接受行贿者赠送的文物古玩字画？除了他们基本的物质需求已经满足、开始注重精神生活外，还有以下四个原因：

一是贿赂的方式隐蔽不易被人察觉。行贿人为了掩人耳目，通常假借有共同兴趣爱好的朋友名义，赠予官员价值不菲的文物、字画，除非经过鉴定，一般很难判断物品的实际价值或价格，这在认定是否具有行、受贿的主观罪过方面带来了很大的困难①。有人更是将雅贿演绎成了一种更加复杂、隐秘的交易：行贿人通过非正常渠道把一件不值钱文物或字画的赝品贴上专家或鉴定机构的"真品"鉴定书，并与拍卖行商量好拿去拍卖。行贿人让自己的熟人把这个产权确定为受贿人的赝品以真品的价格拍下来，受贿人就理所当然地获得了一大笔拍卖款，行贿人事后会把价款再支付给自己的熟人。之所以设计这么复杂的以拍卖行为中介的行、受贿的交易方式，都是为了逃避外界监督、逃避法律的制裁和打击②。

二是行贿者及受贿者双方的罪恶感降低。人们对传统意义的权钱交易、权色交易、权权交易等腐败行为深恶痛绝，却容易认为雅贿仅仅是一种高雅、有品位的兴趣和爱好，和传统的腐败相去甚远。另外行贿者认为给有不同喜好的领导送书画、古玩、玉石等只是为了得到领导的认同和好感，改善与领导的关系，不同于传统的行贿。这种心理上掩耳盗铃的错觉让行贿者降低了罪恶感。对受贿者来说，他们大多是通晓法纪的高智商人才，收受他人财物时也忐忑不安，但古玩字画常常能够满足受贿者对贿赂物品的各种欲望，

---

① 杜博文：《警惕贿赂犯罪的新形式——雅贿》，载《法制博览》2015年第8期（中）。

② 朱中原：《"雅贿"潜规则》，载《决策探索》2010年第10期。

如能够保值增值、安全隐蔽、收藏和精神需要等[①]。其收受雅贿时甚至认为这是为了提高自己的艺术鉴赏力，为了追求更高雅的艺术，相对于金钱、房屋、汽车等贿赂物品，贪官收受雅贿时的罪恶感明显较低，认为能够逃避处罚的侥幸心理明显增加。

三是雅贿便于隐瞒个人财产。由于我国完善各项法律制度加大了反腐败的力度，认真推行公务员个人财产申报制度和个人存款实名制，致使公职人员收受现金的风险加大，受贿者收受大额现金后不敢把钱直接存入银行，也不敢以个人及家庭成员的名义投资办企业或购置房产，于是便倾向于收受便于隐藏、不易暴露但价值不菲的文物艺术品。虽然我国 2001 年《关于省部级现职领导干部报告家庭财产的规定（试行）》第 5 条已经在领导干部应当申报的各项家庭财产中明确规定：单件（套）价值 10000 元人民币以上的贵重物品以及名人字画、古董应当如实报告[②]，但是，由于我国的财产申报制度没有落到实处，没有把领导干部家中的文物、字画、奇石、古董等作为个人财产加以登记或追查来源[③]，所以这种规定也是形同虚设。这就不难理解为何搜查时会在领导干部家里搜查出堆成小山似的古董及名人字画了。

四是雅贿容易逃脱法律的制裁。由于艺术作品的来源难以查明、真假难辨，市场价值也不稳定，在查处的部分贪污贿赂犯罪案件中，犯罪数额的认定除来源清楚明确且数额较大的会计入受贿数额外，大多查不清来源的字画、工艺品等都不再计入受贿数额，至多是按照巨额财产来源不明罪认定。由于巨额财产来源不明罪相比

---

① 朱中原：《“雅贿”与中国贪官的三次“收藏热”》，载《记者观察》2014 年第 8 期。

② 2001 年 6 月 15 日《关于省部级现职领导干部报告家庭财产的规定（试行）》第 5 条第 6 项、第 7 项。

③ 刘玉萍：《透视贪官敛财的新方式——“雅贪”“雅贿”》，载《科技信息（学术研究）》2008 年第 1 期。

受贿罪来说要轻很多，而且数罪并罚时还要按照限制加重原则选择适当的刑期，所以，巨额财产来源不明罪几乎成了贪官们避重就轻的护身符，这就不难理解为何有些贪官的受贿数额只有几十万元，而来源不明的巨额财产则有几千万元了。

（三）雅贿认定难的症结分析

虽然明知雅贿的危害性很大，应当严厉打击，但是由于雅贿艺术品真伪难辨，加上我国对此类贿赂鉴定标准的差异，致使对雅贿犯罪的证据收集和定罪量刑上都存在重重困难。

1. 雅贿物品调查取证难

由于当前公务员法规定官员不得收取古玩字画等贵重物品，因此有相当一部分官员为了逃避处罚，在收受雅贿时通常委托亲友代为收藏和保管，本人并不直接出面，而后为了隐瞒和掩饰贿赂物品的真实来源，又以开办书画、艺术品交易公司的形式进行洗钱，这更增加了查处的难度。另外，目前书画艺术品市场较为混乱，投资者目的各异，有的是基于自身的爱好购买收藏的，他们之间会相互赠送或者交换自己收藏的艺术品；有的是为了炒作、投资挣钱；也有专门买了送给别人的。所以，如果没有较为确凿的证据证明官员收受的艺术品是其为他人谋取不正当利益的回报，要想认定收受的艺术品就是贿赂的确存在一定的困难。但是根据犯罪的因果关系原理，认定收受他人给予艺术品的行为属于朋友间基于友情的合法馈赠还是收受贿赂时，主要看他们之间是否有利益交换，因为贿赂犯罪作为一种以职权为中心的交易型犯罪，本质上属于“权力寻租”[①]，是一种权力和利益的相互交换，受贿者的行为是否构成犯罪，关键在于其收受财物行为与其已经实施的、正在实施的、将要

① 王鹏祥、张彦奎：《当代中国贿赂犯罪的刑法治理——以〈联合国反腐败公约〉为观照》，载《河北法学》2014年第2期。

实施的或许诺实施的职务行为之间是否具有“对价”关系[①]，如若能证明其为他人谋取利益的行为和收受的雅贿之间存在交易和对价关系，则可以认定收受该艺术品的行为就是受贿犯罪[②]。

2. 古玩字画真伪难辨导致的定罪量刑难

由于雅贿犯罪中的古玩字画等文物艺术品仅从外观上难辨真伪，容易把赝品当成真品出售，犯罪金额难以确定。例如，重庆市司法局原党委书记、局长文强及其妻周晓亚收受赵利明一幅落款为张大千的“青绿山水”图（画名《蜀山携琴访友图》）的真伪问题，法院依法委托国家文物鉴定委员会对该图的真伪进行了鉴定，鉴定结果为赝品。经过开庭质证后，法院对该画价值364万余元未予认定。又如，检方指控北京市西城区人民法院前院长郭生贵收受三幅价值昂贵的名人字画，法院认为字画真正价值的合理怀疑无法排除，字画的真伪和价值没有统一和权威的认定标准，所以这三幅字画最终没有计算在受贿数额中。大多数情况下检察机关在起诉时只表述为收到玉石、字画多少件，而不再具体认定其数额；或者在已经查清的涉案金额较大、已经构成犯罪的情况下，不愿费时费力地去鉴定这些只会影响量刑的古玩字画，这自然影响到行为人刑事责任的轻重。

3. 雅贿的价值价格认定标准不统一导致的量刑困难

实际上，艺术品价格的大小是由多种因素决定的，除了受其美学价值影响以外，一定时代的历史文化背景、审美心理、文化传承、经济状况、市场需求以及媒体“炒作”等因素也是影响其价格的重要因素，同样的作品在不同区域和收藏家眼中价格也有差异。另外，不同时期价值也是不同的，价格也存在很大的差异，所

---

① 胡敏：《论受贿罪的主观超过要素》，载《河北法学》2009年第1期。

② 庄田：《“雅贿”之风缘何愈演愈烈》，载《海南人大》2014年第2期。

以，犯罪金额的认定标准也不统一：如果行为人以真品的价格买到了赝品，或者是行为人明知是赝品而购买，冒充真品行贿，并谋取到了非法利益的如何认定？或者是赠予时价格较低，但过几年价格上升了几十倍甚至上百倍，是按照收受贿物时的价格计算还是按照查处时的市场价格计算？对此也有不同的观点[①]。对于主要以犯罪数额大小认定行为人刑事责任的贿赂犯罪来说，这又直接影响了行为人刑罚的轻重。

（四）我国惩治和预防“雅贿”的对策

权艺交易作为权钱交易发展的另一种形态，它的普遍性和隐蔽性对我国全面深入反腐无疑是个巨大的挑战，如何惩治和预防雅贿的泛滥与蔓延是反腐理论和实践都亟须解决的难题。笔者认为可从以下几个方面完善雅贿的惩治和预防对策：

1. 设立专门的文物字画鉴定机构，统一“雅贿”的司法认定标准

实践中，行贿者和受贿者对艺术品价值判断标准并不统一，行贿人根据受贿人的喜好送一些文物艺术品时，有时会明码标价，而大多数情况下则没有标价，行、受贿双方会在心里对贿赂物品有各自的估价，若估价不一致，对于受贿人犯罪主观方面的认定就是一个难题。司法实践中，有的受贿者以其并不知晓贿赂物品的真正价值，不具有主观上的受贿故意而进行免责抗辩[②]。由于文物艺术品的真伪及价格通常需要经过鉴定后才能确定，但是目前司法部的司法鉴定项目中并不包括对文物艺术品的司法鉴定，当前能够进行价格鉴定的部门设在物价局的价格鉴定中心，而其无法实现对所有文物艺术品的价格鉴定，所以只能委托文物市场中的鉴定中心进行鉴

---

① 庄田：《“雅贿”之风缘何愈演愈烈》，载《海南人大》2014年第2期。

② 马文红：《揭开“雅贿”犯罪的面纱》，载《法律与生活》2013年第8期。

定，而市场中的文物艺术品鉴定机构又难以满足刑事诉讼法对证据来源的合法性、权威性要求，因此，我国可以针对雅贿物品犯罪数额认定标准不统一，以及文物艺术品鉴定程序复杂、价格评估随意性大的特点，由司法部组建成立专门鉴定古玩字画真伪及价值的机构，并规定相应的程序，统一各类文物艺术品的数额标准。

2. 完善相关司法解释以明确雅贿的数额认定标准

由于我国刑法对贪污贿赂犯罪采取“犯罪数额”以及“犯罪数额与犯罪情节相结合”的定罪量刑模式，因此，财物价值的大小是决定刑罚轻重的最重要因素。对行为人收受的赃物，要首先将其折算成等值货币，再以所有赃物数额的大小来选择合适的量刑幅度。由于财物的价值认定是一个主观判断和客观鉴定的过程，所以有时候检察机关和审判机关对涉案文物艺术品数额的大小认定不一致，这就使涉及文物艺术品受贿犯罪的量刑成为一个棘手的问题①。实践中，对雅贿物品数额大小的认定通常是按照鉴定价格，这样虽然可以统一认定标准、减少不必要的麻烦，但是所有案件一律按照鉴定价格来认定，其缺陷也是显而易见的：

首先，如果不考虑行受贿双方的主观认知情况，一律按照鉴定价格认定难免会出现有违罪责刑相适应原则的情况。

① 马文红：《揭开“雅贿”犯罪的面纱》，载《法律与生活》2013 年第 8 期。

例如，[①] 对于王某受贿物品的数额是按照购买价 63800 元计算还是鉴定后的价格 10900 元计算，产生了分歧：一种观点认为应当按照文物鉴定部门鉴定的价格计算；另一种观点认为应当按照购买时的价格即 63800 元计算，因为这是双方都明知的价格，也是行贿人实际支付的数额[②]。

究竟按照哪种数额认定才最符合司法的本意，最能实现刑罚的目的？笔者赞同第二种观点，根据最高人民法院、最高人民检察院《关于办理贪污贿赂刑事案件适用法律若干问题的解释》第 20 条规定的贿赂犯罪中的“财物”，既包括货币、物品，也包括财产性利益。财产性利益包括可以折算为货币的物质利益以及需要支付货币的其他利益，犯罪数额的大小以实际支付或者应当支付的金额计算。同样，受贿物品如果是具有财产价值或财产属性的财物，计算数额时也不能一概以鉴定的价格认定，因为如果不考察行、受贿双方的主观罪过情况，就容易陷入“客观归罪”的境地；同样，如果仅考虑行、受贿双方主观判断而不考虑雅贿物品的实际价值，又

---

① 江苏省南京市纪委案件审理室：《如何认定王某受贿数额》，载《中国纪检监察》2014 年第 9 期。王某，中共党员，2006 年 3 月至案发任 A 市环境保护局副局长，分管环境评价、排污监管等工作。应赖天生物技术有限公司法定代表人林某的请托，王某在环境影响评价、项目申报、排污监管等方面为其谋取利益。2007 年 12 月，王某在北京开会期间，林某专程去北京宴请王某，饭后陪王某到北京某古玩市场。王某和林某一起对看中的物品讨价还价，最后由林某出资共花费 63800 元买下王某选中的三件物品：明清瓷器一个，购买价 18000 元；和田玉雕一块，购买价 26000 元；古木雕一对，购买价 19800 元。待王某从北京返回本市后，林某将上述物品连同发票一并送给了王某。案发后，王某、林某二人对上述事实均供认不讳，但在对林某送给王某的三件物品进行鉴定时发现，三件物品的鉴定价格合计为 10900 元，其中明清瓷器鉴定价为 1800 元，和田玉雕鉴定价为 3300 元，古木雕鉴定价为 5800 元。

② 江苏省南京市纪委案件审理室：《如何认定王某受贿数额》，载《中国纪检监察》2014 年第 9 期。

容易导致“主观归罪”，无论是主观归罪还是客观归罪，对当事人而言都可能导致不公正的刑罚。所以，司法实践中绝不能简单地将司法鉴定价格直接认定为行贿、受贿的犯罪数额，即使鉴定价格正确也只能反映物品的客观实际价值，而不能反映行贿人受贿人双方的主观故意内容，确定雅贿物品的数额大小应当综合考察行贿、受贿双方的主观认识内容、供述情况以及受贿物品的实际价值的大小。

其次，实践中的案件形形色色千差万别，而且玉石的价格逐年飙升，购买时价格较低，几年后价格翻了多倍，此时若按照鉴定价格对受贿者勉强可以认定，但是对行贿者也按照鉴定价格认定实属不公，但若是对行贿人按照购买时实际支付的数额认定，而对受贿者按照鉴定价格认定，行贿罪与受贿罪作为对行犯，在犯罪数额的认定上应该是统一的，如此分别认定数额实为不妥。

例如，张某为谋取不正当利益送给某局长赵某一块价值 5 万元的玉石，但为了提高贿赂的金额，就让售货员将玉石价格打上 10 万元的标志，赵某不懂玉石，所以将玉石作为价值 10 万元贵重物品收下。案发后，这块玉石经鉴定价值是 8 万元，此时，应当如何认定该玉石的价格？此时是按照鉴定的 8 万元计算，还是 5 万元抑或 10 万元计算？这在司法实践中存在分歧：

一种意见认为，应该按照标识的 10 万元认定赵某受贿的金额。因为赵某明知是价值 10 万元的玉石还予以收受，表明其有收受 10 万元的故意，实际上也收到了标价为 10 万元的玉石，按照主客观相统一的刑事责任原理，对赵某应当按照受贿 10 万元来认定。

另一种意见认为，应当按照张某实际支付的是 5 万元认定。因为张某为了谋取不正当利益在给赵某行贿时，明知是价值 5 万元玉石还给予，具有行贿的故意和行为，鉴于张某实际支付的数额是 5 万元，所以在认定张某的刑事责任时应当按照 5 万元来认定。

还有一种意见认为，应当按照鉴定的 8 万元认定，由于行贿罪和受贿罪是对行犯，行、受贿的数额应当在双方都认可的情况下才能认定，当数额不一致时，应当按照鉴定数额认定比较合适。

上述三种观点都有一定的合理性，但是司法判决具有唯一性，所以对这一玉石价格，笔者认为应当按照5万元认定比较合理。因为行贿人实际支付的是5万元，受贿人收受的也是5万元，对行犯的数额认定具有一致性，另从有利于被告的观点出发，也应当按照5万元认定。

总之，对雅贿物品的数额认定，要考虑两个因素，一是要遵守罪责刑相适应原则的要求，二是要遵循有利于被告的原则。所以，数额认定要遵循的原则如下：

第一，若有购买时的原始发票等证据时，则按购买时的价格认定，若没有则按照鉴定价格认定。

第二，如果购买时价格较高，而鉴定价格较低时，一般按照鉴定价格来认定，但是如果行受贿双方对购买时的价格知情，按照鉴定价格认定又违反罪责刑相适应原则时，则应当按照购买时的价格认定。

第三，如果收受者以为附有真品的价格标签或专家鉴定书的赝品是真品而收受，但行贿者明知是赝品的情况下，贿赂物品的价格如何认定？由于文物艺术品只有确为真品才有价值、才能构成贿赂犯罪的客体；若为赝品，则要看其本身是否有价值，若无任何价值，尽管受贿者有受贿的意图，但因犯罪对象无法满足其受贿需求，即贿赂的对象无价值则不构成犯罪；若赝品也有价值只是价值较低，如果行贿人有原始购买发票证明雅贿物品价格，则按照购买时的价格认定，若无原始购买发票证明，则按照鉴定价格认定雅贿物品的价格。①

3. 完善国家公职人员财产申报制度

目前我国针对国家工作人员的财产申报制度仅仅要求国家工作

---

① 刘伟丽：《“雅贿”数额认定的标准及惩防对策分析》，载《河北法学》2016年第9期。

人员对个人财产收入进行申报，而且仅限于有形财产，对于国家工作人员的配偶、子女等家庭财产则无申报要求，而且对于申报内容的真实性缺少监督和检查，致使每年的财产申报形同虚设，发挥不了监督官员财产状况的作用。因此，应完善当前的财产申报制度，要求财产申报不仅包括官员本人的财产，还应当包括官员的配偶、子女等直系亲属的财产申报，并扩充财产申报的主体和财产种类，应当包括各种珠宝、书画艺术品、债权、股票期货等，将官员的家庭财产予以公开便于人民群众的监督，从新加坡、中国香港地区等国家和地区的反腐败经验来看，这是有效遏制包括“雅贿”在内的腐败现象发生的最有效措施①。公示公职人员的家庭财产可从新被列为后备干部的官员、新被提拔的官员入手，或许这样可以减少来自更高级别权贵们的阻碍，进而推动公职人员财产公示制度的真正实施。这或许是官员财产申报内容定期公示的突破口，也是我国加大反腐力度、健全反腐制度、消灭“雅贿”等腐败行为的第一步②。这说明我国一方面严格落实财产申报制度，加大抽查核实力度，加大对个人有关事项报告制度的执行力度；另一方面广泛发动群众，使群众在监督公职人员家庭财产合法性上发挥较大的作用，逐步构建监管的“天罗地网”，真正发挥财产申报制度在预防腐败方面的巨大作用。根据全球反腐败国家清廉度的调查报告显示，新加坡、中国香港地区等腐败清廉度较高的国家和地区，无一例外地都将公职人员财产申报制度做得最公开、最透明。所以，我国逐步加大对各级公务员个人财产及家庭财产公开的范围和广度，将会使我国反腐败的成效更为显著。

---

① 邱春艳：《惩治“雅贿”，法律真的无可奈何吗》，载《检察日报》2013 年 2 月 27 日第 4 版。

② 朱中原：《“雅贿”与中国贪官的三次“收藏热”》，载《记者观察》2014 年第 8 期。

六、受贿罪的刑罚问题

（一）犯罪数额和情节

根据《刑法修正案（九）》以及《关于办理贪污贿赂刑事案件适用法律若干问题的解释》的规定，受贿罪的量刑标准和情节较 1997 年刑法有了很大的变化。

《关于办理贪污贿赂刑事案件适用法律若干问题的解释》第 1 条至第 3 条规定了受贿罪的三档法定刑的具体适用标准。根据这三条规定，受贿罪“数额较大”“数额巨大”“数额特别巨大”的具体数额标准分别是 3 万元以上、20 万元以上、300 万元以上，相较于 1997 年刑法的 5000 元以上、5 万元以上及 10 万元以上三个数额标准有了很大的提高。《刑法修正案（九）》和《关于办理贪污贿赂刑事案件适用法律若干问题的解释》改变了单纯“计赃论罚”的做法，采取了“数额标准+从重情节”的双重标准确定行为人的刑罚，突出其他情节在定罪量刑中的作用。受贿犯罪数额在“1 万元以上不满 3 万元”“10 万元以上不满 20 万元”“150 万元以上不满 300 万元”，同时具有第 1 条第 2 款、第 3 款规定从重处罚情形之一的，应当认定为具有“较重情节”“严重情节”“特别严重情节”。

需要特别指出的是，将受贿罪起点数额提高到 3 万元，并不意味着数额低于 3 万元的受贿行为就一概不能作为犯罪处理。具有下列情形，数额达到 1 万元的，也有可能构成犯罪：（1）多次索贿的；（2）曾因受贿受过党纪、行政处分的；（3）为他人谋取不正当利益，致使公共财产、国家和人民利益遭受损失的；（4）为他人谋取职务提拔、调整的；（5）赃款赃物用于非法活动的；（6）拒不交代赃款赃物去向或者拒不配合追缴工作，致使无法追缴的；（7）曾因故意犯罪受过刑事追究的；（8）造成恶劣影响或者其他严重后果的。

（二）刑罚的变化及其对司法实践的影响

《刑法修正案（九）》不仅明确规定对具有自首、立功及悔罪表现的行为人要从宽处罚，而且增加了一种新的刑罚执行方法——不得减刑、假释的终身监禁。例如，《刑法修正案（九）》第44条第3款、第4款规定："犯第一款罪，在提起公诉前如实供述自己罪行、真诚悔罪、积极退赃，避免、减少损害结果的发生，有第一项规定情形的，可以从轻、减轻或者免除处罚；有第二项、第三项规定情形的，可以从轻处罚。犯第一款罪，有第三项规定情形被判处死刑缓期执行的，人民法院根据犯罪情节等情况可以同时决定在其死刑缓期执行二年期满依法减为无期徒刑后，终身监禁，不得减刑、假释。"

这种修改，充分体现了宽严相济的刑事政策及认罪认罚从宽处罚的刑罚制度理念，我们在司法实践的判决中可以了解得更为确切。

被告人职务、姓名	受贿数额（元）	有无自首、立功悔罪、退赃情节	刑期	罚金（元）
天津消防总队原政委徐某元①	9万	有	免予刑事处罚	
体育总局拳跆中心原副主任赵某②	30万	有	3年	30万

① 《天津消防总队原政委徐豪元案改判免刑获释》，载财新网，2016年2月3日。

② 《体育总局拳跆中心副主任获刑3年　曾受贿30万元》，载中国新闻网，2015年11月28日。

续表

被告人职务、姓名	受贿数额（元）	有无自首、立功悔罪、退赃情节	刑期	罚金（元）
北京市朝阳区住建委原主任闫某①	637万	有	10年	没收个人财产30万
公安部原副部长李某生②	2198万	有	15年	没收个人全部财产
广州市原市委书记万某良③	1.1亿	有	无期徒刑	没收个人全部财产
全国人大环境与资源保护委员会原副主任委员白某培④	2.4亿	有	死缓，减刑后为不得减刑、假释的终身监禁	没收个人全部财产
国家能源局煤炭司原副司长魏某远⑤	2.1亿	有	死缓，减刑后为不得减刑、假释的终身监禁	没收个人全部财产

① 《北京朝阳住建委原主任受贿637万获刑10年》，载《新京报》2016年1月20日。

② 《李东生因受贿罪获刑15年》，载《北京晨报》2016年1月10日第1版。

③ 《广州市委原书记万庆良受贿1.1亿，一审判无期徒刑》，载腾讯新闻网，news.qq.com/a/20160930/014824.htm。

④ 徐盈雁、陈梦琪：《检察官解读："白恩培们"为何将牢底坐穿?》，载正义网，2016年10月10日，news.jcrb.com/jxsw/20161010_1653953.html。

⑤ 《国家能源局煤炭司原副司长魏鹏远一审被判死缓》，载中国新闻网www.chinanews.com/sh/2016/10-17/8033733.shtml。

通过梳理《刑法修正案（九）》及《关于办理贪污贿赂刑事案件适用法律若干问题的解释》实施以来的受贿罪判决情况可以发现一些规律，基本体现了犯罪数额在量刑中的基础作用，其次是具有自首、坦白、立功等悔罪表现和积极退赃的都可以得到从轻处罚。例如：

（1）涉案金额不满3万元，且没有其他严重情节的，不构成犯罪。（2）3万元以上至50万元，因具有自首、认罪、积极退赃情节的，基本是免予刑事处罚或者缓刑。（3）涉案金额在100万元以上1000万元以下的，具有自首或坦白、悔罪情节并积极退赃的，刑期一般是5年以上10年以下。（4）涉案金额在1000万元以上1亿元以下的，具有悔罪并积极退赃的，刑期一般是1年以上15年以下，个别会有无期徒刑。（5）涉案金额在1亿元以上2亿元以下的，一般是无期徒刑。（6）涉案金额在2亿元以上的，适用死刑缓期执行，同时适用不得减刑假释的终身监禁。

对照党的十八大以前的犯罪金额与刑罚的轻重可以看出，在2012年以前，犯罪数额在1000万以上的官员多被判处死缓，如2011年受贿1022万余元的辽宁省人大常委会原副主任宋勇被判死缓；2012年之后，犯罪数额在1000万以上不满1亿元的官员多被判处无期徒刑，如2013年受贿1223万元的山东省原副省长黄胜以及受贿1919万元的吉林省原常务副省长田学仁均被判处无期徒刑。此前司法机关对犯罪金额估计不足，在慎用死刑的大背景下，随着经济发展，贪污受贿金额不断上升，刑期有下调趋势。党的十八大后获刑的多位“老虎”受贿金额为283万元到1.3亿元，受贿千万元以上高官所获刑期主要集中在12年到15年，1亿元以上一般是无期徒刑。犯罪金额是影响量刑的基础，如果其具有主动交代办案机关尚未掌握的部分犯罪事实的自首或立功情节，或者具有坦白情节的，或者赃款赃物全部追缴、认罪悔罪的，则可从轻处罚。例如，四川省委原副书记李春城的典型案例。2016年10月12日到13日，李春城、王永春、郭永祥和蒋洁敏被密集宣判，受贿金额接近 4000 万元并非最少的李春城由于在受贿犯罪及滥用职权犯罪方面均有重大立功情节，依法予以从轻和减轻处罚，所以在四人中获刑最短，其因受贿罪获刑 12 年，加上滥用职权罪，最终数罪并罚执行有期徒刑 13 年。此外，犯罪嫌疑人、被告人的行为对社会公共利益造成的损害、对社会造成影响等因素也是影响其量刑轻重的因素之一。

受贿罪从性质上来说属于非暴力犯罪，受贿数额并不能简单等同于罪行大小，而只是其中一个指数，犯罪目的、动机，犯罪的手段、方法，有无索贿行为，赃款的去向，因犯罪对国家、社会利益造成的损害，以及社会影响大小、民众的反应等都是影响量刑的因素。此外，当数额到一定程度后，刑期不可能会无限增长。对于贪腐类案件目前的趋势是不适用死刑立即执行，且有期徒刑单一刑最高刑期一般是 15 年，然后就是无期徒刑，但无期徒刑到有期徒刑之间量刑差距较大，除非有数罪并罚的情况，否则无期徒刑之下最高刑期只能是 15 年。这样按照立法规定和实际判决结果来看，300 万元至几千万元，其刑期也是 10 年至 15 年，让人感觉受贿越多越占便宜。例如，四川省政协原主席李崇禧因受贿 1109 万余元被判处有期徒刑 12 年，在他一个多月后获刑的湖北省原副省长郭有明受贿 2379 万余元而获刑 15 年，在受贿额相差 1 倍的情况下刑期却相差不多，这样的判决还有很多，所以，建议增加有期徒刑的刑期，数罪并罚时可以采用并科的原则累计计算最终刑期，以体现犯罪数额在量刑中的实际作用，最终实现刑罚的公正。

第三节　行　贿　罪

行贿者作为收受型贿赂犯罪的造意犯，是犯罪产生的源头，要想真正遏制腐败犯罪，必须刹住行贿之风，加大对行贿人的惩处力度。我国刑法中的行贿类犯罪共有六个具体罪名：（1）对非国家工作人员行贿罪（刑法第 164 条第 1 款）；（2）对外国公职人员、国际公共组织官员行贿罪（刑法第164条第2款）；（3）行贿罪（刑法第389条）；（4）对有影响力的人行贿罪（刑法第390条之一）（5）对单位行贿罪（刑法第391条）；（6）单位行贿罪（刑法第393条）。行贿罪是其中最典型、发案率最高、危害性最大的犯罪。

一、行贿罪的概念和构成特征

根据《刑法》第389条规定："为谋取不正当利益，给予国家工作人员以财物的，是行贿罪。""在经济往来中，违反国家规定，给予国家工作人员以财物，数额较大的，或者违反国家规定，给予国家工作人员以各种名义的回扣、手续费的，以行贿论处。""因被勒索给予国家工作人员以财物，没有获得不正当利益的，不是行贿。"所以行贿罪是指行为人为了谋取不正当利益给予国家工作人员以财物，数额较大的行为。

（一）行贿罪的主体

行贿罪的犯罪主体可以由任何为谋取不正当利益给予国家工作人员财物的自然人构成。单位实施的构成单位行贿罪。

（二）行贿的客观行为表现

行贿人从某种意义上可以认为是一个"投机者"，为了获得更大的利益而想方设法地讨好能够决定其财富和命运的国家工作人员，所以，他们会利用各种时机送钱、送物，包括"逢年过节""婚丧嫁娶"，包括在经济往来中给予的各种名义的回扣、手续费等都是贿赂。行为人为了谋取不正当利益给予他人财物，如果是因被勒索给予国家工作人员以财物，并且没有获得不正当利益的，不构成行贿罪。

（三）行贿罪的客体

行贿人通过将金钱或其他有价值的财物给予国家工作人员，利用国家工作人员的职权行为谋取不正当利益，侵犯的法益就是国家工作人员公共职权的不可收买性。而其行贿工具就是"贿赂"。

2016年“两高”在《关于办理贪污贿赂刑事案件适用法律若干问题的解释》中将贿赂的“财物”明确规定为，一切具有金钱价值的物质性利益，既包括各种现行流通的货币、金银珠宝、古玩字画、房屋、汽车等，也包括具有财产利益性质的各种权利和服务，如房屋、车船等的使用权、债权、知识产权、宾馆酒店服务、旅游消费等。至于“非财产性利益”能否构成行贿罪，立法没有明确规定。如果行为人为了获得不正当利益，投其所好送给国家工作人员美色，并最终获得不正当利益的，能否以行贿罪论处？如果这类案件不涉及金钱，而国家工作人员为行贿人谋取不正当利益的行为也没有造成国家利益的重大损失，由于行贿罪的认定是以犯罪数额为基础的，所以在没有犯罪数额的情况下，即使存在利益交换也不应按照受贿罪处罚。除非能查清行贿人为了给国家工作人员提供美色而花费的金钱数额，此时就可以此数额作为行贿数额认定行贿人的刑事责任。所以，只有能够用金钱数额来计算的“贿赂”，才可能认定为行贿罪的犯罪数额。

（四）行贿罪的主观故意

行贿人犯罪时的心态是直接故意，且具有谋取不正当利益的目的。也就是行为人明知自己的行贿行为会危害国家工作人员职务的廉洁性和不可收买性，但是希望这种结果发生的心理状态。行贿的目的是谋取不正当利益。何为“不正当利益”，立法没有明确的解释，但是最高人民法院、最高人民检察院《关于办理商业贿赂刑事案件适用法律若干问题的意见》第9条规定：在行贿犯罪中，“谋取不正当利益”，是指行贿人谋取违反法律、法规、规章或者政策规定的利益，或者要求对方违反法律、法规、规章、政策、行业规范的规定提供帮助或者方便条件。在招标投标、政府采购等商业活动中，违背公平原则，给予相关人员财物以谋取竞争优势的，属于“谋取不正当利益”。如果谋取的利益是正当的，即使给予国家工作人员以财物，仍然不构成行贿罪。如果因被勒索给予国家工作人员以财物，没有获得不正当利益的，不构成行贿罪。如果行为人主动行贿，但还没有谋取到不正当利益时就案发了，按照罪刑法定原则的“法无明文规定不为罪，法无明文规定不处罚”，是不能按照行贿罪定罪处罚的。

二、行贿罪定罪量刑标准的修改和完善

（一）行贿量刑的立法规定

随着经济的发展，腐败之风盛行，腐败犯罪的犯罪数额也逐年增多，为了惩罚和预防行贿犯罪，《刑法修正案（九）》和《关于办理贪污贿赂刑事案件适用法律若干问题的解释》对行贿罪的量刑标准和从宽的标准进行了修改，并增加了罚金刑，彰显了严厉打击行贿犯罪的决心。《刑法修正案（九）》第45条将行贿罪修改为：“对犯行贿罪的，处五年以下有期徒刑或者拘役，并处罚金；因行贿谋取不正当利益，情节严重的，或者使国家利益遭受重大损失的，处五年以上十年以下有期徒刑，并处罚金；情节特别严重的，或者使国家利益遭受特别重大损失的，处十年以上有期徒刑或者无期徒刑，并处罚金或者没收财产。”“行贿人在被追诉前主动交待行贿行为的，可以从轻或者减轻处罚。其中，犯罪较轻的，对侦破重大案件起关键作用的，或者有重大立功表现的，可以减轻或者免除处罚。”与原条文相比，行贿人的出罪条件变得很苛刻，增加了从轻、减轻处罚的限制条件，立法目的是分化行、受贿人，击破其攻守同盟，降低受贿案件的侦查难度。此外，最高人民法院、最高人民检察院《关于办理贪污贿赂刑事案件适用法律若干问题的解释》第7条规定：“为谋取不正当利益，向国家工作人员行贿，数额在三万元以上的，应当依照刑法第三百九十条的规定以行贿罪追究刑事责任。行贿数额在一万元以上不满三万元，具有下列情形之一的，应当依照刑法第三百九十条的规定以行贿罪追究刑事责任：（一）向三人以上行贿的；（二）将违法所得用于行贿的；（三）通过行贿谋取职务提拔、调整的；（四）向负有食品、药品、安全生产、环境保护等监督管理职责的国家工作人员行贿，实施非

法活动的；（五）向司法工作人员行贿，影响司法公正的；（六）造成经济损失数额在五十万元以上不满一百万元的。”第 8 条规定，犯行贿罪，具有下列情形之一的，应当认定为《刑法》第 390 条第 1 款规定的“情节严重”：（1）行贿数额在 100 万元以上不满 500 万元的；（2）行贿数额在 50 万元以上不满 100 万元，并具有本解释第 7 条第 2 款第 1 项至第 5 项规定的情形之一的；（3）其他严重的情节。为谋取不正当利益，向国家工作人员行贿，造成经济损失数额在 100 万元以上不满 500 万元的，应当认定为《刑法》第 390 条第 1 款规定的“使国家利益遭受重大损失”。行贿罪的“情节特别严重”是指具有下列情形之一：（1）行贿数额在 500 万元以上的；（2）行贿数额在 250 万元以上不满 500 万元，并具有本解释第 7 条第 2 款第 1 项至第 5 项规定的情形之一的；（3）其他特别严重的情节。

（二）对行贿罪的司法裁判

案卷号	犯罪数额（元）	情节	刑期	罚金（元）
（2016）皖 0102 刑初 11 号	7.83 万	自首，初犯	有期徒刑一年，缓刑一年六个月	10 万
（2015）宣刑初字第 00289 号	14.2 万	曾因扰乱单位秩序受到行政处罚。坦白，当庭自愿认罪	有期徒刑一年四个月	10 万
（2016）晋 0424 刑初第 18 号	27.138569 万	自愿认罪，有悔罪表现	有期徒刑一年四个月，缓刑一年六个月	15 万

续表

案卷号	犯罪数额（元）	情节	刑期	罚金（元）
（2016）湘 1126 刑初 138 号	30 万	认罪，立功，悔罪、退赃	有期徒刑一年二个月，缓刑一年六个月	10 万

三、行贿罪处罚率低的现状与原因分析

（一）当前查处行贿罪的现状

行贿与受贿是相互依存的对合犯，至于哪方应当承当更重的责任，理论界一直存在争议。从伦理上说，人们容易将行贿人视为腐败的“罪魁祸首”，是“造意犯”。例如，日本学者认为，“受贿犯罪是行贿方为请求公务员的酌情处理，以获取暴利而启用人际关系赠送财物的行为。毫无疑问，在某种意义上讲，公务员也是受害人，因此，应对被收买方与收买方同等地或对后者处以比前者更严厉的刑罚”。[①] 所以有些国家刑法明确区分“主动”和“被动”腐败，行贿方被视为“主动方”，而政府官员则被视为“被动方”。行贿属于刑事犯罪，受贿却不是犯罪，除非他们犯有另外的罪行。[②] 但经济学家却倾向于认为“绝大多数商人只是就给定的环境、市场的扭曲程度和政府创造的腐败机会作出被动反应，因此，

① ［日］大谷实著：《刑事政策法学》，黎宏译，法律出版社 2002 年版，第 387 页。

② ［美］苏珊·罗斯·艾克曼著：《腐败与政府》，王江、程文浩译，新华出版社 2000 年版，第 63~64 页。

作为政府职员的受贿者应该承担腐败的责任”。[①] 所以在有些国家，对行贿罪的处理要比受贿者轻得多，还有些国家甚至不把行贿作为犯罪处理。行贿、受贿犯罪作为对合犯，两种犯罪是相互依存的。但从检察机关近年来立案查处的数字来看，二者受到刑事追究的比率严重失衡。据最高人民检察院数据统计库显示，2004 年至 2008 年，全国检察机关共立查受贿案件 45046 件 47297 人，立查行贿案件 10201 件 11699 人，二者的比例是 4.4∶1，共起诉受贿被告人 38587 人，起诉行贿被告人 5809 人，二者的比例是 6.6∶1；2009 年 9 月，最高人民检察院反贪总局公开了一组统计数字：2009 年 1 月至 6 月，全国检察机关共立案查处商业贿赂案件 6277 件 6842 人，其中，涉嫌受贿犯罪 4849 件，占立案总数的 77.25%，行贿罪 1197 件，占 19.07%；[②] 显然，司法打击的锋芒对准的是受贿者而非行贿者。那么，既然行贿罪的危害人所共知，行贿者何以极少被起诉到法院判刑？

（二）行贿者处罚率低的原因分析

1. “谋取不正当利益”的主观要件的限制

根据我国《刑法》第 389 条规定，“为谋取不正当利益，给予国家工作人员以财物的，是行贿罪。在经济往来中，违反国家规定，给予国家工作人员以财物，数额较大的，或者违反国家规定，给予国家工作人员以各种名义的回扣、手续费的，以行贿论处。因被勒索给予国家工作人员以财物，没有获得不正当利益的，不是行贿”。行贿罪的构成主观上要有谋取不正当利益的目的。这在一定程度上限缩了行贿罪的处罚范围，导致一部分为他人谋取正当利益

---

① ［德］约翰纳·伯爵·兰斯多夫著：《腐败与改革的制度经济学：理论、证据与政策》，清华大学公共管理学院廉政与治理研究中心译，中国方正出版社 2007 年版，第 140 页。

② 参见曾亚波：《“黑名单”背后的中国行贿犯罪惩治》，载《法治与社会》2010 年第 2 期。

的受贿罪没有行贿罪与之对合。[①] 设立贿赂罪的最根本目的并不只是遏制行贿受贿行为，更重要的是维护国家工作人员的工作廉洁性和公正性。而不论行贿人是否有谋取不正当利益的目的，其行为本质上都是对国家工作人员职务行为廉洁性的侵犯，也极易导致受贿行为的发生。在司法实践中，要证实一个人犯行贿罪，不仅要证实其有行贿行为的事实，还要证实其有谋取不正当利益的目的，这也导致一些人因此脱罪。

2. 实践中查处犯罪的限制

（1）侦查部门对贿赂犯罪的惩治理念。行贿罪与受贿罪的构成是相互依存的，一般情况下，两者都构成犯罪，都应当受到刑罚的处罚，但是当前我国的司法理念是以惩治国家工作人员利用职权实施的权钱交易的受贿行为为主，重点保护国家工作人员职务的廉洁性，实施行贿的国家工作人员并不是打击的重点，这就促使侦查人员为了获取受贿人受贿的事实和证据，通过对行贿人的从轻处罚换取其主动供述并揭发受贿人的犯罪事实，这样就有一部分社会危害性不大的行贿人被减轻处罚或免除处罚，进而造成当前较少行贿人被实际追究责任的状况。

（2）贿赂犯罪的隐蔽性、证据单一等特点。在实践中，贿赂犯罪的发生往往都是在受贿人的家里、办公室、车里等相对较为封闭的场所进行的，而且大多是在“一对一”的场合下交接的，即行贿人与受贿人在没有第三人的场合下进行贿赂。现在的行贿人受贿人反侦查意识越来越强，一般选择现金交易而非银行转账等容易留下证据的方式，或者是根据其兴趣爱好送些“古玩”“字画”“玉石”，甚至出钱帮助受贿人出书、开办书画展、摄影展等变相贿赂，这样案发后即使一个人肯定贿赂的存在，在另一人矢口否认，且通过传统的侦查措施不能取得其他书证的情况下，受贿人的

① 徐胜平：《行贿罪惩治如何走出困境》，载《人民检察》2012 年第 16 期。

犯罪事实往往无法认定，更达不到立案所要求的“有证据证明有犯罪事实”的条件。另外，侦查技术落后，侦查措施主要依靠讯问获得犯罪嫌疑人口供也是造成贿赂犯罪证据的查证和收集很大程度上依赖于行贿人的原因。

四、完善立法，严惩行贿者

（一）实体法的完善

从《刑法修正案（九）》对第390条行贿罪的修改来看，对行贿犯罪加大了惩处的力度，增加了罚金刑；而且对于行贿人在被追诉前主动交代行贿行为从宽的幅度和标准较之前更严格，一般的行贿人在被追诉前主动交代行贿行为的，可以从轻或者减轻处罚；只有对犯罪较轻的，且检举揭发行为对侦破重大案件起关键作用，或者有其他重大立功表现的，才可以免除处罚。如此规定，可以严格限制对行贿人免除处罚的条件。虽然上述修改在一定程度上加重了对行贿人的惩罚，但是我国关于行贿罪的立法仍有可以完善的地方：

第一，行贿人作为贿赂犯罪的造意犯，是贿赂犯罪的本源，所以理应对行贿犯罪从严处罚，或者至少应与受贿罪同等处罚。但是由于我国立法上的规定，以及司法实践中侦查能力和侦查技术的限制，侦查人员往往通过对行贿人承诺从轻处罚换取行贿人的如实供述，所以，行贿人的刑罚与受贿罪人相比要轻很多。事实上，为了遏制贿赂犯罪，打击腐败，必须加大对行贿人的处罚，做到行贿犯罪与受贿犯罪实施同等处罚。这里的同等处罚主要是指：消除两者在刑罚减免政策上的差别；消除行贿犯罪与受贿犯罪在立案标准上的差异；将受贿罪以外的其他几个受贿罪名（如利用影响力受贿罪、非国家工作人员受贿罪）设置与行贿犯罪相同的刑罚；待将来时机成熟时，废除受贿罪的死刑，最终消除受贿犯罪与行贿犯罪刑罚之间的“生死之别”，真正实现行贿罪和受贿罪的同等处罚。[①]

第二，扩大行贿罪的行为方式，除了“实际给予”外，将“许诺给予”“提议给予”的行为规定为行贿罪的行为方式。根据《联合国反腐败公约》第15条规定，“任何人为了使该公职人员在执行公务时作为或者不作为，而直接或间接向公职人员许诺给予、提议给予或者实际给予该公职人员本人或者其他人员或实体不正当好处，即可构成向公职人员行贿罪”。该罪是行为犯，只要有许诺给予、提议给予或者实际给予该公职人员本人或者其他人员或实体不正当好处的行为即可构成犯罪，而不要求实际谋取到不正当利益。我国《刑法》第389条规定，为谋取不正当利益，给予国家工作人员以财物的，是行贿罪。此处的“行贿”仅限于实际给予贿赂，对于那些已经谋取到不正当利益而没有来得及给予工作人员财物即案发的，则不构成行贿罪。行贿人提议或许诺给予的财物是谋取不正当利益的对价，也是对国家工作人员职务行为廉洁性的侵犯，当然应当受到刑罚的处罚，如“事后受贿”就是在得到他人许诺给予财物后为他人谋取不正当利益的行为，所以将“行贿的时间”扩大为“实际给予”“许诺给予”“提议给予”，这样不仅可以将预防行贿犯罪的防线前移，还可以从源头上打击贿赂犯罪。[②]

正如贝卡里亚所说，“对于犯罪最强有力的约束力量不是刑罚的严酷性，而是刑罚的必定性，这种必定性要求司法官员谨守职责，法官铁面无私、严肃认真……即使刑罚是有节制的，它的确定性也比联系着一线不受处罚希望的可怕刑罚所造成的恐惧更令人印

① 刘仁文主编：《中国贪污贿赂犯罪的刑法规制》，Springer国际出版集团2015年版，第99页。

② 刘仁文、黄云波：《行贿犯罪中的“给予”应改为“提议给予、许诺给予和实际给予”》，载《人民法院报》2014年6月18日第6版。

象深刻。因为，即便是最小的恶果，一旦成了确定的，就总令人心悸”。[①] 加大对行贿人的处罚，可以更好地预防行贿人犯罪，进而可以减少贿赂犯罪的发生。

第三，将行贿罪从结果犯改为行为犯。我国刑法以及最高人民法院、最高人民检察院《关于办理贪污贿赂刑事案件适用法律若干问题的解释》第 7 条规定：“为谋取不正当利益，向国家工作人员行贿，数额在三万元以上的，应当依照刑法第三百九十条的规定以行贿罪追究刑事责任。”从犯罪构成的表述可以看出，只要行为人为了谋取不正当利益而给予他人以财物的，即可构成行贿罪，但是在司法实践中，对行贿人追究刑事责任除了要给予他人数额较大的财物以外，还必须实际谋取到不正当利益才构成犯罪，如果仅仅给予了财物而没有谋取到不正当利益，或者仅仅谋取了不正当利益还没有给予他人以财物的，都不构成行贿罪，这种认定行贿罪犯罪既遂要以实际谋取到不正当利益的结果发生为标准的模式，人为地缩小了行贿罪的打击范围，放纵了犯罪。建议将行贿罪的追责要件回归立法的规定，只要为了谋取不正当利益给予他人财物的，无论是否谋取到不正当利益都应当按照行贿罪追究刑事责任，可对刑事责任稍加修改，对没有谋取到不正当利益的可以从轻处罚。因为行贿罪侵犯的客体是国家工作人员职务的廉洁性和不可收买性，给予他人财物是为了获取不正当利益的对价，无论是否实际获得不正当利益，其给予他人财物的行为都是对国家工作人员职务行为的亵渎，当然应当追究刑事责任。而且《联合国反腐败公约》对行贿罪的规定也是不要求实际危害结果，只要是为了使该公职人员在执行公务时作为或者不作为，而直接或间接向公职人员许诺给予、提议给予或者实际给予该公职人员本人或者其他人员或实体不正当好处的行为。

---

① ［意］贝卡里亚著：《论犯罪与刑罚》，黄风译，中国大百科全书出版社 1997 年版，第 59 页。

（二）程序法的完善

1. 采用技术侦查或特殊的侦查措施

贿赂犯罪通常留下的证据比较少，而且犯罪嫌疑人反侦查能力强，外界干扰大，证据收集和固定难，这就导致通过常规的侦查途径和侦查方法往往很难侦破。因此，2012 年新刑事诉讼法对重大、疑难、复杂的贪污贿赂犯罪案件赋予职务犯罪侦查机关必要的侦查权力和侦查手段。现阶段，特殊侦查手段主要包括：一是技术侦查手段，如电子监听、电话监听、电子监控等；二是特殊侦查措施，包括三类：第一，特工类秘密侦查手段，如使用线人、特情、卧底侦查员等；第二，诱惑类侦查手段，如机会提供型引诱、虚示购买、控制交付等诱惑侦查方式；第三，传统侦查行为加密类侦查，如秘密侦查、秘密提取、秘密辨认、秘密拍照或录音录像、邮件检查等。特殊侦查手段因其具有秘密性、技术性、同步性、直观性、强制性等特点，对发现和扩大案件线索、获取关键证据以及揭穿反侦查对抗等方面有着常规侦查措施无法替代的作用，特殊侦查的运用对于扩大证据的收集方式，改变依赖口供的传统侦查模式，减轻侦查人员的心理压力，以及更好地查处和惩治犯罪人具有重要的意义。

2. 确立辩诉交易制度

由于目前的侦查技术装备较为落后，加上贿赂犯罪往往都是一对一的交易，缺乏人证，且行为人为了逃避法律的追究不会留下物证线索，在侦查过程中口供是主要的证据。所以为了打击受贿罪，就与行贿人达成了协议，通过减轻或免除对行贿人的处罚换取行贿人的有罪供述和检举揭发行为，类似于美国的认罪协议（辩诉交易）。辩诉交易是在英美法系国家较为流行的一种司法制度，是指检察官与被告人及其辩护律师经过谈判达成由被告人认罪换取不起诉或较轻刑罚的协议。辩诉交易的适用对侦查机关获取案件证据、推动案件侦查程序、发现事实真相具有重要意义。[①] 但是由于我国现阶段司法体制尚不具备完全实行辩诉交易的条件，且在司法实践中不能以牺牲社会正义和司法公正来换取司法效率，可以考虑的贿赂犯罪辩诉交易试行方式为侦查阶段的辩诉交易。侦查阶段的辩诉交易是指侦查机关与犯罪行为人达成协议，由其提供指控犯罪嫌疑人的证据而对其他问题不予追究的形式[②]。虽然从表面上看放纵了犯罪，违背了罪刑相适应的刑法基本原则，削弱了刑罚的惩罚功能，但是实质上却换得了对犯罪人的最高定罪率。在美国这样一个坚持程序至上的国家，与其耗费大量的时间和精力去查证犯罪，甚至稍有不慎因程序瑕疵导致无罪，不如降低条件轻判。只要根据其主观恶性的大小惩罚了犯罪，并且能够预防其再犯即可实现刑罚目的。

第四节 利用影响力受贿罪

为了惩治国家工作人员身边的人，如配偶、子女、亲朋好友、秘书等利用国家工作人员的职权，为请托人谋取非法利益，自己从中收受贿赂的“家族式腐败”或曰“裙带式腐败”，2009 年全国人大常委会颁布了《刑法修正案（七）》，将《刑法》第 388 条增加一条规定作为第 388 条之一，该条规定：“国家工作人员的近亲属或者其他与该国家工作人员关系密切的人，通过该国家工作人员职务上的行为，或者利用该国家工作人员职权或者地位形成的便利条件，通过其他国家工作人员职务上的行为，为请托人谋取不正当利益，索取请托人财物或者收受请托人财物，数额较大或者有其他

① 梁瑞琴：《当前贿赂犯罪案件查办中存在的问题及对策》，载《河北法学》2012 年第 2 期。

② 龙宗智：《论我国转型期规制经济犯罪的刑事政策》，载《法学》2005 年第 1 期。

较重情节的，处三年以下有期徒刑或者拘役，并处罚金；数额巨大或者有其他严重情节的，处三年以上七年以下有期徒刑，并处罚金；数额特别巨大或者有其他特别严重情节的，处七年以上有期徒刑，并处罚金或者没收财产。”“离职的国家工作人员或者其近亲属以及其他与其关系密切的人，利用该离职的国家工作人员原职权或者地位形成的便利条件实施前款行为的，依照前款的规定定罪处罚。”所谓利用影响力受贿罪，是指国家工作人员的近亲属或者其他与该国家工作人员关系密切的人，通过该国家工作人员职务上的行为，或者利用该国家工作人员职权或者地位形成的便利条件，通过其他国家工作人员职务上的行为，为请托人谋取不正当利益，索取请托人财物或者收受请托人财物，数额较大或者有其他较重情节的行为。

一、利用影响力受贿罪的构成特征

（一）利用影响力受贿罪的犯罪客体

关于本罪的犯罪客体有不同的意见，有人认为，利用影响力受贿罪侵犯的客体是公职人员职务行为的正当性。[①] 也有人认为，利用影响力受贿罪侵犯的客体是国家工作人员职务的廉洁性和公众对国家工作人员的职责、职权的信赖。[②] 还有人认为，利用影响力受贿罪的主体是与国家工作人员关系密切的人，与国家工作人员关系密切的人本身并非国家工作人员，或者虽有国家工作人员身份但没有利用自身职务便利，因此，不存在侵犯自身职务廉洁性的问题。关系密切的人（行为人），请求并通过该国家工作人员（权力人）职务上的行为，甚至违背职责要求为请托人谋取不正当利益，索取

① 缪树权、张红梅著：《贿赂犯罪的司法认定与证据适用》，中国检察出版社 2014 年版，第 97 页。

② 高铭暄、陈冉：《论利用影响力受贿罪司法认定中的几个问题》，载《法学杂志》2012 年第 3 期。

请托人财物或者收受请托人财物，但由于被利用的国家工作人员并未收取财物，因而没有侵犯其职务廉洁性。如果将本罪客体定为职务行为的正当性，则仅反映了被利用的国家工作人员不正确履行职责，而没有反映关系密切人利用影响力受贿的本质特征。因此，将本罪的客体确定为公众对国家工作人员职务的信赖是比较妥当的。①

笔者认为，由于受贿罪侵犯的主要客体是国家工作人员的职务廉洁性，但是在利用影响力受贿罪中，国家工作人员本人没有受贿，也不知道近亲属等收受了他人财物，因此本罪的客体很难说是侵犯了国家工作人员职务的廉洁性。但是，被利用的国家工作人员毕竟是利用了本人职务上的便利，违反国家相关规定为他人谋取了不正当利益，其侵犯了履行职务行为的正当性义务，如果造成严重后果或给国家或人民利益造成较大损失的，则应以渎职罪定罪处罚。由于本罪与受贿罪既存在本质区别，又有内在的联系，实际上是由受贿罪派生出来的一种犯罪，或者是伴随着受贿罪而滋生的一种犯罪，所以，笔者认为其犯罪客体主要是国家的廉政制度。

（二）利用影响力受贿罪的犯罪客观行为方式

利用影响力受贿罪主要表现为利用其影响力收受贿赂。所谓“影响力”是指一个人在与他人交往的过程中，能够促使乃至支配他人心理和行动的能力。② 影响力的构成因素大致可划分为权力性影响因素和非权力性影响因素两大因素群。根据两大因素群在领导影响力系统中的作用不同，可把领导者的影响力划分为权力性影响

---

① 赵煜：《利用影响力受贿罪疑难问题研究》，载《法治研究》2015 年第 2 期。

② 孙国祥著：《贿赂犯罪的学说与案解》，法律出版社 2012 年版，第 613 页。

力和非权力性影响力。[①] 权力性影响力来自行为人的职务和地位，带有一定的强制性力量；非权力性影响力主要基于情感等因素产生。利用影响力受贿罪中的影响力主要是指非权力性影响力。国家工作人员的影响力在客观上表现为四种行为方式：一是国家工作人员的近亲属或关系密切的人通过国家工作人员职务上的行为，为请托人谋取不正当利益，索取或者收受请托人财物；二是近亲属或关系密切的人利用国家工作人员职权或者地位形成的便利条件，通过其他国家工作人员职务上的行为，为请托人谋取不正当利益，索取或者收受请托人财物；三是离职的国家工作人员利用原职权或者地位形成的便利条件，为请托人谋取不正当利益，索取或者收受请托人财物；四是离职的国家工作人员的近亲属或关系密切的人利用离职的国家工作人员原职权或者地位形成的便利条件实施上述行为的。无论是哪种行为方式，它们都具有共同的特征：一是必须有在职的国家工作人员的职务行为；二是必须通过在职的国家工作人员的职务行为，为请托人谋取不正当利益；三是本人索取或非法收受请托人财物且数额较大。

（三）利用影响力受贿罪的犯罪主体

1. 犯罪主体分类及其内涵

本罪的犯罪主体有四类：（1）国家工作人员的近亲属；（2）其他与国家工作人员关系密切的人；（3）离职的国家工作人员；（4）离职的国家工作人员的近亲属；（5）其他与离职的国家工作人员关系密切的人。

所谓“近亲属”，按照《刑事诉讼法》第 82 条第 6 项规定的范围，是指夫、妻、父、母、子、女、同胞兄弟姐妹；按照《最高人民法院关于贯彻执行〈中华人民共和国民法通则〉若干问题的意见（试行）》第 12 条的规定，近亲属则包括配偶、父母、子

① 王育林：《论领导者影响力的构成因素》，载《中国行政管理》1997 年第 9 期。

女、兄弟姐妹、祖父母、外祖父母、孙子女、外孙子女；而按照最高人民法院《关于贯彻执行〈中华人民共和国行政诉讼法〉若干问题的解释》第11条的规定，近亲属则包括配偶、父母、子女、兄弟姐妹、祖父母、外祖父母、孙子女、外孙子女和其他具有抚养、赡养关系的亲属。本罪中近亲属，无论是按照刑事诉讼法规定，还是按照最高人民法院的上述司法解释，其实都不影响犯罪的认定，只不过按照刑事诉讼法的规定，祖父母等人就只能归类到其他关系密切的人员中。

所谓"其他关系密切的人"，是指除近亲属以外的其他与国家工作人员或离职的国家工作人员关系亲近，可以直接或间接的方式对国家工作人员的行为、决定施加影响的人。由于"关系密切"缺乏客观标准，实践中通常认为关系密切的人包括近亲属和特定关系人。所谓"特定关系人"，根据"两高"《关于办理受贿刑事案件适用法律若干问题的意见》规定，是指与国家工作人员有近亲属、情妇（夫）以及其他共同利益关系的人。所以有人认为，关系密切的人包括基于血缘关系产生的关系（如近亲属以外的亲属）、基于学习和工作产生的关系（如同学、师生、同事等）、基于感情产生的关系（如朋友、恋人、情人）、基于利益产生的关系（如共同投资人、客户）等。[①] 有时候也包括基于地域地缘而形成的老乡关系，或者基于其他原因而熟悉的人等。

司法实务中如何准确认定"关系密切的人"，有学者认为，必须引入或求证一个客观事实，以此作为认定的根据，这个客观事实就是"关系密切的事实"。所谓"关系密切的事实"，是指能够证明国家工作人员和非国家工作人员之间存在从事公务活动之外的交往活动的事实，而且这些交往活动能够表明两者之间拥有超出与普

① 参见袁剑波：《如何界定"利用影响力受贿罪"中"关系密切的人"》，载《中国检察官》2010年第11期。

通社会群体之间的关系。[①] 事实上，这种证明方式无疑增加了认证的困难，实际上没有必要对“有密切关系的人”做特别限定。因为客观上能够通过国家工作人员职务上的行为，或者利用国家工作人员职权或地位形成的便利条件，通过其他国家工作人员职务上的行为，为请托人谋取不正当利益的人，基本上都是与国家工作人员关系密切的人。[②] 因此，在司法实务中，完全可以对“关系密切”采用刑事推定的方式来证明。

“离职的国家工作人员”是指曾经是国家工作人员，但是因为离休、退休、辞职、辞退等原因目前已经离开了国家工作人员岗位的人。这些离职的国家工作人员就其身份来讲可能仍然是干部，但是由于不具有刑法规定的从事公务的行为和职责，所以也就不是刑法意义上的国家工作人员。

2. 利用影响力受贿罪的主体是否包括国家工作人员

否定论者认为，按我国刑法受贿犯罪的立法思路，国家工作人员受贿，要么构成受贿罪，要么构成非国家工作人员受贿罪。如果国家工作人员受贿也构成利用影响力受贿罪，则会造成体系上的混乱。从利用影响力受贿罪的条文规定来看，该罪的主体也不应包括现职国家工作人员。[③]

肯定论者认为，国家工作人员构成职务犯罪还是普通犯罪，关键核心在于其是否利用了自身的职权。国家工作人员的近亲属、关系密切的人虽然具备国家工作人员身份，但在个案中并非利用自身的职权进行交易，则应认定其在交易过程中的公职作用没有发挥，

---

① 李伟迪著：《利用影响力受贿罪适用研究》，中国政法大学出版社 2011 年版，第 89 页。

② 张明楷著：《刑法学》（第 4 版），法律出版社 2011 年版，第 1081 页。

③ 徐松林：《“利用影响力受贿罪”适法中的六个难题》，载《贵州社会科学》2014 年第 11 期。

在认定该罪时，其与非国家工作人员无异，同样可以构成利用影响力受贿罪。[①]

笔者认为，具有国家工作人员身份的人同样可以构成利用影响力受贿罪，只要其为请托人谋取不正当利益时不是利用本人的职务便利，而是利用其对其他国家工作人员的影响，利用其影响对象——在职国家工作人员职务行为为请托人谋取利益，本人索取或非法收受请托人财物的行为，此时，本人的身份没有任何意义，所以，无论其本身是国家工作人员还是非国家工作人员，都可以构成本罪。

（四）利用影响力受贿罪的主观罪过

本罪的行为人对犯罪行为以及犯罪结果的发生都是积极创造条件希望、追求结果发生的心理态度。从实践中看，一些国家工作人员的近亲属或与其关系密切的人，他们抱着“一人得道，鸡犬升天”的心态，大肆进行“权力寻租”，以“有关系”“能办事”为名，疯狂攫取不义之财。离职的国家工作人员及其近亲属或关系密切的人则利用该离职国家工作人员在职时编织的关系网，以帮请托人办事为名，索取或收受请托人财物，如陈某某利用影响力受贿案。[②]

---

① 雷华东：《利用影响力受贿罪实务探析》，载《法制与社会》2014年第12期。

② 河南省人民法院：《上诉人陈某某犯利用影响力受贿一案》，载中国裁判文书网，2010年10月27日，王某为了能得到陈某某丈夫杨某（新安电力集团副总经理兼工贸公司经理）的照顾，使自己给电厂供应货物的生意做得顺利，先后送给陈某某共计人民币74000元，陈某某则利用其丈夫杨某担任新安电力集团副总经理兼工贸公司经理职务便利，非法收受王某现金及银行卡共计人民币74000元，其行为已构成利用影响力受贿罪，判处有期徒刑3年，缓刑4年，并处罚金人民币74000元。

二、利用影响力受贿罪的认定

（一）利用影响力受贿罪的既遂与未遂的标准

利用影响力受贿罪的行为人收受他人财物，通过与其有近亲属或密切关系的人，为请托人谋取到了不正当利益，应当构成既遂，但是因意志以外的原因未能收受财物的，不管是否为请托人谋取到不正当利益都属于未遂。另外，如果行为人已经收受了请托人的财物，但是没有为请托人谋取到不正当利益，认定为犯罪既遂还是犯罪未遂？这要分几种情况：

其一，如果行为人向国家工作人员施加影响请求国家工作人员为请托人谋取利益的行为被国家工作人员拒绝，则只能是未遂。

其二，若国家工作人员已经承诺，或者已经着手实施为其谋取不正当利益的行为，但是由于其意志以外的原因没有谋取到非法利益的，也应构成犯罪既遂，原因在于行为人已经实际利用了其对国家工作人员的影响力，而国家工作人员也打算或已经开始着手利用自己的职务便利按照行为人的要求为请托人谋取不正当利益的行为，犯罪客体已经遭受侵害或面临被侵害的危险，所以应当按照犯罪既遂来认定。

（二）利用影响力受贿罪与斡旋受贿罪的关系

1. 斡旋受贿罪的概念和特征

斡旋受贿罪又称为间接受贿罪，根据《刑法》第388条规定，其是指国家工作人员利用本人职权或者地位形成的便利条件，通过其他国家工作人员职务上的行为，为请托人谋取不正当利益，索取请托人财物或者收受请托人财物的行为。斡旋受贿罪具有如下特征：

（1）犯罪主体是具有职权或地位的国家工作人员。

（2）犯罪的客观行为是指行为人利用其职权或地位，对其他国家工作人员在职务上或业务上具有纵向的隶属关系，或者横向的制约关系，要求该国家工作人员为请托人谋取不正当利益，而本人向请托人索取或收受贿赂的行为，是国家工作人员利用职权为个人谋取私利的权钱交易行为。

(3) 犯罪客体是职务的廉洁性和他人的财产所有权。

(4) 犯罪的主观心理态度是故意，而且只能是直接故意。

2. 利用影响力受贿罪与斡旋受贿罪的区别

利用影响力受贿罪与斡旋受贿罪都是利用其他国家工作人员职务上的行为为请托人谋取不正当利益，本人索取或收受贿赂的行为。但是两者也有明显的区别：

第一，犯罪的主体身份及范围不同。斡旋受贿罪的主体是国家工作人员。利用影响力受贿罪的主体包括三类：(1) 国家工作人员的近亲属或者其他与国家工作人员关系密切的人；(2) 离职的国家工作人员；(3) 离职的国家工作人员的近亲属或者其他与国家工作人员关系密切的人。

第二，犯罪的行为方式不同。斡旋受贿罪是利用本人的“权力性”影响，即利用本人职权或地位形成的便利条件，通过其他国家工作人员职务上的行为为请托人谋取不正当利益。行为人与被其利用的国家工作人员之间或者存在隶属、制约关系，包括上下级之间的纵向隶属关系，也包括职能部门之间横向的监督、制约关系；或者在职务上虽然没有隶属、制约关系，但有能对其他国家工作人员形成制约或者施加影响的权力。利用影响力受贿罪的“影响力”是指非国家工作人员对国家工作人员的“非权力性影响”，主要是基于情感、资历、地位、威望、经济利益等非权力性因素对别人的思想或行动起作用的能力。

例如，刘某受贿案。[①] 刘某作为国家工作人员，对张某有（广汽集团董事长）的影响力是基于其发改委副主任（审批项目）的权力的影响，其对张某有不是直接的隶属、制约关系，而是其他方面的监督制约关系，所以应当构成斡旋受贿罪而不是利用影响力受贿罪。其儿子刘某成收受张某1000万元现金的行为，是由于刘某利用自己的职务便利为张爱彬谋取了非法利益，他们在以权力谋取私利上构成共同的受贿故意。根据最高人民法院《关于全国法院审理经济犯罪案件工作座谈会纪要》规定：国家工作人员的近亲属向国家工作人员代为转达请托事项，收受请托人财物并告知该国家工作人员，或者国家工作人员明知其近亲属收受了他人财物，仍按照近亲属的要求利用职权为他人谋取利益的，对该国家工作人员应认定为受贿罪，其近亲属以受贿罪共犯论处。因此，刘某和刘某成构成受贿罪的共同犯罪。

① 戴佳：《刘铁男受贿案一审审判》，载《检察日报》2014年12月11日第1版。2003年至2012年，刘某利用担任国家发改委工业司司长、副主任的职务便利，为广汽集团申报的广州丰田汽车有限公司项目、广汽菲亚特乘用车项目等通过国家发改委核准提供了帮助。2005年，广汽集团总经理陆某向刘某提议，由刘某向广汽集团董事长张某有要一个在北京地区经营广汽丰田销售店即4S店的指标，由陆某介绍的华通伟业公司实际控制人张某出资成立4S店并负责经营，刘某成可不出资而占有一定比例的股份，刘某同意并向张某有索得了指标后张某与刘某成口头约定，张某给予刘某成4S店30%的股份。不久，张某出资1200万元注册成立了金时伟业公司，工商登记材料中未显示刘某成在该公司持有股份。在张某有的安排下，金时伟业公司顺利取得了4S店经营资格，通过验收并开业。此后，刘某成未参与该店的管理、经营，亦未获得分红。2007年6月，刘某成向张某提出“退股”，经协商，张某先后支付给刘某成1000万元。刘某成将其未出资而持有股份，后以“退股”名义得款的情况均告知了刘某。

第五节 对有影响力的人行贿罪

对有影响力的人行贿罪是《刑法修正案（九）》新增的罪名。刑法增加这一新罪意义重大，不仅按照《联合国反腐败公约》的要求进一步完善了我国惩治腐败犯罪的罪名体系、严密了刑事法网，实现了利用影响力受贿罪和对有影响力的人行贿罪这一对行犯的立法完善，而且打击了现实中通过贿赂国家工作人员的近亲属或者关系密切的人，进而利用近亲属或关系密切人对国家工作人员的影响，达到利用国家工作人员的职务便利为个人谋取不正当利益的犯罪人。

一、对有影响力的人行贿罪的概念和构成特征

《刑法修正案（九）》第46条规定，“（刑法第390条后增加一条作为第390条之一）为谋取不正当利益，向国家工作人员的近亲属或者其他与该国家工作人员关系密切的人，或者离职的国家工作人员或者其近亲属以及其他与其关系密切的人行贿的，处二年以下有期徒刑或者拘役，并处罚金；情节严重的，或者使国家利益遭受重大损失的，处二年以上五年以下有期徒刑，并处罚金；情节特别严重的，或者使国家利益遭受特别重大损失的，处五年以上十年以下有期徒刑，并处罚金。单位犯前款罪的，对单位判处罚金，并对其直接负责的主管人员和其他直接责任人员，处三年以下有期徒刑或拘役，并处罚金。”所谓对有影响力的人行贿罪，是指为谋取不正当利益，向国家工作人员的近亲属或者其他与该国家工作人员关系密切的人，或者离职的国家工作人员或者其近亲属以及其他与其关系密切的人行贿的行为。本罪的构成具有如下特征：

（一）对有影响力的人行贿罪的主体

本罪的主体是一般主体，可以是有身份或无身份的任何人，包括自然人和单位。由于刑法没有专门规定单位对有影响力的人行贿罪的特别规定，所以，如果单位实施这种行为时，就依照本罪的数额、情节定罪量刑。

（二）对有影响力的人行贿罪的客体

虽然本罪属于贿赂犯罪的一种，但由于其行为对象并非现职国家工作人员，而是“国家工作人员的近亲属或者其他与该国家工作人员关系密切的人，或者是离职的国家工作人员或者其近亲属以及其他与其关系密切的人”，所以，本罪侵犯的客体与普通行贿罪有所不同：普通行贿罪侵害客体是国家公共职权的公正性和廉洁性，也可以说是职务行为的不可收买性。本罪侵害的直接客体应当是清正廉洁的价值准则，间接客体则是公共职权的公正性。因为普通行贿罪情况下，行为人的行贿指向就是具有某种公共职务的国家工作人员，行为人之所以向国家工作人员行贿，就是要通过行贿收买、进而利用国家工作人员的公共职权及其地位形成的有利条件为其谋取不正当利益。但是，本罪行为人之所以对有影响力的人行贿，是意图通过收买“国家工作人员的近亲属或者其他与该国家工作人员关系密切的人，或者是离职的国家工作人员或者其近亲属以及其他与其关系密切的人”，进而让这些“特定人员”利用其与现职国家工作人员的特别关系（影响力），为其谋取不正当利益。此种情况下，由于行贿人并没有向国家工作人员行贿，且受贿人没有与国家工作人员通谋，甚至受贿人也没有告知国家工作人员自己收受了行贿人的财物，所以，即便行贿人的行为最终造成了国家工作人员公共职务行为的不公正性，也是通过对其施加影响的“特定人员”间接造成的。而清正廉洁乃是我国社会倡导的每个公民都应该遵循的核心价值之一，本罪行为人却为了谋取不正当利益而对有影响力的人行贿，这正是对清正廉洁价值准则的违反。[①]

（三）对有影响力的人行贿罪的客观行为

本罪的客观行为表现为为了谋取不正当利益，给予国家工作人员的近亲属或者其他与该国家工作人员关系密切的人，或者离职的国家工作人员或者其近亲属以及其他与其关系密切的人以财物的行为。本罪的行为对象有五类，一是国家工作人员的近亲属；二是与国家工作人员关系密切的人；三是离职的国家工作人员；四是离职的国家工作人员的近亲属；五是与离职的国家工作人员关系密切的人。“近亲属”的范围以及“其他与国家工作人员关系密切的人”的范围同上述利用影响力受贿罪中的相关规定一致。

（四）对有影响力的人行贿罪的主观方面

本罪的主观方面是故意，且具有谋取不正当利益的目的，为了谋取正当合法的利益行贿的，不构成本罪。

二、对有影响力的人行贿罪的认定

（一）对有影响力的人行贿罪的既遂与未遂的标准

行贿类犯罪的既遂是只要基于谋取不正当利益的目的，有给予他人财物的行为就构成犯罪既遂，不论行为人是否实际谋取到不正当利益。这种犯罪属于行为犯而不是结果犯。如果行为人给予了具有影响力的人以财物，具有影响力的人承诺、着手为行为人谋取不正当利益，但是最终没有获取不正当利益，仍然是犯罪既遂，除非具有影响力的人收受了财物后，根本没有打算为行为人谋取不正当利益，或者是他对国家工作人员根本没有影响力，无法利用国家工作人员的职务便利为行为人谋取不正当利益，此时，只能认为是犯罪未遂。

---

① 谢望原：《对有影响力的人行贿罪构成要件辨析》，载《人民检察》2016年第5期。

（二）对有影响力的人行贿罪与行贿罪的关联性

虽然两者都是为了谋取不正当利益给予他人财物的行为，但是两者的区别也很明显，主要表现在以下几个方面：

（1）犯罪客体不同。本罪侵犯的客体是国家工作人员职务行为的公正性和公众对这种公正性的信赖感；而行贿罪侵犯的客体是国家工作人员职务行为的不可收买性和国家工作人员的廉洁性。[①]

（2）行贿的对象完全不同。本罪的行贿对象是对国家工作人员具有影响力的人，具体包括五类，分别是国家工作人员的近亲属；其他与该国家工作人员关系密切的人；离职的国家工作人员；离职国家工作人员的近亲属；其他与离职的国家工作人员关系密切的人；而行贿罪中行贿的对象是国家工作人员本人，或者是与其共同生活的家庭成员，或者是其指定的第三人。

（3）行为人的犯罪意图不同。本罪行为人的意图在于通过国家工作人员的“身边人”对国家工作人员施加影响，从而利用国家工作人员手中的权力为自己谋取不正当利益；而行贿罪的意图在于直接贿赂国家工作人员，从而使国家工作人员利用其职务便利为自己谋取不正当利益。

另外，行为人请托国家工作人员的特定关系人时国家工作人员知情，则行为人构成行贿罪还是构成对有影响力的人行贿罪？

本罪的犯罪对象是有影响力的人，包括（离职）国家工作人员的近亲属或者其他与该国家工作人员关系密切的人。但行贿者向这些有影响力的人行贿的目的是要利用该国家工作人员职务上的行为或者利用其原职权、地位形成的便利条件来为自己谋取不正当利益。请托人需要依靠这些“中间人”对该国家工作人员施加影响以达到其谋取不正当利益的目的。那么，国家工作人员对行为内容知情与否是否影响这一贿赂犯罪的成立呢？笔者认为，

① 王琳：《对有影响力者行贿罪研究》，吉林大学2015年硕士学位论文，第31页。

成立这类行贿罪，不要求国家工作人员对行为内容知情。但是如果国家工作人员与其近亲属或者其他关系密切的人勾结，授意请托人将财产送给这些人，那请托人是构成本罪还是构成《刑法》第389条的行贿罪呢？行贿罪中，请托人是为谋取不正当利益，直接向国家工作人员行贿。如果国家工作人员知情并许诺为请托人谋取不正当利益，那么国家工作人员成立受贿罪，其近亲属或者其他与国家工作人员关系密切的人，同时触犯受贿罪与利用影响力受贿罪。① 那么在这种国家工作人员授意情形下，人们是否可以认为请托人实际上也就相当于直接向国家工作人员行贿？笔者认为，这种国家工作人员与有影响力的人勾结受贿，而请托人也会意地将财物送给有影响力的人的行为恶性明显大于本罪，应按行贿罪处理。②

（三）对有影响力的人行贿罪的量刑标准

依照最高人民法院、最高人民检察院《关于办理贪污贿赂刑事案件适用法律若干问题的解释》第10条第2款规定，“刑法第三百九十条之一规定的对有影响力的人行贿罪的定罪量刑适用标准，参照本解释关于行贿罪的规定执行。”“单位对有影响力的人行贿数额在二十万元以上的，应当依照刑法第三百九十条之一的规定以对有影响力的人行贿罪追究刑事责任。”

由此可以看出，对有影响力的人行贿数额一般是3万元，但是单位构成犯罪的数额是20万元。另外，如果自然人行贿数额是在1万元以上不满3万元时，仅限于：（1）向三人以上行贿的；（2）将违法所得用于行贿的；（3）通过行贿谋取职务提拔、调整的；（4）造成经济损失数额在50万元以上不满100万元的；（5）向负有

---

① 夏勇、王晓辉：《贿赂犯罪的对向关系与刑罚处罚》，载《人民检察》2013年第5期。

② 周阳：《对有影响力的人行贿罪的若干问题探讨——从〈刑法修正案（九）〉出发》，载《中外企业家》2016年第27期。

食品、药品、安全生产、环境保护等监督管理职责的国家工作人员行贿，实施非法活动的；（6）向司法工作人员行贿和影响司法公正的这两项规定由于犯罪对象身份的限制，不可能构成对有影响力的人行贿罪。

第五章　非国家工作人员的腐败犯罪

第一节　非国家工作人员腐败犯罪的概述

非国家工作人员的腐败犯罪通常发生在商业领域，属于私营部门内的腐败行为，多表现为在经济交往中利用职务便利以权谋私的行为。惩治这类腐败犯罪的罪名有四个：职务侵占罪（《刑法》第271条）、非国家工作人员受贿罪（《刑法》第163条）、对非国家工作人员行贿罪（《刑法》第164条）、对外国公职人员、国际公共组织官员行贿罪（《刑法》第164条第2款）。这类犯罪有共同特征，首先，犯罪的主体都是非国家工作人员，或者是国家工作人员但是从事的工作性质是“劳务”。其次，犯罪发生在私营部门内，是非国家工作人员利用职务便利侵吞单位财产或者其他以权谋私的行为。最后，犯罪构成的数额与公职人员实施的贪污贿赂犯罪相比，按照贪污的2倍、5倍及行贿、受贿的2倍执行。

第二节　职务侵占罪

一、职务侵占罪的概念和特征

根据我国《刑法》第271条规定，职务侵占罪是指公司、企业或者其他单位的人员，利用职务上的便利，将本单位财物非法占为己有，数额较大的行为。

（一）职务侵占罪的主体

依照《刑法》第271条规定，职务侵占罪的主体是公司、企业或其他单位的工作人员。这里的公司、企业或其他单位，既包括国有单位，也包括非国有单位。只要不是从事对国有财产的经营、管理等“公务”行为的人员，都属于非国家工作人员。

另外，根据全国人大常委会通过的《全国人民代表大会常务委员会关于〈中华人民共和国刑法〉第九十三条第二款的解释》的规定，对农村基层组织人员在协助政府从事下列行政管理工作，属于《刑法》第93条第2款规定的“其他依照法律从事公务的人员”：（1）救灾、抢险、防汛、优抚、扶贫、移民、救济款物的管理；（2）社会捐助公益事业款物的管理；（3）国有土地的经营和管理；（4）土地征用补偿费用的管理；（5）代征、代缴税款；（6）有关计划生育、户籍、征兵工作；（7）协助人民政府从事其他行政管理工作行为时，属于“其他依照法律从事公务的人员”，以国家工作人员论。村委会成员在协助政府从事村集体或村务管理工作时，按照非国家工作人员对待，对于侵吞村集体或村民土地、青苗等补偿款的行为，依照职务侵占罪定罪处罚，如曹甲亮等职务侵占罪。①

另外，何为“公司、企业或其他单位的人员”？这里的“公司、企业或者其他单位”，有人认为仅指非国有单位，不包括国有

① 最高人民法院：《曹建亮等职务侵占案（第872号）》，载《刑事审判参考》2014年第9期。2005年因修筑福银高速公路，曹公村部分土地被征用，其中征用村便道和公用地拨付的青苗补偿款为19592元，2007年旱原地按水浇地补偿标准为村便道和公用地追加补偿款73602元，以上两项补偿款均未入村委会的账务。2007年3月10日，洪家镇政府向长武县民政局书面报告，建议曹公、沟北两村并为一村，但至2007年12月长武县民政局一直未予批复。2007年6月，五人在曹公村村委会开会，因两村准备合并，曹某民不再担任村出纳职务，村会计曹乙亮向村主任曹甲亮请示未入账的19592元、73602元如何处理。另外，经计算高速公路赔偿专用现金账上还剩余村便道和公用地征用补偿款104426.60元。曹甲亮提出把款分了，其他四人均同意。后村出纳曹某民以现金、存折、票据抵顶的形式将款分发给各被告人39500元。从2007年年初曹丙亮就陆续接管出纳工作，至2007年12月5日曹某民将出纳手续全部交清。2009年，长武县纪委、长武县检察院检查曹公村账务时，曹乙亮用村里的其他已支出票据将有关账目平账。案发后，五人于2010年5月27日各自向检察院退赃39500元。

一审法院以贪污罪判处曹甲亮有期徒刑五年，曹某民有期徒刑3年6个月，曹乙亮有期徒刑3年、缓刑5年，曹甲林有期徒刑2年、缓刑3年，曹丙亮有期徒刑2年、缓刑3年。咸阳市中级法院经审理认为，虽然本案涉案款项是土地征用补偿费，但是当村委会在协助乡镇政府给村民个人分发时才属于协助政府从事行政管理工作，该补偿费一旦分发到村民个人手中即属于村民个人财产；当村委会从乡镇政府领取属于村集体的补偿费时，村委会属于收款人，与接收补偿费的村民个人属于同一性质，该补偿费一旦拨付到村委会，即属于村民集体财产。此时，村委会不具有协助政府从事行政管理工作的属性。五被告人利用职务上的便利，采取侵吞手段，将集体财产非法占为己有，数额较大，其行为构成职务侵占罪。咸阳市中级法院依法以职务侵占罪改判上诉人曹甲亮有期徒刑3年6个月；上诉人曹某民有期徒刑3年，缓刑4年；原审被告人曹乙亮有期徒刑3年，缓刑5年；原审被告人曹甲林有期徒刑2年，缓刑3年；原审被告人曹丙亮有期徒刑2年，缓刑3年。

单位，有人认为，《刑法》第271条第1款规定的“公司、企业”，从所有制性质上说，是指非国有性质的公司、企业，“其他单位”也是指除上述公司、企业以外的一切其他非国有单位。[①] 笔者不认同此观点，如果这里的“公司、企业或者其他单位”仅仅是指非国有单位而不包括国有单位，事实上就把国有单位中非从事公务的人员利用职务上的便利侵占本单位财物的行为排除在职务侵占罪之外，而这些人员由于不符合贪污罪的主体也不可能认定为贪污罪，最终的结果是对于发生在国有公司、企业或其他国有单位中非从事公务人员侵占本单位财物的行为不能定罪。

实践中，单位合同工、临时工、实习生、兼职人员等利用从事单位业务活动的便利条件，侵占所在单位财物的现象并不鲜见，对此，应当如何认定其是否为单位人员？

评判一个人是否为“单位人员”，实质性的依据不是身份，而是其是否为单位职责或者业务活动的承担者。易言之，只要是持续、反复地履行单位职责或从事单位业务活动的人，在实质上就属于单位人员。至于是单位的正式职工还是临时工等，这些身份事项一般只能表明在单位内部各人承担的职责或从事的业务活动有所分工，对说明是否为单位人员并无决定性意义。[②] 所以，单位的合同工、临时工等利用从事单位业务活动的便利条件，侵占所在单位财物的行为可以构成职务侵占罪。

（二）职务侵占罪的客体

本罪的犯罪客体是复杂客体，既侵犯了公司、企业或其他单位工作人员的职务廉洁性，又侵犯了单位的财产所有权，包括公共财产、集体财产和私人财产，财产的性质不影响犯罪的性质，关键是

---

① 黄太云、腾炜主编：《中华人民共和国刑法释义与适用指南》，红旗出版社1997年版，第388页。

② 黄祥青：《职务侵占罪的立法分析与司法认定》，载《法学评论》2005年第1期。

犯罪主体的身份是非国家工作人员。犯罪对象是单位中一切有价值的财物。

（三）职务侵占罪的客观行为

本罪在客观上表现为利用职务上的便利，侵吞本单位财物，数额较大的行为。何为“利用职务上的便利”，就内涵而言，“职务”的基本含义是指职位规定应当担任的工作。从刑法解释角度来看，这里有两个要点值得提及：其一，职务是一项工作，不能与“职权”画等号；亦即不能把“利用职务上的便利”仅仅解释为“利用职权便利”。因为，一般说来，“工作”的含义相对较广一些，既包括在一定单位中担当管理职责，也包括从事具体的业务活动。相对而言，“职权”的含义则窄一些，它容易仅与担负单位的管理职责相联系。其二，职务是一项由单位分配给行为人持续地、反复地从事的工作，即担当职务往往具有相对稳定性的特点。如果是单位临时、一次性地委托行为人从事某项事务，行为人乘机实施侵占行为的，一般不宜认定为“利用职务上的便利”而实施的职务侵占罪，而应构成侵占罪。

就“职务”的外延来说，一般认为包括主管、管理、经手单位财物几种情形。[①] 详言之，“主管”是指行为人虽不具体管理、经手单位财物，但对单位财物的调拨、安排、使用具有决定权，如公司的总经理在一定范围内拥有调配、处置单位财产的权力。“管理”是指行为人对单位财物负有直接保管、处理、使用的职责，亦即对单位财物具有一定的处置权，如企业的会计负有管理单位财务的职责。“经手”是指行为人虽不负有管理、处置单位财物的职责，但因工作需要，单位财物一度由其经手，行为人对单位财物具

---

① 黄太云、滕炜主编：《中华人民共和国刑法释义与适用指南》，红旗出版社 1997 年版，第 388 页。

有临时的实际控制权。①

例如，梁某系某公立医院的配药师，是具有行政编制的在编人员，其利用在单位西药房配药时接触药品的便利，分多次窃取该医院的共价值人民币 20000 万元的药品，后低价销赃给外面的药贩，得款全部挥霍，构成何种犯罪？

梁某工作的医院属于国有事业单位，梁某本身也具有国家工作人员身份，但是其从事的工作并非属于公务的范畴。所谓公务，是指领导、管理、审批、主管或经办某一具体事务等工作，它是行政性、公共性的，一般是对外的。本案中，梁某作为配药师，工作职责是按照医生开具的处方进行配药，其行为没有涉及公共事项，没有行政管理的性质，不具备公务的特征。因此，梁某的行为不构成贪污罪。且由于梁某只是利用工作中接触到药品的便利窃取药品，其行为也不构成职务侵占罪，应认定为盗窃罪。② 笔者同意上述观点。

职务侵占罪要求犯罪数额较大的才能构成犯罪。“何为数额较大”？根据 2010 年 5 月 7 日最高人民检察院、公安部《关于公安机关管辖的刑事案件追诉标准的规定（二）》第 84 条规定：“公司、企业或者其他单位的人员，利用职务上的便利，将本单位财物非法占为己有，数额在五千至一万元以上的，应予追诉。”但是，根据 2016 年 4 月 18 日最高人民法院、最高人民检察院《关于办理贪污贿赂刑事案件法律适用若干问题的解释》第 11 条规定：“刑法第一百六十三条规定非国家工作人员受贿罪、第二百七十一条规定的职务侵占罪中的‘数额较大’、‘数额巨大’的数额起点，按照本解释关于受贿罪、贪污罪相应数额标准规定的二倍、五倍执行。”

---

① 赵秉志主编：《侵犯财产罪研究》，中国法制出版社 1998 年版，第 347 页。

② 许海娟：《浅析职务侵占罪与贪污罪的区别》，载《法制与社会》2011 年第 11 期。

至此可以看出：职务侵占罪构成的“数额较大”是6万元以上不满40万元，“数额巨大”是指100万以上不满1500万元。如此规定，大大提高了职务侵占罪构成的标准，缩小了打击的范围。

（四）职务侵占罪的主观方面

本罪行为人的犯罪心态是明知自己的行为会侵犯单位财产的所有权，在非法占有目的的支配下积极追求这种结果发生的心理态度。

二、职务侵占罪的认定

（一）有身份的单位工作人员与无身份的工作人员之间共同犯罪的认定

根据2006年最高人民法院《关于审理贪污、职务侵占案件如何认定共同犯罪几个问题的解释》第2条规定，行为人与公司、企业或者其他单位的人员勾结，利用公司、企业或者其他单位人员的职务便利，共同将该单位财物非法占为己有，数额较大的，以职务侵占罪共犯论处。此时，不管行为人的身份是国家工作人员还是无业人员，只要是利用了公司、企业或其他单位工作人员的职务便利，侵吞本单位财物的，都依照职务侵占罪定罪处罚。另外，根据《关于审理贪污、职务侵占案件如何认定共同犯罪几个问题的解释》第3条规定，公司、企业或者其他单位中，不具有国家工作人员身份的人与国家工作人员勾结，分别利用各自的职务便利，共同将本单位财物非法占为己有的，按照主犯的犯罪性质定罪。同时，2003年最高人民法院《关于印发〈全国法院审理经济犯罪案件工作座谈会纪要〉的通知》规定：司法实践中，如果根据案件的实际情况，各共同犯罪人在共同犯罪中的地位、作用相当，难以区分主从犯的，可以贪污罪定罪处罚。至此，明确了不同身份的人共同犯罪的处罚原则。

（二）职务侵占罪与盗窃罪的区别

职务侵占罪，是指公司、企业或者其他单位的工作人员，利用职务上的便利，将本单位财物非法占为己有，数额较大的行为。盗窃罪，是指以非法占有为目的，秘密窃取数额较大的公私财物或者多次秘密窃取公私财物的行为。职务侵占罪与盗窃罪的区别表现在以下几个方面：

（1）犯罪主体不同。职务侵占罪的犯罪主体是公司、企业或其他单位的工作人员。而盗窃罪的主体可以是任何人，没有身份的限制。

（2）犯罪客体不同。职务侵占罪侵犯的客体是复杂客体，包括公司、企业或其他单位工作人员职务的廉洁性和单位财产所有权。而盗窃罪侵犯的客体是单一客体，即他人财产所有权。

（3）犯罪的客观行为方式不同。职务侵占罪是行为人利用职务上的便利条件，将自己主管、管理、经手的本单位财物，通过窃取、骗取或侵吞等方式非法占为己有的行为。其职务上的便利不同于工作上的便利，职务上的便利是因职位所规定应该担任的工作而形成的便利。工作上的便利与职位无关，仅因是本单位工作人员，熟悉本单位的环境状况而带来的较易接近作案目标或对象的便利。因此，同一单位工作人员，若是利用职务上的便利窃取本单位财物，则构成职务侵占罪；若利用工作上的便利窃取本单位财物，则构成盗窃罪。

例如，2011 年 5 至 8 月，被告人赵某等九人驾驶中国石油天然气运输公司河南分公司油罐车从中石油某县油库往某地区配送汽油、柴油，在途经 107 国道某饭店时得知该饭店老板孟某某收油并留有联系电话，之后上述被告人在配送油品途经该饭店时，电话联系孟某某携带油桶在 168 饭店附近等候，被告人赵某等五人与孟某某交叉结伙先后窃取车上汽柴油共计 37 次（每次 1 至 2 桶，每桶 25 升），价值 11843 元。

2011 年 5 至 8 月，被告人陈某某、李某明知被告人赵某等盗卖油品，仍多次应被告人赵某等要求“让油”（少计油量），为其偷卖油品提供帮助，并每次获利 30～50 元。其中，陈某某共让油

22 次，共计参与盗窃油品 950 升价值 6619. 5 元，得赃款 1000 余元。李某让油共 12 次，参与盗窃油品 550 升价值约 3831. 5 元，得赃款 600 余元。对于本案是构成盗窃罪还是职务侵占罪，有两种不同的观点：

一种观点认为，被告人赵某等六名司机虽为中石油职工（司机），但依其岗位职责，不具有管理或经手油罐车内柴油、汽油的职权，其之所以能获取油罐车内的部分柴油、汽油，仅因熟悉作案环境，以及凭借工作人员身份，较易接近作案目标或对象，而不是利用其职权或职责范围内的合法条件。故应以盗窃罪定罪处罚。

另一种观点认为，赵某等六名司机作为事实上的随车押运员，形成了对柴油、汽油的保管的职责或职权，并对进出油库和加油站之间的汽油、柴油负有准确交接、安全无误的责任。因此，其利用运输的职务之便，秘密窃取油罐车中的汽油、柴油符合职务侵占罪的特征，应以职务侵占罪处罚。

本案被告人赵某等六人的岗位职责均是从中石油淇县油库往新乡地区配送汽油、柴油。被告人赵某等六人系中国石油天然气运输公司河南分公司司机，即使驾驶车辆运输汽油、柴油，也只是利用油罐车进油、出油和确保汽油、柴油途中的安全，即对油罐车负有护送和交接等责任，对被上锁的油罐内之汽油、柴油无职权，也不能直接管理、经手，其所管理的仅仅是放置汽油、柴油的载体即油罐车而无打开油罐封条的权利。因此，本案被告人赵某等六名司机的行为，应以盗窃罪处罚。被告人陈某某、李某均系中石油淇县油库计量员，其职责仅仅是对油库的储油量进行测量，而没有保管柴油、汽油的权利。他们是在明知这六位司机要求“让油”（少计油量）时提供帮助，在他们共同的盗窃行为中起次要作用，是从犯。

因此上述八名被告人是盗窃罪，而不是职务侵占罪，因为他们对财物均没有直接管理或经手的职权，其职权均是对财物载体的管理或经手。如果利用对财物载体的管理或经手，而秘密窃取载体内的财物，则是凭借其工作人员的身份，利用较易接近作案对象的工作上的便利，而不是利用职务上的便利。[①] 此判决是正确的。

第三节　非国家工作人员受贿罪

非国家工作人员的贿赂犯罪通常发生在平等商业主体的市场经营交易活动中，其本质在于以不正当的方式损害竞争对手的合法权益，是竞争者通过秘密收买交易对方的雇员或代理人的方式，获取优于其竞争对手的竞争优势，进而获得交易机会和商业利润，但是这种竞争方式破坏了市场竞争的正当性和诚实性。因而，在这些活动中，一方为了谋取竞争优势而给付相关利益，另一方利用手中的权力作为筹码进行交换，也是一种权力与利益的交换。国外也是一样，企业家与政治家勾结攀扯的案件源源不绝。比如，洛克希德公司为出售大型客机向总理赠送贿赂的“洛克希德案件”、由大型建筑公司向地方政府长官赠送贿赂的建筑行业渎职案件等就是典型的例子。[②]

一、非国家工作人员受贿罪的概念和特征

根据《刑法》第163条规定，非国家工作人员受贿罪是指公司、企业或其他单位的工作人员，利用职务上的便利，索取他人财物或者非法收受他人财物，为他人谋取利益，数额较大的行为。其犯罪构成特征如下：

（一）犯罪客体

本罪侵害的客体是复杂客体，即社会主义市场经济秩序和公司、企业、其他单位工作人员职务行为的廉洁性。本罪的犯罪对象

---

① 范秀丽：《盗窃罪与职务侵占罪的区别》，载 http://www.chinacourt.org/article/detail/2012/12/id/799880.shtml。

② ［日］芝原邦尔著：《经济刑法》，金光旭译，法律出版社2002年版，第16页。

是“财物”，既包括金钱和实物，也包括可以用金钱计算的各种财产性利益，如提供的房屋装修、含有金额的会员卡、代金卡(券)、旅游费用等。具体数额以实际支付为准。

（二）犯罪的客观方面

客观方面表现为非国有公司、企业或其他单位中的工作人员利用职务上的便利，索取他人财物或非法收受他人财物，为他人谋取利益，数额较大的行为。“利用职务上的便利”是本罪在客观方面的重要因素，是指公司、企业以及事业单位、其他组织等单位的工作人员利用本人组织、领导、监督、管理等职权以及利用与上述职权有关的便利条件。行为人在自己的职权范围内，享有了解单位内幕信息、处理单位事务的权利，这种权利一般包括人事权、物权、财权以及了解资金、生产经营、盈亏及股金、红利等情况的权利。索取他人财物是指利用组织、领导、监督、管理等职务上的便利，主动向有求于本人职务行为的请托人索要财物。非法收受他人财物是指利用组织、领导、监督、管理等职务上的便利，为请托人办事，接受请托人主动送给的财物。为他人谋取利益是指行为人索要或收受他人财物，利用职务之便为他人或允诺为他人实现某种利益。该利益是合法还是非法，该利益是否已谋取到，均不影响本罪的成立。数额较大是指接受贿赂即财物的数额较大。接受了数额较大的贿赂，则构成该罪的既遂。《刑法修正案（六）》第 7 条修改了《刑法》第 163 条第 2 款的规定，公司、企业或者其他单位的工作人员在经济往来中，利用职务上的便利，违反国家规定，收受各种名义的回扣、手续费，归个人所有的，以公司、企业、其他单位人员受贿罪处罚。

（三）犯罪主体

犯罪主体是特殊主体，即公司、企业或者其他单位的工作人员。公司、企业的工作人员是指在非国有公司、企业、其他单位中从事领导、组织、管理工作的人员，如公司的董事、监事以及公司、企业的经理、厂长、财会人员以及其他受公司、企业聘用从事管理事务的人员，也包括国有公司、企业以及其他国有单位中的非国家工作人员。“其他单位的人员”既包括事业单位（如教育、科研、医疗、体育、出版等单位）、社会团体、村民委员会、居民委员会、村民小组等常设性的组织，也包括为组织体育赛事、文艺演出或者其他正当活动而成立的组委会、筹委会、工程承包队等非常设性组织中的人员。

（四）犯罪主观方面

主观方面表现为故意，即公司、企业、其他单位人员故意利用其职务之便索取贿赂或收受，为他人谋取利益，并且希望这样的结果发生。

二、非国家工作人员受贿罪的认定

（一）罪与非罪

（1）按照《刑法》第 163 条的规定，构成公司、企业、其他单位人员受贿罪必须是受贿数额较大的，不足较大数额的按一般受贿行为处理。数额较大的具体界限，根据最高人民法院《关于办理违反公司法受贿、侵占、挪用等刑事案件适用法律若干问题的解释》的规定，索取或者收受贿赂 6 万元以上的，属于数额较大；索取或者收受贿赂 40 万元以上的，属于数额巨大。

（2）公司、企业、其他单位人员在法律、政策许可的范围内，通过自己的劳动换取合理报酬的，不属于利用职务上的便利受贿，因而是合法行为而不是犯罪。

（3）公司、企业、其他单位人员接受亲朋好友的一般礼节性馈赠，而没有利用职务上的便利为亲朋好友谋取利益的，不成立公司、企业、其他单位人员受贿罪。

（4）区分以收受回扣、手续费为特点的公司、企业、其他单位人员受贿罪与正当业务行为的界限。在正常的市场交易行为中，取得符合《中华人民共和国反不正当竞争法》规定的折扣、佣金是正当业务行为；而违反国家规定，收受各种名义的回扣、手续费，为个人所有的，应认定为公司、企业、其他单位人员受贿罪。

（二）非国家工作人员受贿罪与受贿罪的界限

区分受贿罪与非国家工作人员受贿罪的关键有两点：

第一，行为人是否具有国家工作人员的身份。如果是在国家机关、国有公司、企业、事业单位、人民团体中，具有国家工作人员身份的人，利用职务便利索取或收受的贿赂，就构成受贿罪；若是上述国有单位中的非国家工作人员，也并非受国有单位委托从事公务的人员，利用其工作便利索取或收受他人财物为他人谋取不正当利益的，只能构成非国家工作人员受贿罪。

第二，是否从事公务。“从事公务”是认定国家工作人员身份的实质要件。最高人民法院《关于印发〈全国法院审理经济犯罪案件工作座谈会纪要〉的通知》规定：“从事公务，是指代表国家机关、国有公司、企业、事业单位、人民团体等履行组织、领导、监督、管理等职责。”“公务”主要表现为与职权相联系的公共事务以及监督、管理国有财产的职务活动。对于不具备职权内容的劳务活动、技术服务工作，一般认为不是公务而是劳务。所谓“劳务”，是指直接以劳动从事具体物质生产和社会服务的活动，是一种职业而不是职权活动。由于劳务不具有组织、领导、监督、管理国家事务和社会公共事务的性质特征，因此从事劳务工作人员不能以国家工作人员论。例如，依照最高人民法院、最高人民检察院《关于办理商业贿赂刑事案件适用法律若干问题的意见》的规定，下列人员的行为属于“劳务”而非“公务”，依照非国家工作人员受贿罪定罪处罚：

（1）医疗机构中的医务人员，利用开处方的职务便利，以各种名义非法收受药品、医疗器械、医用卫生材料等医药产品销售方财物，为医药产品销售方谋取利益，数额较大的，以非国家工作人员受贿罪定罪处罚。

（2）学校及其他教育机构中的教师，利用教学活动的职务便利，以各种名义非法收受教材、教具、校服或者其他物品销售方财物，为教材、教具、校服或者其他物品销售方谋取利益，数额较大的，依照《刑法》第163条的规定，以非国家工作人员受贿罪定罪处罚。

(3) 依法组建的评标委员会、竞争性谈判采购中谈判小组、询价采购中询价小组的组成人员，在招标、政府采购等事项的评标或者采购活动中，索取他人财物或者非法收受他人财物，为他人谋取利益，数额较大的行为。

如果是国家出资成立的国有控股、参股公司，其中的工作人员的身份如何认定？是属于国家工作人员还是非国家工作人员？其利用职务便利收受财物的行为是受贿罪还是非国家工作人员受贿罪？

根据2001年最高人民法院《关于在国有资本控股、参股的股份有限公司中从事管理工作的人员利用职务便利非法占有本公司财物如何定罪问题的批复》中规定："在国有资本控股、参股的股份有限公司中从事管理工作的人员，除受国家机关、国有公司、企业、事业单位委派从事公务的外，不属于国家工作人员。"而且最高人民法院《关于印发〈全国法院审理经济犯罪案件工作座谈会纪要〉的通知》指出："国家机关、国有公司、企业、事业单位委派在国有控股或参股的股份有限公司从事组织、领导、监督、管理等工作的人员，应以国家工作人员论。"因此，国有控股、参股公司企业中的工作人员只有在受国家机关、国有公司、企业、事业单位委派从事公务的情况下才以国家工作人员论，国有控股、参股公司企业中的一般工作人员不被认为是国家工作人员。① 例如，"宋

① 丁永东：《浅析受委派国家工作人员主体认定问题》，载《法制博览》2013年第1期。

涛非国家工作人员受贿案"[①] 中，宋涛负责上港集团下属港区码头货物装卸、船舶到港、浮吊作业计划、分配、调度和管理，系经股份公司授权代表股份公司利益从事相关活动，是具有管理属性的工作岗位，属于公司的公务活动，但不属于专门从事国有资产监督、管理的公务活动，[②] 因此不能认定其为国家工作人员。

三、非国家工作人员定罪量刑的标准

根据 2016 年最高人民法院、最高人民检察院《关于办理贪污贿赂刑事案件适用法律若干问题的解释》第 11 条的规定，"刑法第一百六十三条规定的非国家工作人员受贿罪、第二百七十一条规定的职务侵占罪中的'数额较大''数额巨大'的数额起点，按照本解释关于受贿罪、贪污罪相对应的数额标准规定的二倍、五倍执行。"公司、企业或者其他单位的工作人员利用职务上的便利，索取他人财物或者非法收受他人财物，为他人谋取利益，数额较大的(6 万元至 40 万元)，处 5 年以下有期徒刑或者拘役；数额巨大的(15 万元至 100 万元)，处 5 年以上有期徒刑，可以并处没收财产。公司、企业或者其他单位的工作人员在经济往来中，利用职务上的便利，违反国家规定，收受各种名义的回扣、手续费，归个人所有

---

① 最高人民法院：《宋涛非国家工作人员受贿案（第 957 号）》，载《刑事审判参考》2014 年第 2 期。2009 年年底至 2012 年 8 月，被告人宋某在担任上港集团生产业务部生产调度室副经理、经理期间，利用负责上港集团下属港区码头货物装卸、船舶到港、浮吊作业计划、分配、调度和管理等职务便利，先后多次收受上海铨兴物流有限公司负责人丁华给予的价值人民币(以下币种同）1.5 万元的联华 OK 消费积点卡及 LV 皮包 1 只，收受上海顶晟国际货物运输代理有限公司负责人陈立军给予的现金 20 万余元。上述收受的消费积点卡、贿赂款共计价值 21.5 万余元，均被宋某用于个人消费。

② 《如何认定国有控股企业中一般中层管理干部的国家工作人员身份》，载《刑事审判参考指导案例》，http://www.zwjkey.com/onews.asp? ID = 14365，最后访问时间：2014 年 12 月 3 日。

的，依照《刑法》第163条非国家工作人员受贿罪的规定处罚。

第四节　对非国家工作人员行贿罪

一、对非国家工作人员行贿罪的概念和特征

依照刑法第163条第1款的规定，对非国家工作人员行贿罪是指行为人为了谋取不正当利益，给予公司、企业或其他单位的工作人员以财物，数额较大的行为。本罪具有以下几个特征：

（一）犯罪客体

对非国家工作人员行贿罪的客体是复杂客体，是公平竞争的市场交易秩序和公司、企业或者其他单位工作人员职务行为的不可收买性。其中，公平竞争的市场交易秩序是主要客体，而公司、企业或者其他单位的工作人员职务行为的不可收买性是次要客体。贿赂对象范围和公共领域公职人员的贿赂范围是一致的，包括货币、物品和财产性利益。财产性利益包括可以折算为货币的物质利益如房屋装修费、债务免除等，以及需要支付货币的其他利益如会员服务、旅游等。后者的犯罪数额，以实际支付或者应当支付的数额计算。

（二）犯罪的客观行为

对非国家工作人员行贿罪的客观行为是为谋取不正当利益，给予非国家工作人员以财物，数额较大的行为。这里的“给予”仅限于实际给予。依据《联合国反腐败公约》规定的要求，对非国家工作人员行贿罪的行为方式应扩大为“实际给予”“许诺给予”和“提议给予”三种方式，相当于德国、日本、意大利等国家规定的行求、期约和交付。所谓“提议给予”（行求），是指行为人表示愿意交付贿赂，以换取对方实施或不实施职务上的行为，或者违背职务的行为。这种行为只需要有行贿人交付贿赂的意思表示即可成立犯罪，不以对方接受其意思表示为必要。“行求”的意思表

示既可以是明示，也可以是暗示；既可以是行为人直接向对方提出，也可以是行为人通过第三人间接地向对方提出。所谓“许诺给予”（期约），是指双方就交付贿赂的数额与方式形成约定，这种约定是行为人主动提出的，还是由受贿人主动提出的，对于犯罪的构成并无影响。所谓“实际给予”（交付），是指行贿人将贿赂交给受贿人本人或者由他指定的第三人，既可以是行贿人本人直接给予贿赂，也可以通过中间第三人间接给予。我国刑法规定的对非国家工作人员行贿罪只有“实际给予”了贿赂才构成犯罪，提议给予和承诺给予而没有实际给予的则不构成犯罪，这种立法规定不利于从源头上预防权钱交易行为的发生。

这里的“数额较大”是指依照2016年最高人民法院、最高人民检察院《关于办理贪污贿赂刑事案件适用法律若干问题的解释》第11条规定：“刑法第一百六十四条第一款规定的对非国家工作人员行贿罪中的‘数额较大’‘数额巨大’的数额起点，按照本解释第七条、第八条第一款关于行贿罪的数额标准规定的二倍执行。”所以，“数额较大”是6万元，“数额巨大”是200万元。

（三）犯罪的主观故意

对非国家工作人员行贿罪的主观故意表现为行为人为了谋取不正当利益，明知其给予非国家工作人员以财物的行为的危害性但依然实施，并且希望这种结果发生的行为，是直接故意，且具有谋取不正当利益的目的。何为“不正当利益”，根据“两高”于2008年通过的《关于办理商业贿赂刑事案件适用法律若干问题的意见》第9条规定，“在行贿犯罪中，‘谋取不正当利益’，是指行贿人谋取违反法律、法规、规章或者政策规定的利益，或者要求对方违反法律、法规、规章、政策、行业规范的规定提供帮助或者方便条件。在招标投标、政府采购等商业活动中，违背公平原则，给予相关人员财物以谋取竞争优势的，属于‘谋取不正当利益’行为”。

有学者指出，在商业行贿犯罪中，不正当利益通常就是通过行贿手段在市场活动中获得的竞争机会或者竞争优势。应该说，竞争机会或者竞争优势本身是合法的，但是通过行贿的手段获得竞争机会或者竞争优势就是违法的。因此，所谓“谋取不正当利益”，在对非国家工作人员行贿罪中并非指利益本身违法，而是指获得利益的手段违法。通常来讲，回扣、手续费是行贿人经常采取的行贿方式。在《刑法》第163条中，明确规定了公司、企业或者其他单位的工作人员在经济往来过程中，利用职务上的便利，违反国家相关规定，收受各种名义的回扣、手续费等归个人所有的行为是非国家工作人员受贿罪的一种客观行为方式。但在《刑法》第164条中没有规定行为人在经济往来中，违反国家规定，给予公司、企业或者其他单位的工作人员以各种名义的回扣、手续费的行为构成对非国家工作人员行贿罪。尽管获得交易机会、竞争优势以及产品或服务利润本身是合法的，但是行贿方使用回扣、手续费等手段来获得交易机会或者竞争优势是违反法律规定的。如果受贿方提供交易机会并非是因为行贿方行贿所致，而是由于行贿方的产品质量上乘、服务优质而与之进行交易，那么由于行贿方获得的交易机会并非是因为其使用不正当行贿手段的结果，因此行贿人获得的交易机会就不是不正当利益，因而不构成对非国家工作人员行贿罪。[①]

二、对非国家工作人员行贿罪的认定

（一）正确区分贿赂与馈赠

最高人民法院、最高人民检察院《关于办理商业贿赂刑事案件适用法律若干问题的意见》规定，正确区分贿赂与馈赠，应当结合以下因素全面分析、综合判断：（1）发生财物往来的背景，如双方是否存在亲友关系及历史上交往的情形和程度；（2）往来财物的价值；（3）财物往来的缘由、时机和方式，提供财物方对于接受方有无职务上的请托；（4）接受方是否利用职务上的便利

---

① 韩成军：《对非国家工作人员行贿罪探析》，载《学术界》2011年第5期。

为提供方谋取利益。如果根据上述因素判断行为人给予非国家工作人员的属于亲人、朋友之间的礼尚往来，给予财物和其获得不正当利益不是对价交换的关系，就不能认为构成对非国家工作人员行贿罪。

（二）取消对非国家工作人员行贿罪中“为谋取不正当利益”的主观要求

依据《联合国反腐败公约》第21条规定，商业行贿人只要有许诺给予、提议给予或者实际给予该人本人或者他人不正当好处，以使该人违背职责作为或者不作为的，就构成商业行贿罪；我国刑法规定对非国家工作人员行贿罪的构成主观上须具有“为谋取不正当利益的目的”，如此规定问题重重：

第一，“谋取不正当利益”的主观目的较难认定。由于对“利益”介入了“不正当”这一评价因素，利益“正当”与否就需要区分，但目前区分度不明显，标准模糊，如为了承揽工程、职务晋升等利益而行贿，如果本身是符合条件的，就很难认定利益的正当性与否，在刑事责任认定时就会出现两难境地，给侦查工作带来很大的障碍。

第二，造成了贿赂犯罪中两罪刑罚处罚的严重失衡。对非国家工作人员行贿罪和非国家工作人员受贿罪是对行犯。实践中，大部分的贿赂案件，行贿人是主动的，对贿赂犯罪的发生具有本源性。但因刑法规定的犯罪构成的条件不同，致使在同一案件中两罪的量刑差距较大。行为人如果是为了谋取“正当利益”而行贿的就不构成犯罪，但是根据我国刑法以及相关司法解释的规定，无论是索取型贿赂还是收受型贿赂，犯罪的构成并未要求“谋取不正当利益”的要件，即使行为人没有为请托人谋取不当利益，或者谋取的是合法利益，只要收受了贿赂就构成非国家工作人员受贿罪。①

---

① 罗枫：《行贿罪不应以“为谋取不正当利益”为要件》，载《上海政法干部管理学院学报》1999年第5期。

所以，行贿人有无“谋取不正当利益”的目的不影响受贿罪的认定，但却影响其自身犯罪的成立。

此外，在贿赂犯罪的查处中，尤其是在“一对一”贿赂案件中，侦查机关为了收集证据侦破案件，往往通过承诺对行贿人减轻或免除处罚方式，让行贿人证明受贿人的罪责，从而造成性质大致相同的行为处理结果却完全不同的尴尬局面[①]。这实际上是以放纵行贿犯罪为代价来换取对受贿犯罪的查处，最终又使打击受贿犯罪、减少贿赂犯罪的发生变得难以奏效。由于立法对行贿行为的不当规定，导致大量为谋取正当利益而行贿的行为发生，与之相对应的受贿犯罪也相应增多，[②] 取消对非国家工作人员行贿罪的“为谋取不正当利益的”主观目的就可以避免上述弊端的发生。

（三）注重行政责任与刑事责任的协调与衔接

对商业领域的贿赂犯罪，刑法是重要的但不是唯一的制裁方式，行政法的惩治同样发挥着重要的作用，鉴于刑罚的严厉性和迫不得已才用的谦抑性，发生违法行为时应当首选行政处罚，如《反不正当竞争法》等。但是由于我国行政处罚的力度太小，涉及建筑领域和政府采购动辄数十亿元，对一个公司或企业来说，几万元甚至十几万元的罚款不会有多大的触动作用。另外行政裁量的幅度太大，1 万元至 20 万元都是合法的，没有具体的裁量标准。因此，对非国家工作人员的行贿行为的行政处罚应当提高处罚力度，采用倍比罚金制，根据违法所得的金额处以 1 倍以上 5 倍以下的罚金。[③] 此外，处罚还应根据案件的不同情况综合考虑贿赂的金额、

① 曾友祥：《论商业贿赂的刑法规制》，载《贵州社会科学》2012 年第 1 期。

② 赵秉志：《商业行贿犯罪中“谋取不当利益”的认定与修改》，载《人民检察》2006 年第 13 期。

③ 孙国祥、魏昌东著：《反腐败国际公约与贪污贿赂犯罪立法研究》，法律出版社 2011 年版，第 479 页。

情节、危害后果等因素，确定适用行政处罚还是刑罚处罚，抑或两者都用，即在给予刑事处罚的同时，由行政机关处以吊销企业营业执照、吊销个人经营资格证以及剥夺其他的市场禁入资格等行政处罚，以实现行政责任与刑事责任的有效衔接，以便更有效地打击此类犯罪行为。①

第五节 对外国公职人员、国际公共组织官员行贿罪

世界经济的全球化在促进世界经济繁荣发展的同时，也诱发了跨国性的腐败犯罪。在国际商业贸易活动中，一些跨国公司为了在激烈的竞争中获得优势，进而谋取巨额的商业利润，进行海外贿赂。据美国有关部门的报告，从 1994 年到 2001 年的 7 年时间全球范围有 400 多家跨国公司对 100 多个国家进行了贿赂，其目的就在于争取 200 多亿美元的合同。最初一些跨国公司认为，利用海外贿赂可以促进国际商业贸易，一些国家甚至将贿赂款项列入生产成本，作为可以税前扣除的费用，享受免税的优惠，其目的在于为本国的跨国经济体取得国际竞争优势，进而占有更高的海外市场份额。但是随着经济的进一步发展，人们逐渐发现，海外商业贿赂在国际交往中的作用已经弊大于利，它在加剧不正当竞争的同时，也损害了公众对于政府的信任，影响东道国的投资和经济的发展。世界银行的统计表明，贿赂等腐败行为能使一个国家的经济增长下降 0.5%，国际货币基金组织认为，在贿赂等腐败问题较为突出的国

① 刘伟丽：《〈联合国反腐败公约〉与我国商业贿赂犯罪的立法完善》，载《河南财政税务高等专科学校学报》2014 年第 1 期。

家，投资金额至少下降了 5%。[①] 短期内看起来好像是有许多资金流向东道国，但从长远来看，这些贿赂资金都将被行贿的跨国公司以巨额商业利润的形式收回。同时，海外贿赂也破坏了东道国的投资环境，损害了潜在投资者的信心和积极性，许多投资者可能由于不愿支付高额的贿赂金而放弃在东道国的投资。[②]

一、对外国公职人员、国际公共组织官员行贿罪的概述

对外国公职人员或国际公共组织官员行贿犯罪属于具有涉外因素的贿赂犯罪，也称为海外贿赂犯罪，它是指行贿方是一国的国民、法人或其代理人，受贿方是另一国家的官员。[③] 本罪的构成具有跨国或其他涉外因素，行贿方与受贿方分属不同的国家，如果行贿方与受贿方都是同一国国民则不成立本罪，而是构成贿赂本国公职人员罪。但如果行贿方是一国的国民或法人，而代理人与受贿方同是另一国的国民时，仍然认为具有跨国或其他涉外因素。

正是由于贿赂犯罪严重的社会危害性，国际社会普遍认为，贿赂外国公职人员或国际公共组织官员的行为是一种国际犯罪行为，对行为人应当追究刑事责任。但是由于跨国公司的贿赂行为往往涉及多个国家及地区，所以必须加强国际合作、依靠国际社会的共同努力才能有效打击和预防贿赂外国公职人员或国际公共组织官员的犯罪行为。为此，联合国大会颁布了一系列文件惩治和预防贿赂外国公职人员或国际公共组织官员的犯罪行为。例如：

（1）1974 年 12 月 12 日，联合国大会通过的《各国经济权利

① 金鑫、徐晓萍著：《中国问题报告——影响新世纪中国发展的若干重大问题》，浦东电子出版社 2002 年版，第 10 页。

② 聂资鲁等著：《〈联合国反腐败公约〉与中国反腐败法制的完善》，中国出版集团、世界图书出版公司 2013 年版，第 80 页。

③ 杨宇冠、吴高庆著：《〈联合国反腐败公约〉解读》，中国人民公安大学出版社 2004 年版，第 152 页。

和义务宪章》，明确规定了每个国家有权管理和监督其国家管辖范围内的跨国公司的活动，并采取措施保证这些活动遵守其法律、规章和条例，符合本国的经济发展和社会政策。

（2）1975 年 5 月 25 日，联合国大会通过了《关于非法支付的国际协定》，该协定在预防和制裁贿赂外国官员犯罪方面具有十分重要的意义。在该协定第 1 条、第 3 条和第 7 条明确规定了对非法支付的犯罪行为的预防、禁止和惩治以及构成非法支付的各种行为方式。

（3）1983 年 5 月 21 日，跨国公司委员会的特别会议通过了《联合国跨国公司行动守则（草案）》，该守则明确规定了非法支付的国际协定中所确立的原则，应当适用于禁止跨国公司贿赂的各个领域。同时还规定了跨国公司在其交易中不得表示愿意提供、答应或给予任何款项、礼物或其他利益，以促使该公务人员做对其有利的事，以作为该公务人员对有关交易履行或不履行职责的报酬，即对该国公务员的贿赂行为。

（4）1996 年 12 月 12 日，联合国大会通过了《公职人员国际行为守则》，建议会员国将该守则作为指导本国反腐败工作的依据。该守则明确规定，公职人员应保证根据法律或行政政策，切实有效地、公正地履行其职责和职能。无论何时，公职人员都应努力保证由其所负责的公共资源得到最切实有效的管理。公职人员不得直接或间接地索取或接受任何可能影响其履行职责或作出公正抉择的礼品或其他馈赠。

（5）1996 年 12 月 16 日，联合国大会通过了《联合国反对国际商业交易中的贪污贿赂行为宣言》，要求各会员国要遵照本国的宪法和基本法律原则，并按照本国法律和程序采取行动时，承诺“采取有效的具体行动取缔国际商业交易中一切形式的贪污、贿赂及有关违法行为，特别是致力于有效地执行禁止在国际商业活动中行贿的现行法律，鼓励没有这种法律的国家为此目的通过法律，并吁请在其管辖范围内从事国际商业交易的公私营公司，包括跨国公司和个人促进本宣言的目标”，并要求各会员国“切实采取协调一致的行动，将贿赂外国公职官员的这种行为治罪”。

（6）1997年12月12日，联合国大会通过了《国际合作打击国际商业交易中的贪污腐败和贿赂行为》的决议，明确指出：联合国大会“不安地注意到在国际业交易中他国的个人和企业向公职人员行贿的现象，确信这种行径因助长公共部门的腐败而会破坏国家机关的廉洁和削弱社会和经济政策，从而减损其威信，又确信打击贪污腐败一定要有真诚的国际合作努力为基础”。“商定所有国家应采取一切可能的措施，进一步执行《联合国反对国际商业交易中的贪污贿赂行为宣言》和《公职人员国际行为守则》。”并“促请各会员国以有效和协调的方式将在国际商业交易中向其他国家公职人员行贿的行为按刑事罪论处，并鼓励他们酌情开展方案活动，阻止、防止和打击行贿受贿和贪污腐败”。

（7）2000年11月15日，联合国大会决议通过了《联合国打击跨国有组织犯罪公约》，明确要求各缔约国采取必要的立法和其他措施，以便将涉及外国公职人员或国际公务员的腐败行为规定为刑事犯罪。

就我国刑法规定的海外贿赂来看，仅指中国公民或法人在商业贸易中，对外国的公职人员或国际公共组织官员行贿罪，如果外国的公司企业及其代理人为了谋取商业利益，在国内对中国的官员或其他责任人行贿的，按照属地原则优先的刑事管辖权，则依照我国刑法规定的行贿罪或对非国家工作人员行贿罪处罚，如总部设在伦敦的医药公司——葛兰素史克在华贿赂案。①

近年来，全球反海外贿赂行动出现四个重要趋势：

一是坚持公司和责任人双罚原则，个人获刑案件剧增。例如，在葛兰素史克贿赂案中，不仅直接责任人马克锐等被告被判有期徒刑2到4年，公司也被判处30亿元人民币的罚金。

二是查处对象从海外子公司转向外国公司，打击海外商业竞争

① 《葛兰素史克被曝贿赂医生　跨国药企频陷丑闻为哪般》，载http：//finance. qq. com/a/20140417/000375. htm。据报道，葛兰素史克（GSK）是一家总部设在伦敦的以研发为基础的药品和保健品公司。2009年1月犯罪嫌疑人马克锐就任犯罪嫌疑单位GSKCI处方药事业部总经理后，为了完成GSK总部下达的高额销售指标，在犯罪嫌疑人张国维等人支持下，全面倡导“以销售产品为导向”的经营理念，强调“没有费用，就没有销量”的销售手段，先后组建和扩充了多个销售部门，在处方药和疫苗销售过程中，GSKCI下属各药品生产企业、与经营相关的各部门全面参与，建立自营药品销售、外包药品销售、“冷链”（疫苗）销售、大客户团队销售、危机公关五条“贿赂链”，形成了医药代表贿赂医生、地区经理贿赂大客户、大区经理贿赂VIP客户、市场部贿赂专家、大客户部贿赂机构的贿赂网，贿赂销售行为涉及全国各地。在此期间，马克锐等犯罪嫌疑人组织其财务部门，采取在GSK内部虚假交易的手段，将在中国境内的绝大部分违法所得作为采购成本转移到境外预设的公司结算。GSKCI在中国销售的药品大多冠以海外原研药名义，在药品进口前通过转移定价的方式，增高药品报关价格，其巨额贿赂成本及违法所得，实际上都通过虚高的药价转嫁给中国的病人和国家财政承担。在将巨额利润预提在境外的基础上，高额销售成本用于支撑贿赂资金。据调查，该公司一些药品在中国的售价比其他国家甚至高出7倍，如贺普丁在中国的出厂价是142元，而在韩国只有18元，在加拿大不到26元，在英国不到30元。而实际上贺普丁真实成本为15. 7元，转移定价后到中国GSKCI工厂的口岸价是73元，经物价部门核准的最高零售价为207元。2014年9月19日长沙市中级人民法院依法对葛兰素史克（中国）投资有限公司（GSKCI）和马克锐等人涉嫌的对非国家工作人员行贿、单位行贿罪和对单位行贿罪等进行不公开开庭审理，马克锐等被告被判有期徒刑2到4年，GSKCI被判罚金人民币30亿元。

者。例如，1977 年至 2011 年，美国查处的海外贿赂案件中，超过 20%的公司总部不在美国。

三是管辖范围宽泛，新兴经济体广受关注。例如，2011 年，匈牙利 Magyar 电信公司案中，美国享有管辖权的理由仅仅是欧洲受贿官员曾利用美国公司的电子邮件讨论贿赂事项。日本日挥株式会社曾因利用美国银行转账而被判处罚金 2. 188 亿美元。鉴于新兴市场国家经济发展迅猛，全球经济话语权不断提高，很多发达国家都将执法矛头对准新兴经济体，中国、伊拉克、尼日利亚、印度、巴西、俄罗斯等国成为反海外贿赂执法重点区域。[①]

四是可以采用保护管辖原则保护本国利益，对域外的贿赂犯罪行使管辖权。例如，美国对发生在瑞士的国际足联腐败案涉案人员

① 冉刚：《2011 年全球反海外贿赂一瞥》，载《中国监察》2012 年第 12 期。

的起诉和审判。[①]

二、对外国公职人员、国际公共组织官员行贿罪的构成特征分析

根据《刑法修正案（八）》第29条第2款规定，为谋取不正当商业利益，给予外国公职人员或者国际公共组织官员以财物，数额较大的，依照前款（对非国家工作人员行贿罪）的规定处罚。具体构成特征如下：

（一）犯罪客体

侵犯的犯罪客体是所在国正当的商业竞争秩序。贿赂的对象是外国公职人员或者国际公共组织官员。根据《联合国反腐败公约》第2条规定，所谓“外国公职人员”，是指外国无论是经任命还是经选举而担任立法、行政管理或者司法职务的任何人员；以及为外

① 李振林：《美国凭啥调查国际足联腐败案》，载《法制日报》2015年6月9日。美国通过与瑞士执法部门配合，在瑞士当地逮捕了部分国际足联官员的同时，纽约地检公布了长达160余页的起诉书，起诉书对14名被告发起了47项指控，罪名包括收受贿赂、敲诈勒索、汇款欺诈及洗钱等。被起诉的这些人基本都不是美国人，国际足联的总部在瑞士苏黎世，指控的相关事件包括2010年世界杯申办和2011年国际足联主席选举等，似乎与美国均无关联。那么，美国为何可以要求在国际足联总部所在地实施逮捕行动，并打算将这些指控对象引渡回美国纽约进行审讯？

实际上，由于瑞士《反腐败法》规定：“非营利组织不适用贪污罪”，故而对于国际足联的各种腐败丑闻，瑞士此前从未介入调查。而按照美国《反海外腐败法》，美国的法律有“治外法权”的规定，其管辖可以覆盖违反美国法律的外国公民。只要案件与美国相关，即使这种联系不是很大，美国司法部就有权对居住于境外的外籍人士进行专案指控。美国司法部长林奇认为，国际足联腐败案的当事人在美国开会期间谋划了很多犯罪行为，利用了美国的银行和设施，并且计划从美国茁壮成长的足球市场中获得大量不正当利益。美国之所以要制裁国际足联官员的腐败行为，首先是因为这些行为触犯了美国法律，其次就是为了维护美国的利益。

国，包括为公共机构或者公营企业行使公共职能的任何人员。国际公共组织官员，是指国际公务员或者经此种组织授权代表该组织行事的任何人员。然而，由于上述规定中的“公共机构”“公营企业”“公共职能”“国际公务员”“国际公共组织”等概念均没有直接对应的国内法规范，要在司法实践中认定外国公职人员、国际公共组织官员，必须进一步作出细化分析，准确认定外国公职人员的范围，除了应当参考《联合国反腐败公约》术语规定、海外商业贿赂腐败犯罪行为的特点外，还必须结合我国刑法原理与司法实践，对其进行准确认定。

1. 外国公职人员的界定

外国公职人员包括外国公共机构公职人员、为外国公共机构行使公共职权人员、公营企业中行使公共职权人员三类主体。由于各国法律基本一致地认可立法权、行政权、司法权的公共权力属性，外国立法、行政、司法机构中的领导人员、管理人员以及一般公务员等公务机构人员，无论其职务与地位的高低，均应当认定为外国公职人员。在反海外腐败犯罪司法实践中，判断为外国机构行使公共职权人员的身份性质，应当重点从相关雇员隶属的公共机构以及其具体实施的职权是否具有公务属性的实质角度进行司法判断。隶属单位属于公共机构且该隶属人员实施的行为属于行使公共职权，就应当认定其为外国公职人员。对于公营企业中的工作人员是否属于外国公职人员，也比较难界定，这相当于我国刑法中规定的国有公司、企业中依法从事公务的人员，以及国有公司企业委派到非国有公司、企业从事公务的人员，在实践中公营企业中国家工作人员的身份较难认定。原因是相同的：

首先，公营企业的性质认定较为困难。在世界各国的公司治理实践中，国家资本运营管理下的企业包括国有资本全资拥有、控股、参股、不直接持股但实际控制等多种形式，究竟何种国家资本控制企业属于公营企业，在各国的反海外腐败犯罪司法实践中并没有相关的立法或司法处置模式。

其次，公营企业中的公共职能辨识困难。企业本质上是市场中的平等经营主体，究竟何种经营行为能够认定为公共职能属性，同样难以判断。美国作为最早施行《反海外贿赂行为法》的国家，联邦法院系统在长达30多年的审判实务中无法对公营企业中外国公职人员的认定标准进行原则性界定，外国公职人员的实践判断基本上由海外商业贿赂案件的检控方美国司法部单方面行使裁量权。[①] 美国相关反海外腐败的研究报告显示，2009年美国反海外腐败刑事程序中，在法律解释的理由阐释层面，约有66%的国营企业中的外国公职人员定性存在极大的模糊，此类反海外腐败刑事案件大多采取辩诉交易的刑事和解方式结案。[②] 而我国商业贿赂犯罪司法实践中并没有所谓辩诉交易程序或者控辩刑事和解机制，公营企业中外国公职人员的认定只能在实体法上采取限制性解释，即公营企业必须是国家资本全资持股企业，其中行使公共职能的外国公职人员应当限定为履行公营企业管理职能的雇员。[③]

2. 国际公共组织官员的界定

国际公共组织是具有国际性公共事务管理行为特征的组织，是依据其缔结的条约或其他正式法律文件建立的有一定规章制度的常设性机构，提供国际性公共产品与公共服务是国际公共组织的根本属性。政府间国际组织和非政府间国际组织均是全球化时代国际公共事务的参与者，政府间国际组织固然行使了绝大部分公共职能，但非政府间国际组织也经常参与政府间国际组织的项目，在国际经济、社会的发展过程中发挥了重要作用，故提供公共产品的非政府

---

① Barbara George & Kathleena Lacey, Model for Analysis of the Current Anti-Corruption Environment on Foreign Corrupt Practices Act Enforcement, 96 The Journal of Criminal Law & Criminology 503 (2006).

② Rollo Baker, Foreign Corrupt Practices Act, 47 American Criminal Law Review 647 (2010).

③ 谢杰、慧芳:《海外贿赂犯罪若干实践疑难问题研究》，载《政治与法律》2012年第4期。

间国际组织也应当属于国际公共组织。《联合国反腐败公约》第2条将国际公共组织官员归纳为国际公务员与经国际组织授权行事者两种类型，这对实务中认定国际公共组织官员具有重要参考价值。

国际公务员是指在联合国及其他国际公共组织中工作的各类工作人员，受国际组织行政负责人领导，为国际组织的全体成员服务。[①] 近年来，在反海外腐败犯罪实践中，贿赂非政府间国际组织官员的行为受到全球广泛关注，文体竞赛申办国向国际足联（FIFA）等非政府间组织官员行贿案件纷纷被曝光。[②]

（二）犯罪主体

本罪的犯罪主体既有自然人，也包括单位。从实践情况来看，本罪的行贿主体通常是跨国公司和从事对外贸易的公私营公司，以及国际商业交易中的中介公司或者经纪人，受贿主体通常是行使职权的公职人员或享有公权的单位。

由于本罪的构成具有跨国或其他涉外因素，行贿者和受贿者应分属不同的国家，即行贿的一方是一国的国民、法人或其代理人，受贿方是另一国家的官员。

（三）犯罪的客观方面

本罪在客观方面表现为行为人为使外国官员不履行其法定职责而给予该官员钱财或其他报酬的行为，或行为人为其本人或者其他人员或实体索取或收受不正当好处的行为。这里并不包括为使外国官员履行合法行为的支付。

---

① 谢杰、孙慧芳：《海外贿赂犯罪若干实践疑难问题研究》，载《政治与法律》2012年第4期。

② 王大骐：《揭开国际足联黑幕》，载《南方人物周刊》2010年第14期。

三、对外国公职人员、国际公共组织官员行贿罪的立法完善建议

（一）扩大对外国公职人员、国际公共组织官员行贿的行为方式

我国《刑法》第164条第2款将对外国公职人员、国际公共组织官员行贿行为笼统地规定为“给予”财物。而《联合国反腐败公约》第16条“贿赂外国公职人员或者国际公共组织官员”中的行贿行为包括许诺给予、提议给予、实际给予三种具体且明确的形式。究竟应当如何理解我国刑法对外国公职人员、国际公共组织官员行贿罪中的“给予”行为呢？从刑法解释合理性与从严惩治行贿犯罪的角度出发，许诺给予（答应索贿者要求）、提议给予（主动行贿）、实际给予（完成行贿）更为全面地揭示了给付贿赂不同的行为形态、主观意图以及客观结果，有利于强化行贿犯罪刑法规制力度。然而，从贿赂犯罪司法操作的现实局面分析，由于行贿犯罪本身就存在查处数量相对受贿犯罪而言较少[①]、减免处罚适用率高等问题，[②] 在大量已经实际给付财物的行贿案件尚且没有进入刑事诉讼程序或者通过相对不起诉、定罪免罚方式处理的情况下，许诺给予、提议给予等没有实际给付财物的行贿案件由于证明难度较大、指控不确定因素较多，实践中一般不认定为行贿犯罪。[③]

笔者认为，对外国公职人员、国际公共组织官员行贿行为的实

① 张铭训等：《行贿犯罪情况调查与刑法适用问题研究》，载《人民检察》2008年第14期。

② 陆吉敏等：《行贿犯罪刑罚裁量调查与研究》，载《人民检察》2008年第2期。

③ 刘为波：《贿赂外国公职人员、国际公共组织官员行为的理解与适用》，载《人民司法》2011年第11期。

体认定规则不应当受到贿赂犯罪案件查处难度较高的现实局面的制约。行为人向外国公职人员、国际组织官员许诺、提议给付财物是否与实际给付贿赂一样认定为行贿犯罪，是一个行贿行为实体定性问题，必须严格按照贿赂犯罪定罪原理进行阐释与论证。海外贿赂与国内贿赂均具有相同的本质——受贿人与行贿人之间的权钱交易关系，即受贿人为他人谋取利益与行贿人给付财物之间形成非法对价关系。权钱交易关系的本质特征在贿赂犯罪刑法解释上体现为受贿行为与行贿行为的对应性解释规则——受贿人收受财物的主观意图依赖于行贿人给付财物实现，行贿人谋取不正当利益的主观意图依赖于受贿人为他人谋取利益实现，受贿犯罪与行贿犯罪在行为要件上互为对应，受贿行为与行贿行为的定罪环节互为一致。因此，在《刑法》第 164 条第 2 款没有明确“给予”财物的具体含义从而无法判断贿赂外国公职人员、国际公共组织官员等行为的定罪能否提前至许诺、提议给付贿赂时，可以从给付贿赂的对价利用职务行为谋取利益的视角展开刑法解释。根据 2003 年最高人民法院《全国法院审理经济犯罪案件工作座谈会纪要》的规定，受贿犯罪中的“为他人谋取利益”包括承诺、实施和实现三个阶段的行为。只要具有其中一个阶段的行为，如国家工作人员收受他人财物时，根据他人提出的具体请托事项，承诺为他人谋取利益的，就具备了为他人谋取利益的要件。我国刑法实务早已明确受贿行为的定罪可以提前至职务者承诺谋利阶段，根据贿赂犯罪职务行为与给付财物之间非法对价关系的本质特征，行贿行为的定罪显然应当和受贿保持一致与对应，许诺给付、提议给付均属于刑法规定的给付财物行为。①

（二）建议增设“外国公职人员或国际公共组织官员受贿罪”

外国公职人员或国际公共组织官员受贿罪是指外国公职人员或

---

① 谢杰、孙慧芳：《海外贿赂犯罪若干实践疑难问题研究》，载《政治与法律》2012 年第 4 期。

者国际公共组织官员直接或间接为其本人或者其他人或实体索取或收受不正当好处，以作为其在执行公务时作为或者不作为的条件。此处，受贿的主体是外国公职人员或国际公共组织官员，外国公职人员或国际公共组织官员可以与行贿者是同一国籍的人，但其收受不正当好处时的身份应是代表外国政府或公共组织或者国际组织履行公务的人。至于行贿人，可以是本国公民或法人，也可以是外国的公民或法人。

我国刑法没有规定外国公职人员或者国际公共组织官员受贿罪，很多人认为，犯罪人是外国公职人员、国际公共组织官员，犯罪地不在我国，按照刑事管辖权的原则，无论是按照属地原则还是属人原则，本国刑法均没有刑事管辖权，所以，设置这一罪名没有实际意义。有人认为，有必要将外国公职人员、国际公共组织官员受贿罪增设为新罪名，理由在于行贿罪与受贿罪是一种对合性犯罪，把贿赂外国公职人员的行为与外国公职人员的受贿行为同时规定为国际犯罪，能够消除双重犯罪的障碍，更有利于预防和打击这类犯罪。① 对于是否应当在我国刑法中增加外国公职人员、国际公共组织官员受贿罪，应当避免两种极端的理由：

一是以对合犯为由，认为刑法既然规定对外国公职人员、国际公共组织官员的行贿行为依照对非国家工作人员行贿罪的规定处罚，那么，外国公职人员、国际公共组织官员受贿行为当然也构成犯罪，且应依照非国家工作人员受贿罪处理。事实上也不排除有些情况下此类行为可以按照受贿罪定罪处罚。例如，为了履行某项国际义务或行使某项表决权，临时由我国委派参加国际公共事务的国家工作人员在境外收受他人贿赂的行为，按照属人管辖原则可以按照受贿罪论处。

二是以罪刑法定原则为由，简单地认为外国公职人员、国际公

① 赵秉志：《中国反腐败刑事法治的若干重大现实问题研究》，载《法学评论》2014 年第 3 期。

共组织官员受贿行为不构成犯罪。《刑法修正案（八）》并不排除相关国家根据管辖原则和国内法律规定对之追究刑事责任。对于我国国家工作人员收受外国人员贿赂的，即使没有规定外国公职人员、国际公共组织官员受贿行为构成犯罪，也同样可以按照受贿罪追究其刑事责任。①

但是，从长远来看，有必要将外国公职人员或者国际公共组织官员受贿的行为规定为犯罪，原因如下：其一，履行国际公约的需要；其二，按照属地管辖原则的适用依据是行为或结果有一项发生在本国领域内的，都可以适用本国刑法，如果外国公职人员或国际公共组织官员来到本国旅游时收受了不正当好处，并为行贿者的境外公司或企业谋取了不正当的商业利益，就可以由本国刑法来管辖；其三，增加规定外国公职人员或者国际公共组织官员受贿罪，不仅可以严密法网，保留对其适用刑罚的可能性，还可以对可能受贿的外国公职人员或者国际公共组织官员予以警戒，达到预防犯罪的目的。所以，在我国刑法中增设外国公职人员或国际公共组织官员受贿罪是很有必要的。

① 刘为波：《贿赂外国公职人员、国际公共组织官员行为的理解与适用》，载《人民司法》2011年第11期。

第六章 贪污贿赂犯罪的关联性犯罪

第一节 巨额财产来源不明罪

一、我国关于巨额财产来源不明罪的相关规定及构成特征

我国1997年《刑法》第395条规定了巨额财产来源不明罪，即“国家工作人员的财产或者支出明显超过合法收入，差额巨大的，可以责令说明来源。本人不能说明其来源是合法的，差额部分以非法所得论，处五年以下有期徒刑或者拘役，财产的差额部分予以追缴”。后经2009年《刑法修正案（七）》进行修改，将“本人不能说明来源合法”，改为“不能说明来源”，降低了行为人的证明责任的难度；另将“差额特别巨大的，法定刑提高到五年以上十年以下有期徒刑”，弥补了巨额财产来源不明罪法定刑较低的缺陷。

有学者认为，巨额财产来源不明罪惩治的核心行为是国家工作人员不履行财产申报义务的行为。我国到目前为止关于公务员财产申报的规定，仅限于1995年4月30日由中共中央办公厅、国务院办公厅印发的《关于党政机关县处级以上领导干部收入的规定》中规定的“各级党的机关、人大机关、行政机关、政协机关、审判机关、检察机关的县处级以上（含县处级）领导干部必须依照本规定申报收入，社会团体、事业单位的县处级以上领导干部，以

及国有大中型企业的负责人，适用本规定”，要求相关人员每半年申报一次工资、各类奖金、津贴、补贴及福利费以及从事咨询、讲学、写作、审稿、书画等劳务所得收入。此后，1997 年 1 月中共中央办公厅、国务院办公厅印发了《关于党政机关县处级以上领导干部收入的规定》，中共中央纪委、中共中央组织部于 2001 年 6 月 15 日发布了《关于省部级领导干部报告家庭财产的规定（试行）》。由此可以看出我国的财产申报制度的特点表现为：一是立法层次较低；二是申报主体范围过窄；三是申报财产范围太小；四是违反申报责任的规定处罚过轻，缺乏威慑性。

针对公职人员的财产申报，《联合国反腐败公约》第 8 条公职人员行为守则第 5 款规定各缔约国均应当根据本国法律的基本原则，酌情努力制定措施和建立制度，要求公职人员特别就可能与公职人员职能发生利益冲突的职务外活动、任职、投资、资产以及贵重馈赠或重大利益的有关事项向有关机关申报。相比世界上有些没有规定巨额财产来源不明罪名的国家，他们关于公职人员财产申报制度规定得较为详细。例如，英国的《净化选举、防止腐败法》、美国的《从政道德法》、日本的《国家公务员伦理法》、韩国的《公职人员伦理法》等，这些国家法律明确规定了财产申报的对象和范围。正是由于这种先进的公职人员财产申报制度的实施，使这些国家的贪污贿赂案件得到了一定的遏制，也减少了有关人员财产来源不明案件的发生。

根据《刑法》第 395 条第 1 款，以及《刑法修正案（七）》的规定，所谓巨额财产来源不明罪，是指国家工作人员的财产、支出明显超过合法收入，差额巨大的，可以责令该国家工作人员说明来源，不能说明来源的，差额部分以非法所得论的行为。我国对于巨额财产来源不明罪的立法意图与非法持有型犯罪基本相同，即在司法机关不能查明该人财产是通过何种方式获得的情况下，本人又无法说清其拥有的巨额财产的合法来源时，为了不放纵此类犯罪，才予以认定为本罪。如果能查明该巨额财产来源于行为人的贪污、受贿、挪用公款等违法犯罪活动时，则以相应的罪名予以认定，不再以巨额财产来源不明罪认定。巨额财产来源不明罪的构成特征如下：

（1）巨额财产来源不明罪的主体仅限于国家工作人员，主要是指《刑法》第93条规定的主体范围。

（2）巨额财产来源不明罪的客体主要是国家工作人员职务行为的廉洁性。

（3）巨额财产来源不明罪的客观方面表现为国家工作人员的财产或支出明显超过合法收入，差额巨大，本人不能说明来源是合法的行为。这里的不能说明来源，包括拒绝说明来源和虽然说明来源但经查证不属实的情况。如果其“说明”查证是真实的则不构成本罪，而是按照财产来源是贪污还是受贿定贪污罪或者受贿罪。

巨额财产来源不明罪的客观行为是介于作为与不作为之间的“持有”，即行为人只要拥有数额巨大不能说明来源的财产就构成犯罪，它强调的是一种事实状态，只要具有这种事实状态就构成犯罪。

（4）巨额财产来源不明罪的主观方面是故意。由于犯罪主观方面的认定比较复杂，一般来说，行为人对其拥有的明显超过合法收入的差额巨大的财产是明知的，对来源也是清楚的，只是为了逃避处罚不愿意说明真相。但是不能排除行为人确因种种客观原因不能说明其财产的来源，如逢年过节收受的礼金和“红包”，其中有些是亲朋好友正常的馈赠，有些则是有人基于对其职权的期许给予的、没有明确请托事项的礼金，再加上平时收受的贿赂，所以行为人说不清楚其拥有的巨额财产来源的情况时有发生，对此同样可以按照巨额财产来源不明罪处罚。

二、巨额财产来源不明罪的客观行为本质的厘清

根据《刑法》第395条的规定，巨额财产来源不明罪在客观方面主要表现为“国家工作人员的财产、支出明显超过合法收入，

差额巨大，本人又不能说明来源的行为”。围绕着以上内容，学界在关于巨额财产来源不明罪的实行行为界定上产生了重大分歧，形成了不作为说、持有行为说、复合行为说三种不同观点：

（1）不作为说。典型的不作为说认为，巨额财产来源不明罪的成立源于行为人负有说明自己财产来源的义务，不论是行为人拒不说明财产来源的行为，还是虚假说明，都是一种不作为犯罪行为。[①] 持不作为立场的学者对于行为人作为义务的来源作了进一步的研究，并得出了诸多不同的意见。例如，有学者认为行为人说明差额财产来源的义务源于《刑法》第395条第1款规定，[②] 也有学者认为是来源于司法人员的责令，[③] 还有学者认为是行政法规所规定的公务人员申报财产的义务，如中共中央办公厅、国务院办公厅于1995年和1997年相继颁布的《党政机关县（处）级以上领导干部收入申报的规定》《关于领导干部报告个人重大事项的规定》就明确规定了“公务人员负有向国家有关部门申报并说明财产来源的义务”。

（2）持有行为说。认为巨额财产来源不明罪属于一种持有型犯罪，实行行为表现为行为人持有超过合法收入且来源不明的巨额财产，而不是不能说明巨大差额财产来源的行为。这种观点将本罪解释为一种持有型犯罪，将国家工作人员持有超过合法收入且来源不明的巨额财产界定为本罪的客观要件，而对于《刑法》第395条规定的“可以责令说明来源，本人不能说明其来源是合法的”理解为一种司法办案程序，甚至认为这一内容从本质上看是没有任

---

① 刘家琛主编：《新刑法案例解释》，人民法院出版社1997年版，第1275页。

② 周光权主编：《刑法各论讲义》，清华大学出版社2003年版，第525页。

③ 侯国云：《有关巨额财产来源不明罪的几个问题》，载《政法论坛》2003年第1期。

何法律意义的。[①]

（3）复合行为说。该论认为巨额财产来源不明罪的客观行为包括作为与不作为的结合，以及持有与不作为的结合两种观点。前者是指非法获取巨额财产的作为与拒绝说明财产来源的不作为的结合，[②] 后者是指拥有巨额财产的持有和拒不说明财产来源的不作为的结合。[③] 上述两种复合行为论，无论是哪一种，都强调巨额财产来源不明罪的客观行为是由巨额财产的获得、拥有和拒不说明财产合法来源两部分行为组成，因此巨额财产来源不明罪的犯罪行为发生时间始于获得或者拥有财产之时，结束于拒不说明财产来源的定论之时，前后行为的结合是该罪客观行为的整体。[④]

笔者认为，巨额财产来源不明罪的客观行为应是一种持有行为，至于“不说明来源”的行为只是出罪条件，不是犯罪行为的规定。所以“不作为说”和“符合行为说”均太过片面。理由如下：

首先是由“持有型”犯罪的构成特点决定的。持有型犯罪的危害行为是介于积极的作为和消极的不作为之间的一种犯罪行为方式，持有的对象是国家规定禁止持有的违禁品，如非法持有毒品，非法持有假币，非法持有枪支、弹药、爆炸物等。巨额财产来源不明罪的客观行为表现为行为人持有数额较大的非法财产，应当交公或如实供述其真实来源而拒绝如实告知的行为。对这类犯罪非难的根据在于没有合理理由持有国家禁止个人持有的违禁品，应当上交

---

① 储槐植：《三论第三犯罪行为形式“持有”》，载《中外法学》1994年第5期。

② 孟庆华：《巨额财产来源不明罪客观方面问题探讨》，载《甘肃政法学院学报》2001年第3期。

③ 孙国祥著：《贪污贿赂犯罪疑难问题学理与判解》，中国检察出版社2003年版，第484页。

④ 薛进展：《巨额财产来源不明罪行为本质的实践检示——从〈刑法修正案（七）〉修改后的法律适用展开》，载《法学》2011年第12期。

而没有上交的行为，当然，需要行为人明知持有对象的性质。

其次是达到实现刑罚的目的。立法机关如此设计罪名的目的是弥补司法机关在查证不能的情况下而又不至于让被告人因犯罪而得益，同时避免冤枉无辜，所以在法条设计中留下一个出罪的机制，让确实属于来源合法的财产免予刑事追究。

应当看到，巨额财产来源不明罪之所以成为我国刑法中最有争议的犯罪之一，原因在于其法条设置与其他犯罪的法条设置存在明显的不同，这种不同突出表现为罪状设置的开放性。在刑法所规定的绝大多数犯罪中，法条对犯罪的罪状设计均采用了封闭性设计，即法条规定的犯罪行为不具有可改变性，一旦行为人实施了法条所规定的行为，即构成犯罪，不因行为人的事后行为而改变罪的存在，如传统的盗窃、侵占等犯罪。而巨额财产来源不明罪的法条设计却呈现了开放性，行为人的事后行为可能改变罪的构成，即行为人只要能够说明其巨额财产的合法来源，行为人将不构成巨额财产来源不明罪，法条设置的前部分罪状由此不产生构成犯罪的评价效果。①

第二节　隐瞒境外存款罪

一、隐瞒境外存款罪的概念和构成特征

根据《刑法》第 395 条第 2 款规定，隐瞒境外存款罪，是指国家工作人员在境外的存款，应当依照国家规定申报，却隐瞒不报，数额较大的行为。

本罪是 1997 年刑法修订时新增加的罪名，目的是进一步加强廉政建设、严密法网、惩治腐败。从实践来看，随着国内领导干部

① 薛进展：《巨额财产来源不明罪行为本质的实践检示——从〈刑法修正案（七）〉修改后的法律适用展开》，载《法学》2011 年第 12 期。

对外交流的增多，有的腐败分子在境外直接收受贿赂或侵吞公款，有的将在国内收受的贿赂以子女上学的方式转移至境外，有的是妻子和孩子都在国外，自己一个人在国内做“裸官”，所有的贪污贿赂所得都转移至境外，存入境外的银行或其他金融机构，目的是逃避查处和制裁。但是，从实践来看，目前这类犯罪处罚得比较少，究其原因，一是立法上的不配套，即目前我国尚无专门的国家工作人员财产申报法，更无申报境外存款的详细法律规定，致使认定犯罪存在一定的困难；二是因为国外和境外银行等金融机构有着严密的监管制度和保密措施，不易被发现，更不易收集证据；三是实践中对国家工作人员将贪污受贿或其他犯罪所得赃款存入国外或境外金融机构的，若查证属实，均直接以所涉嫌的犯罪处理，不再以本罪追究责任。隐瞒境外存款罪的构成特征如下：

（1）本罪的犯罪主体是国家工作人员，不包括其他自然人和单位。同时，只有负有申报境外存款义务的国家工作人员才能成为本罪的主体，如果国家工作人员没有申报境外存款的义务，也就不存在“应当依照国家规定申报”的问题，没有违反国家规定，也就不能认定为犯罪。

（2）本罪的犯罪客体不仅侵犯了国家的财产申报制度，还侵犯了国家工作人员的职务廉洁性。国家工作人员申报境外存款应当属于申报财产的一个方面，行为人违反国家关于国家工作人员在境外存款应当申报的规定，故意隐瞒不报，必然侵犯国家的财产申报制度。

（3）本罪的客观方面表现为隐瞒不报境外存款，数额较大的行为。“隐瞒不报”表现为两种：一是隐而不报，二是报而不实，即应当申报而不申报，属于典型的不作为犯罪。“境外”包括外国和我国港澳台地区。“存款”指在境外金融机构存入的各种货币、有价证券以及金银等具有货币价值的贵重金属，包括人民币和外币，但是不包括房产、汽车等财产。这些存款可能是合法的，也可能是非法的、犯罪所得，存款的来源及性质不影响本罪的成立。

"数额较大"，根据最高人民检察院的立案标准，是指折合人民币数额在30万元以上的。

（4）主观方面是故意，表现为国家工作人员在境外有存款的情况下，明知应当依照国家规定申报而故意隐瞒不报的心态。如果是由于客观原因未能及时申报的，则不属于故意隐瞒不报，不能认为构成犯罪。

二、隐瞒境外存款罪的处罚原则

根据《刑法》第395条第2款规定，国家工作人员犯隐瞒境外存款罪的，处2年以下有期徒刑或者拘役；情节较轻的，由其所在单位或者上级主管机关酌情给予行政处分。

对行为人将贪污受贿等犯罪所得的赃款存入境外的银行或其他金融机构，隐瞒不报的，有人主张应当数罪并罚。[①] 从目前的司法实践来看，如果查明国家工作人员在境外的存款系贪污受贿或其他犯罪所得，则直接按照所涉嫌的犯罪处理，而不再认定为隐瞒境外存款罪，一般不实行数罪并罚。如果经查不能认定为贪污受贿所得、但是符合巨额财产来源不明罪的构成要件的，一般也仅以巨额财产来源不明罪处罚，不再认定数罪，也不需要并罚。但是如果行为人隐瞒的境外存款有一部分能够说明来源、另一部分不能说明来源，对来源明确的部分和来源不明确的部分，如折合人民币达30万元以上的，则可以按照巨额财产来源不明罪和隐瞒境外存款罪数罪并罚。[②]

① 樊凤林主编：《中国新刑法理论研究》，人民法院出版社1997年版，第904页。

② 王建明主编：《贪污贿赂犯罪侦查业务概述》，中国检察出版社2007年版，第412页。

三、隐瞒境外存款罪的完善建议

根据我国及世界各国的财产申报规定，要求申报的个人财产包括国内及国外的存款，性质都是一样的。我国隐瞒境外存款罪的犯罪对象仅限于在“境外”的“存款”，包括人民币和外币，在国外购买的房产和汽车等财产则不包括在内。这样行为人为了逃避打击，就会将存款用来购买房子、汽车或其他理财产品，即使数额巨大也不构成犯罪。所以，建议国家在修改立法时，将国家工作人员应当申报的财产范围扩大到包括存款以及其他方面的动产、不动产等，避免国家工作人员以此逃避监管，弥补立法的漏洞。[①]

① 杨兴国著：《贪污贿赂犯罪精解精析》，中国检察出版社 2011 年版，第 323 页。

第七章 贪污贿赂的后续犯罪

第一节 洗 钱 罪

一、洗钱犯罪的危害性及新型洗钱犯罪的发展演变

洗钱（Money Laundering）作为经济全球化时代最严重的犯罪之一，国际社会已将其列为非传统性安全问题。从改变台湾政局的陈水扁贪腐洗钱案到影响美国大选的纽约州州长斯皮特嫖娼洗钱案，从厦门远华走私洗钱案到金融危机中心的华尔街爆出麦道夫金融诈骗洗钱案来看，洗钱不仅危害金融秩序，而且滋生了贪污腐败、毒品、恐怖活动、黑社会、走私、金融诈骗等大量的上游犯罪，严重危害了国家安全、政治清明、经济秩序和司法公正。[①] 洗钱同时还衍生出一些新型犯罪和安全问题。恐怖分子经常运用洗钱手段为恐怖主义融资（terrorism financing）。正是洗钱与恐怖融资相结合，发生了震惊全球的恐怖袭击案件，如“9·11”恐怖袭击、马德里火车爆炸案等，造成了更大的社会危害。同时，少数国家和地区或组织运用洗钱的手段为“核扩散”（nuclear proliferation）融资，如朝核问题使本已危机重重的世界进一步处于危机

① 高铭暄、王秀梅：《试论我国刑法中若干新型犯罪的定罪问题》，载《中国法学》1999年第1期。

与恐慌之中，也使反洗钱不仅仅是打击犯罪，其政治性越来越强，洗钱逐渐成为一项重要的政治、金融工具或“武器”，国际反洗钱行动也渗透了各种政治、经济力量的博弈。[①]

（一）逆洗钱

逆洗钱就是洗钱的反向犯罪行为。洗钱是将犯罪所得通过“清洗”使其表面合法化，其清洗后的犯罪所得往往用于合法用途。“逆洗钱”则相反，它是将本来合法的资产通过掩饰其来源和用途，最终资助犯罪活动。恐怖融资就是典型的逆洗钱，因此逆洗钱的概念更准确地说是“犯罪融资”或“资助犯罪”。洗钱和逆洗钱犯罪行为往往是交织在一起的。例如，恐怖组织犯罪或黑社会性质的组织犯罪，需要为维护自己的组织体系筹集供犯罪组织运行和犯罪活动运作的资金，同时也需要为犯罪活动的各种收益寻求合法的掩饰渠道，以掩盖或隐瞒违法犯罪所得，使其表面上具有合法性。

（二）恐怖主义融资

恐怖主义融资（terrorism financing）是与洗钱并列的概念。1999年联合国《制止向恐怖主义提供资助的公约》规定了恐怖主义融资的定义：“本公约所称的犯罪，是指任何人以任何手段，直接或间接地非法或故意地提供或募集资金，其意图是将全部或部分资金用于，或者明知全部或部分资金用于实施恐怖活动犯罪的行为。”洗钱行为与恐怖融资往往相伴而生，两者既有相似之处，又有相通之处。相似之处在于，涉及资金都要经过“隐瞒”其来源或目的的过程，此类行为多涉及金融系统或其他资金流量较大、保密性较好的非金融行业。相通之处在于，恐怖分子往往将其他犯罪所得，如绑架勒索、毒品和军火走私等犯罪所得经过清洗后资助恐怖活动，恐怖活动产生的收益也需要清洗。所以，对两者的共同预

---

① 陈捷、张煜等著：《全球化视野下中国洗钱犯罪对策研究》，中国书籍出版社2013年版，第8~9页。

防非常必要。

（三）核扩散融资

“核扩散融资”是2008年才出现的新名词，“反核扩散融资”是与反洗钱、反恐怖融资并列，适用类似的金融监管和制裁措施。反核扩散融资是为了打击伊朗、朝鲜等正在研究核武器的国家，禁止美国及相关缔约国的金融机构与上述发展核武器的国家进行交易，若发现相关金融机构与这些国家交易，便对其实施制裁。同时，若发现其他国家或地区的金融机构发生上述“违规”交易，则借助自身的影响力将“违规”机构归入美国及其盟国公布的“黑名单”，呼吁全球所有的金融机构断绝与黑名单上机构的交易往来，否则，美国及其盟国将对交易对手机构采取必要措施。“反核扩散融资”的意图是遏制上述国家与外国资金来往，本质是借助金融体系的反洗钱措施对美国所认定的不合作国家实施打击报复，也是美国霸权主义在金融领域的体现。①

（四）地下钱庄

地下钱庄是指为谋取非法利益，未经国家金融主管部门批准而擅自设立的非法金融机构的俗称。地下钱庄游离于金融监管体系之外，利用或部分利用金融机构的资金结算网络，从事外汇买卖、跨境资金转移或资金存储借贷等非法金融业务。许多地下钱庄虽然涉及替代性汇款业务，甚至汇款业务量非常大，但其同时也从事吸收存款、发放贷款、票据贴现、金融租赁、融资担保、外汇买卖等业务，业务范围大大超过了替代性汇款体系。但是在我国，替代性汇款体系的主要表现形式为地下钱庄。②

① 陈捷、张煜等著：《全球化视野下中国洗钱犯罪对策研究》，中国书籍出版社2013年版，第22~24页。

② 欧阳卫民著：《中国洗钱犯罪类型学初探》，法律出版社2007年版，第4页。

（五）网络洗钱

作为互联网金融环境滋生的新的网络洗钱模式，主要通过虚拟货币和智能卡两种工具达到洗钱目的。（1）虚拟货币。电子货币具有准货币的属性，洗钱分子将洗钱收益用于购买电子货币，再利用网络将其转卖为合法收益，主要包括两种方式：利用电子货币购买网络虚拟财产，出售换回金钱；直接将电子货币用于个人消费，将电子货币转化成合法的用品。（2）智能卡。信用卡、借记卡等银行提供给客户的智能支付结算工具，已被证实同样可以成为洗钱工具。例如，当信用卡达到某个透支额度后就可能被洗钱分子利用。由智能卡所衍生出来的电子现金与电子钱包等网上支付工具，由于其数据存储优势和安全机制，具有完全匿名性和快速传递性，极易成为洗钱介质。① 除以上两种洗钱方式以外，网络空壳公司、网上拍卖、网上证券、网上保险、网上理财产品等，都可以成为洗钱工具。

所以，当前洗钱犯罪的发展趋势表现如下：

1. 涉众案件和贪污贿赂案件开始增多

早期的洗钱活动所涉及的上游犯罪主要集中在经济犯罪、毒品犯罪和走私犯罪领域，然而目前洗钱犯罪主要涉及贪污贿赂等腐败犯罪案件，以及非法集资、金融诈骗等涉众犯罪案件。

2. 洗钱的地域从东南沿海等经济发达地区向内陆等经济不发达地区蔓延

早期的洗钱犯罪主要集中在广东、福建等东南沿海等经济发达地区，这些地方成为腐败、贩毒、走私等犯罪活动的重要洗钱渠道。随着我国对这些地区洗钱行为打击、监控力度的加大，目前逐渐向内陆不发达地区蔓延。

---

① 李晓欧：《日本反洗钱机制研究》，载《现代日本经济》2014 年第 4 期。

3. 洗钱方式日益复杂多样，逐步从现实空间转向虚拟网络

早期的洗钱分子洗钱主要是通过现金走私，目前洗钱主要是通过境外银行账户过渡，使非法资金进入金融体系；通过地下钱庄，实现犯罪所得的跨境转移；使用各种金融理财业务，避免引起银行关注；通过设立公司作为非法资金的“中转站”；通过各种投资活动，将非法资金合法化，以及通过网络赌博、第三方支付等方式进行网上洗钱。

二、联合国关于反洗钱立法的发展演变

国际社会反洗钱立法的基本原则和精神以美国1970年制定的《银行保密法》为标志，随后各个国家以及国际组织相继制定了大量反洗钱类法律，影响较大的主要有以下几个：

（一）联合国《禁止非法贩运麻醉药品和精神药物公约》（1988）

该公约是联合国制定的第一个涉及打击跨国洗钱犯罪的国际性法律文件。虽然该公约不是针对洗钱问题制定的文献，但是立法者已经认识到遏制毒资流动在打击毒品犯罪中起着关键作用。

（二）联合国《与犯罪收益有关的洗钱、没收和国际合作示范法》（1999）

该示范法是联合国历史上第一次用正式法律文献的方式仅针对洗钱问题进行的立法。它从洗钱的概念、机理、与有组织犯罪及相关犯罪的关系、社会危害和对其的预防与打击方面作了系统的规定。第一次专章规定了金融情报机构的地位、职能和重要意义，且在文件最后又专门用示范法令的形式为各国金融情报机构的立法提出了指引，在国际反洗钱立法领域具有里程碑的意义。

（三）联合国《制止向恐怖主义提供资助的国际公约》（1999）

该公约强调加强国际间合作，制定和采取有效措施打击恐怖融资的指导思想。

（四）联合国《打击跨国有组织犯罪公约》（2000）

该公约是目前世界上第一个针对跨国有组织犯罪的全球性公约。它确立了通过促进国际合作，更加有效地预防和打击跨国有组织犯罪的宗旨，为各国开展打击跨国有组织犯罪的合作提供了法律基础。

（五）《联合国反腐败公约》（2003）及其对洗钱罪的规定

该公约是联合国历史上通过的第一个指导国际反腐败斗争的专门性法律文件，扩大了传统腐败概念的外延，强化了反腐败机制，进一步强调了洗钱与腐败行为的内在联系，将反洗钱纳入了反腐败的工作范畴。

该公约对洗钱罪的规定较为详细和具体，首先在序言中就提出要“关注腐败同其他形式的犯罪特别是同有组织犯罪和包括洗钱在内的经济犯罪的联系”。在具体条文上，该公约关于反洗钱的规定主要集中在第 14 条、第 23 条、第 52 条和第 58 条，其中第 14 条是关于“预防洗钱措施”的规定，第 23 条是关于“洗钱罪的构成要件”的规定，第 52 条是关于“预防和监测犯罪所得的转移”的规定，第 58 条是建议缔约国考虑设立“金融情报机构”，以方便预防和打击洗钱行为、追回赃款等。其构成特征如下：

本罪的主体为一般主体，任何自然人、法人或其他实体都能构成。上游犯罪的主体不可能构成洗钱罪的主体。

犯罪对象是所有犯罪所得的资产及其收益。

犯罪的客观行为，根据该公约第 23 条第 1 款的规定，洗钱行为的表现形式有四类：

（1）明知财产为犯罪所得，为隐瞒或者掩饰该财产的非法来源，或者为协助任何参与实施上游犯罪者逃避其行为的法律后果而转换或者转移该财产。

（2）明知财产为犯罪所得而隐瞒或者掩饰该财产的真实性质、来源、所在地、处分、转移、所有权或者有关的权利。

（3）在得到财产时，明知其为犯罪所得而仍获取、占有或者使用。

(4) 对本条所确立的任何犯罪的参与、协同或者共谋实施、实施未遂以及协助、教唆、便利和参谋实施。

本罪的主观方面是故意，并且以“明知”作为构成犯罪的基本条件。

三、我国洗钱罪的特征

（一）洗钱罪上游犯罪的内容

我国刑法规定的洗钱罪上游犯罪仅限于毒品犯罪、黑社会性质的组织罪、恐怖活动罪、走私罪、贪污贿赂犯罪、破坏金融管理秩序罪和金融诈骗罪七类犯罪。

（二）洗钱罪侵犯的客体

我国洗钱罪侵犯的客体是复杂客体，既妨碍了司法机关的查处犯罪的活动，也破坏了金融管理秩序。

（三）洗钱罪的行为方式

我国刑法将洗钱的行为方式概括为五种：(1) 提供资金账户的；(2) 协助将财产转换为现金或者金融票据的；(3) 通过转账或者其他结算方式协助资金转移的；(4) 协助将资金汇往境外的；(5) 以其他方法掩饰、隐瞒犯罪的违法所得及其收益的性质和来源的行为。

四、我国关于洗钱罪的发展演变过程

（一）我国反洗钱罪的立法演变过程

我国对洗钱罪社会危害性的认识是一个循序渐进的过程，反洗钱的立法也在逐步完善。在改革开放之初，“洗钱”对大多数人来说还是一个相当陌生的概念，当时的社会条件也不可能产生大规模的洗钱行为，因此，在 1979 年《刑法》中对洗钱行为没有做出相关规定。随着经济的发展，洗钱的社会危害性日现端倪，1990 年全国人大常委会《关于禁毒的决定》第 4 条将“掩饰、隐瞒出售毒品获得财物的非法性质和来源的”明确规定为犯罪，尽管该决定没有提出“洗钱”这一概念，但这是我国首次将洗钱行为规定为犯罪，标志着我国迈出了打击洗钱犯罪的第一步。1997年《刑法》明确提出了洗钱这一罪名，对洗钱罪的犯罪构成及其上游犯罪做了规定，此后2001年的《刑法修正案（三）》和2006年《刑法修正案（六）》先后对洗钱罪做了补充规定，进一步加强了对洗钱罪的打击力度。2009年通过了《刑法修正案（七）》，对洗钱罪的上游犯罪进行了重大修改，如“走私国家禁止进出口的货物、物品罪”“内部交易、泄露内幕信息罪”“组织、领导传销活动罪”“利用影响力受贿罪”“巨额财产来源不明罪”等。2009年最高人民法院发布了《关于审理洗钱等刑事案件具体应用法律若干问题的解释》，该解释是在充分借鉴国际经验，准确把握洗钱、恐怖融资犯罪的发展趋势，确保规定的科学性和前瞻性原则的指导下，对洗钱罪的“明知”及“推定的明知”，对《刑法》第191条“以其他方法进行洗钱”的细化规定，对《刑法》第191条、第312条、第349条法规竞合的处罚原则，以及对资助恐怖活动罪的构成条件进一步明确等。

除了刑事手段外，我国在金融监管方面也制定了一系列法规规章，如《外汇管理规定》《个人存款实名制规定》《金融机构反洗钱规定》《人民币大额和可疑支付交易报告管理办法》《金融机构大额和可疑外汇资金交易报告管理办法》等。另外《反洗钱法》也于2007年起施行。这些金融法规和专门的反洗钱法的颁布和实施，对于预防、控制和打击洗钱行为起到了非常重要的作用。

（二）我国洗钱犯罪的概念和构成特征分析

我国《刑法》第191条规定，所谓洗钱罪，是指明知是毒品犯罪、黑社会性质的组织犯罪、恐怖活动犯罪、走私犯罪、贪污贿赂犯罪、破坏金融管理秩序犯罪、金融诈骗犯罪的所得及其产生的收益，为掩饰、隐瞒其来源和性质，有下列行为之一的：（1）提供资金账户的；（2）协助将财产转换为现金、金融票据、有价证券的；（3）通过转账或者其他结算方式协助资金转移的；（4）协助将资金汇往境外的；（5）以其他方法掩饰、隐瞒犯罪所得及其收益的来源和性质的，没收实施以上犯罪的所得及其产生的收益，处5年以下有期徒刑或者拘役，并处或者单处洗钱数额5%以上20%以下罚金；情节严重的，处5年以上10年以下有期徒刑，并处洗钱数额5%以上20%以下罚金。其构成特征表现如下：

犯罪主体，是一般主体，除了实施毒品犯罪、黑社会性质的组织犯罪、恐怖活动犯罪、走私犯罪、贪污贿赂犯罪、破坏金融管理秩序犯罪、金融诈骗犯罪七类上游犯罪以外的，并且对上述犯罪所得进行隐瞒、掩饰的犯罪人。

犯罪客体，司法机关打击犯罪的活动以及金融监管秩序。

犯罪的客观行为，表现为上文列举的法条中5种行为方式，至于（5）规定的其他方法具体是指哪些方法，根据2009年最高人民法院《关于审理洗钱等刑事案件具体应用法律若干问题的解释》第2条的规定，具体是指以下几种方式：

（1）通过典当、租赁、买卖、投资等方式，协助转移、转换犯罪所得及其收益的；

（2）通过与商场、饭店、娱乐场所等现金密集型场所的经营收入相混合的方式，协助转移、转换犯罪所得及其收益的；

（3）通过虚构交易、虚设债权债务、虚假担保、虚报收入等方式，协助将犯罪所得及其收益转换为"合法"财物的；

（4）通过买卖彩票、奖券等方式，协助转换犯罪所得及其收益的；

（5）通过赌博方式，协助将犯罪所得及其收益转换为赌博收益的；

（6）协助将犯罪所得及其收益携带、运输或者邮寄出入境的；

（7）通过前述规定以外的方式协助转移、转换犯罪所得及其收益的。

根据当前理论界对洗钱犯罪的理论研究，一个完整的洗钱行为大致包括放置（处置）、培植（离析）和融合（归并）三个阶段。[①] 放置阶段是指洗钱者将犯罪所得放到“清洗”渠道中去，主要表现为上游犯罪提供资金账户或者将财产转换为现金、金融票据、有价证券等便于控制和减少怀疑的形式；培植阶段是指洗钱者通过各种复杂、多层次的交易，模糊黑钱与合法资金的界限，使人难以分辨犯罪收益的真实来源、性质以及犯罪收益和犯罪者的联系；融合阶段是指黑钱经过培植阶段已经融入合法的经济、金融体制中，披上了合法外衣，犯罪者可以堂而皇之地对其进行获取、占有或者使用。[②] 从我国刑法规定来看，打击的对象主要是放置和培植阶段的洗钱行为，并且只有这两个阶段的洗钱行为才被视为能构成洗钱行为。而对于融合阶段的获取、占有或使用的行为，刑法并没有明确规定。

对于恐怖主义融资和核扩散融资，各个阶段则完全不同，可以分成收集、转移和使用三个阶段。恐怖分子通过正常经营或非法手段获取资金，这个过程就属于资金的收集阶段；然后通过金融机构或特定非金融机构，以汇款或运输方式转移到指定的地区，交给特定的恐怖分子支配，这个过程属于资金转移阶段；异地的恐怖分子用这些资金购买武器、技术装备、训练新恐怖分子、维持恐怖组织的正常运转、实施恐怖袭击等，这个过程属于资金的使用阶段。核扩散融资的过程与此类似，不同点在于核扩散融资的主题往往带有一定的政府性质组织背景，如朝鲜政府，其融资的目的在于购买核材料、核技术以及聘请专家等。[③]

---

① 徐汉明等著：《中国反洗钱立法研究》，法律出版社 2005 年版，第 183 页。

② 李东荣主编：《洗钱与反洗钱》，中国财政经济出版社 2004 年版，第 11 页。

③ 陈捷、张煜等著：《全球化视野下中国洗钱犯罪对策研究》，中国书籍出版社 2013 年版，第 28 页。

犯罪主观方面，要求行为人在为他人实施转账、结算等掩饰、隐瞒犯罪所得及其收益的性质和来源等行为时，须明知是毒品犯罪、黑社会性质的组织犯罪、恐怖活动犯罪、走私犯罪、贪污贿赂犯罪、破坏金融管理秩序犯罪、金融诈骗犯罪所得，或者是有合理的理由怀疑是上述犯罪所得而予以隐瞒、掩饰的。鉴于行为人在实施犯罪行为时的主观心理态度如何的确难以判断，是否“明知”调查的难度较大，所以，应当结合被告人的认知能力，接触他人犯罪所得及其收益的情况，犯罪所得及其收益的种类、数额，犯罪所得及其收益的转换、转移方式以及被告人的供述等主、客观因素进行认定。

根据最高人民法院《关于审理洗钱等刑事案件具体应用法律若干问题的解释》第 1 条规定，具有下列情形之一的，可以认定被告人明知系犯罪所得及其收益，但有证据证明确实不知道的除外：

(1) 知道他人从事犯罪活动，协助转换或者转移财物的；

(2) 没有正当理由，通过非法途径协助转换或者转移财物的；

(3) 没有正当理由，以明显低于市场的价格收购财物的；

(4) 没有正当理由，协助转换或者转移财物，收取明显高于市场的“手续费”的；

(5) 没有正当理由，协助他人将巨额现金散存于多个银行账户或者在不同银行账户之间频繁划转的；

(6) 协助近亲属或者其他关系密切的人转换或者转移与其职业或者财产状况明显不符的财物的；

(7) 其他可以认定行为人明知的情形。

因此，洗钱罪的主观罪过形态事实上包括了明知是 7 类上游犯罪所得而希望对犯罪所得及其收益加以转移、转换以掩饰、隐瞒其性质和来源的直接故意心态，也包括通过各种信息应当知道是 7 类上游犯罪所得，但为了利益或其他目的而放任犯罪所得被转移或转换的间接故意的心理态度，但是不包括过失的洗钱行为。

五、我国惩治洗钱罪的实践效果考察及存在问题分析

（一）我国洗钱罪法律适用的实践效果考察

据统计，2013年全国检察机关批准逮捕涉嫌洗钱犯罪案件6件共9人，提起公诉6件共15人；批准逮捕涉嫌掩饰、隐瞒犯罪所得、犯罪所得收益犯罪案件5817件共11490人，提起公诉9765件共28233人；批准逮捕涉嫌窝藏、转移、隐瞒毒品、毒赃犯罪案件36件共112人，提起公诉39件共156人；批准逮捕涉嫌资助恐怖活动犯罪案件3件共4人，提起公诉2件共13人。如下表所示。①

罪　名	批　捕		起　诉		审判
	件	人	件	人	起
洗钱罪	6	9	6	15	8
掩饰隐瞒犯罪所得、犯罪所得收益罪	5817	11490	9765	28233	9206
窝藏、转移、隐瞒毒品、毒赃罪	36	112	39	156	34
资助恐怖活动罪	3	4	2	13	1

2009年至2013年对四类案件的批捕、起诉情况如下表所示。②

① 参见2013年《反洗钱工作报告》。

② 参见2013年至2009年《反洗钱工作报告》。

年份	洗钱罪				掩饰、隐瞒犯罪所得、犯罪所得收益罪				窝藏、转移、隐瞒毒品、毒赃罪				恐怖活动犯罪			
	批捕		起诉		批捕		起诉		批捕		起诉		批捕		起诉	
	件	人	件	人	件	人	件	人	件	人	件	人	件	人	件	人
2013	6	9	6	15	5817	11490	9765	28233	36	112	39	156	3	4	2	13
2012	5	8	8	16	7259	15329	11113	33659	34	129	44	146	2	10	2	3
2011	12	20	6	10	7701	16086	11711	34931	40	118	28	119	1	5	2	8
2010	5	19	6	10	9131	18945	12666	36988	39	126	34	117			1	19
2009	5	9	2	6	9037	19088	11974	35816	56	78	56	78	7	48		

总之，洗钱罪的适用率低的原因是多方面的，下文将详细分析。另外，根据中国人民银行发布近五年的反洗钱报告显示，金融系统配合侦查机关破获的洗钱案件共计 1256 件。如下表所示。①

单位（件）	发现线索	调查次数	报案数	破案数
2013	4854	3832	474	225
2012	4800	2235	490	352
2011	8585	7803	595	292
2010	1038	3602	911	292
2009	1082	3149	654	195

（二）我国洗钱罪低定罪率的原因分析

洗钱罪作为打击上游犯罪，堵截违法资金流向的下游犯罪，由

① 参见 http://www.pbc.gov.cn/publish/fanxiqianju/3296/2014/20140812162705610990043/20140812162705610990043_.html。

于各种原因，洗钱罪的低定罪率同上游犯罪的高发案率比例明显失调，其中既有立法的局限性，又有司法适用以及行政监管等原因，直接影响了惩治洗钱犯罪的效果，具体阐述如下：

（1）我国洗钱犯罪的刑事立法采取了“多条文规定、多罪名规范”的做法，分别是《刑法》第191条的洗钱罪，第312条的掩饰、隐瞒犯罪所得、犯罪所得收益罪以及第349条的窝藏、转移、隐瞒毒品、毒赃罪。三个条文属于“法条竞合”，在文字表述上存在一些交叉、重叠，个别用词含义不尽一致，实践中反映三个法条之间的区分界限不够清晰，不同司法机关处理情况和标准有较大差距。另外，《刑法》第191条第1款第1项至第4项的规定主要是针对通过银行类金融机构实施的洗钱行为，尽管第5项规定了“以其他方法掩饰、隐瞒犯罪的违法所得及其收益的性质和来源”的兜底性条款，司法解释也对此进一步明确、细化，规定了通过非金融机构实施的转换、转移、掩饰、隐瞒行为是否为本条所涵盖，但实践中仍存在疑问。[①] 例如，通过开办公司洗钱，通过购买房产、贵重金属、珍贵文物等洗钱行为，因为不需要通过银行等金融机构，当然就没有侵犯到金融监管秩序这一犯罪客体。

（2）对单位洗钱犯罪的打击不力。虽然我国洗钱罪的犯罪主体可以由单位构成，但在实践中，每年都有大量金融机构因违反《反洗钱法》和《金融机构反洗钱规定》等行政法规而被行政处罚的案例，迄今为止没有一例单位构成洗钱犯罪。《刑法》第191条第1款第1项至第4项规定的洗钱罪的行为方式，如提供资金账户的；协助将财产转换为现金或者金融票据的；通过转账或者其他结算方式协助资金转移的；协助将资金汇往境外的；主要是通过金融机构洗钱，也可以通过非金融机构洗钱。非金融机构是指根据最高人民法院《关于审理洗钱等刑事案件具体应用法律若干问题的解

① 刘为波：《〈关于审理洗钱等刑事案件具体应用法律若干问题的解释〉的理解与适用》，载《人民司法（应用）》2009年第23期。

释》第2条对《刑法》第191条第1款第5项规定的“以其他方法掩饰、隐瞒犯罪所得及其收益的来源和性质”明确和细化确定的非金融机构，如典当行、租赁公司、商场、饭店、娱乐场所、投资公司、房地产公司等机构可以成为洗钱罪的主体。即使实践中出现了利用公司进行洗钱的行为，也只是按照自然人犯罪对待，这也在一定程度上放纵了单位洗钱犯罪的发展，造成了大量的洗钱犯罪“黑数”的存在。

另外，按照FATF建议和《联合国反腐败公约》等国际标准的规定，律师行、会计师行、贵重金属商店等特定非金融机构是目前反洗钱的重点，也是难点，以后应加大对这些单位洗钱犯罪的打击力度。

（3）侦办机关的不统一阻碍了该类案件的查处。贪腐案件的侦查机关为检察机关，而洗钱犯罪的侦查机关为以中国人民银行等单位为代表的金融监管机关，并配合当地公安机关，法律规制和信息共享上的障碍都成为贪腐案件中查办洗钱犯罪的障碍。因此可以将贪腐案件中洗钱犯罪的侦查职权交由检察机关行使。因为该犯罪和贪腐犯罪具有密不可分的关系，检察机关在查办贪污贿赂犯罪过程中，在查清赃款的去向时就很容易将其他人员协助转移、转换、藏匿赃款的洗钱行为查清楚，了解到犯罪嫌疑人洗钱的犯罪事实及相关证据，但是由于案件不属于其管辖，对这些洗钱犯罪行为就只能听之任之，等待由有权的公安机关去侦查，而公安机关对这些案件的发生有时并不知情，因为没有被害人，所以报案或举报的人极少，大多的洗钱案件不了了之。所以，如果洗钱案件由检察院反贪部门在侦查贪污贿赂犯罪时一并侦查，不仅会节省大量的人力、物力，而且还会更加及时有效地查处洗钱犯罪行为，切断赃钱流通的渠道，进而可以更好地预防和打击贪污贿赂犯罪，这是一个良性的循环互动。

六、有效惩治和预防洗钱犯罪建议

（一）扩大洗钱犯罪的对象范围，将洗钱罪的上游犯罪扩大到一切有犯罪收益的犯罪

所谓“上游犯罪”，根据《联合国反腐败公约》的表述，是指“由其产生的犯罪所得可能成为本公约第二十三条所定义的犯罪对象的任何犯罪”，也就是其犯罪收益能够成为洗钱罪对象的任何犯罪。所有存在犯罪所得的犯罪均可以被《联合国反腐败公约》确立为洗钱罪的上游犯罪，同时，对各缔约国来说，将《联合国反腐败公约》第15条至第25条确定的罪名归入上游犯罪的范围是最基本的要求。

从国外的立法例来看，对上游犯罪的规定主要有三种类型：（1）仅规定毒品犯罪的立法例。采取这种立法例的有日本、新加坡等国。（2）包括一切犯罪的立法例。采取这种立法例的国家有俄罗斯、瑞士等国。（3）限于特定犯罪的立法例。该种犯罪的立法例的特点在于，洗钱罪的上游犯罪既不限于某种特定的犯罪，也不包括所有的犯罪，而是采取了折中的方法。采取这种折中方法的立法例也有几种情况：一是将重罪规定为上游犯罪，如我国台湾地区将所犯最轻本罪为5年以上有期徒刑的犯罪规定为上游犯罪；二是将重罪和某些特定轻罪规定为上游犯罪；三是将一些特定犯罪规定为上游犯罪，如加拿大《犯罪收益（洗钱）法》规定，洗钱罪是指《刑法典》第462.31第1款、《毒品控制法》第9条、《消费税法》第126条等。[①]

从我国打击洗钱犯罪的情况来看，笔者认为我国应将洗钱犯罪的上游犯罪扩展到一切有犯罪收益的犯罪。这不仅是为了回应《联合国反腐败公约》第23条规定的义务，更主要的是由于当前

① 参见郭建安等主编：《国外反洗钱法律法规汇编》，法律出版社2004年版。

对洗钱犯罪上游犯罪的范围限定得过死，导致从洗钱罪在1990年确立以来到现在，司法实践中真正以洗钱罪认定的案例屈指可数，一些所谓的洗钱犯罪要么定不了案，要么只能以其他罪名提起刑事诉讼。根据中国人民银行公布的《中国反洗钱报告》的调查结果显示，我国的洗钱现象相当严重，每年有高达2000亿元人民币以洗钱的形式流到海外，而国家每年因此受到的财税损失竟高达近千亿元。面对如此猖獗的洗钱现象，却只有微乎其微的洗钱犯罪的定罪率，这不能不让我们反思我国对洗钱犯罪的规定是否合理。[①] 将上游犯罪的范围限定得过于狭小，实际上是在纵容洗钱犯罪，因为即使发现存在洗钱行为，但如果其上游犯罪不属于刑法规定的特定犯罪，也无法定罪量刑。有些人主张对特定犯罪以外的洗钱行为可以通过窝赃罪来处罚，但是洗钱手段的复杂性和特殊性往往不是一般的窝赃罪所能涵盖的，并且洗钱行为的涉案金额与一般窝赃罪的涉案金额是不可同日而语的，这也是洗钱罪从传统赃物犯罪中分离出来独立成罪的重要原因之一。因此，笔者建议扩大洗钱罪的上游犯罪的范围，增强洗钱罪在实践中的适用性，从而能真正对日益泛滥的洗钱行为产生威慑。

（二）特定情况下上游犯罪的主体可以成为洗钱罪的主体

在上游犯罪的主体能否成为洗钱罪主体的问题上，存在两种截然相反的观点：否定论者认为，本犯是上游犯罪的自然延续，可以被上游犯罪所吸收，对其惩治违反了“禁止双重惩罚”的原则，而且洗钱罪的行为方式均包含了诸如“提供”“协助”“代为销售”等帮助或支持的术语，这表明中国的洗钱犯罪只能由第三者实施，而不能由上游犯罪的实行犯本人实施。肯定论者认为，FATF评估团认为我国对上游犯罪人（本犯）不能构成洗钱犯罪的

---

① 甄贞等著：《〈联合国反腐败公约〉与国内法协调机制研究》，法律出版社2007年版，第63页。

规定忽略了洗钱犯罪的特殊性，已经严重地影响了反洗钱的实际效果。[①] 折中论者认为，越来越多的国家将原生犯罪的本犯作为洗钱罪的主体，一方面是出于严厉打击洗钱犯罪的需要；另一方面也是由于洗钱犯罪可能侵害到“新的法益”，背离了成立不可罚的事后行为所需的本质要件——“不存在新的法益侵害的情况”。[②] 上游犯罪分子的行为仅仅有获取、拥有、使用三种行为方式，因为“获取”“拥有”“使用”犯罪所得与上游犯罪密不可分。“获取”非法利益与上游犯罪的违法所得均掌握在上游犯罪主体手中，获取该财产的时间和上游犯罪发生的时间也是一致的，在形式上不可分，如果对两者分别独立评价就违反了“禁止重复评价”原则，所以在这种情况下，上游犯罪分子不能成为洗钱罪的主体；“拥有”是在上游犯罪结束后对赃款赃物进行持有的一种状态的延续；“使用”行为根据对象不同包括对物品的使用和对金钱的使用。如果是“物品”，犯罪人对犯罪“战利品”的使用应该视为“占有”的一种形式，虽然犯罪人没有取得赃物的所有权，但是基于占有关系必然有使用的可能，如果是现金，犯罪分子的消费行为自然属于“事后行为”的评价范围之内了，更不能认定为洗钱。对这类行为按照事后不可罚的行为处理，必将有违罪刑法定原则。[③] 但如果是这三种行为方式以外的行为，如将钱财投入地下钱庄或者转换为有价证券等，就涉及了对其他法益的侵害，应当肯定其有构成洗钱犯罪的可能。

笔者认为，某些情况下上游犯罪的行为人实施洗钱行为，可以

---

① 赵军：《论洗钱罪上游犯罪的相关问题——与〈联合国打击跨国有组织犯罪公约〉相协调》，载《法学评论》2004 年第 4 期。

② 赵军：《论洗钱罪上游犯罪的相关问题——与〈联合国打击跨国有组织犯罪公约〉相协调》，载《法学评论》2004 年第 4 期。

③ 陈冉、车东昀：《洗钱罪低定罪率疑难问题解析》，载《铁道警官高等专科学院学报》2013 年第 3 期。

构成洗钱罪，因为洗钱行为具有自身的独立性，主要表现在以下几个方面：

首先，洗钱罪的犯意与上游犯罪的犯意是彼此独立的。

其次，洗钱罪与上游犯罪不一定具有必然特定的联系，他们之间不具有犯罪构成之间固有的依附与被依附的关系，也不具备刑事法律规定的犯罪构成之间的特定关联。洗钱罪与其上游犯罪发生联系，仅仅基于共同的主观上的犯罪目的和两者之间因果上的必然联系。

最后，洗钱罪侵犯的客体是国家金融管理秩序和司法机关的正常活动，而洗钱罪的上游犯罪因其具体的性质不同，犯罪客体也各不相同，洗钱罪与其上游犯罪间在犯罪客体上是不同的。因此，洗钱罪与其上游犯罪不构成目前司法现状认定的“吸收关系”。①

另外，正如 FATF（反洗钱金融行动特别工作组）在评估报告中指出的那样，“对自行洗钱仅以上游犯罪起诉的实践是一种并不必然带来满意结果的选择。如果上游犯罪由外国人在外国的领土上实施，那么如果以该行为由上游犯罪的本犯实施为由，中国法院可能发现自己对上游犯罪没有管辖权。这也意味着执法部门无法对在中国境内的洗钱行为采取措施，从而明显降低反洗钱措施的有效性。在目前伴随大量外国投资的经济增长过程中，该问题尤其值得关注。”因此，从司法管辖的角度来看，认定上游犯罪的行为人可以构成洗钱罪还是非常必要的。

（三）增加“获取、占有和使用”三种行为作为洗钱罪的行为方式

我国刑法对洗钱罪的构成规定有五种行为方式：（1）为特定犯罪所得的现金提供资金账户的；（2）协助将犯罪所得财产转换为现金或者金融票据的；（3）通过转账或者其他结算方式协助犯

① 陈捷、张煜等著：《全球化视野下中国洗钱犯罪对策研究》，中国书籍出版社 2013 年版，第 28 页。

罪所得资金转移的；（4）协助将资金汇往境外的，以及以其他方法掩饰、隐瞒犯罪的违法所得及其收益的性质和来源的行为，而对于经过“漂洗”后合法化的赃款获取、占有、使用的行为则没有明确规定。所谓“获取”是指行为人通过购买、交换、受赠等形式，取得了对财产事实上的所有。“占有”是指行为人以各种方式实际取得对财产的支配控制。“使用”是指行为人通过经营、居住、利用等方式，实际取得对财产事实上的使用。[①] 将对赃款的获取、占有、使用行为犯罪化，可以严密法网，封闭洗钱后资金的流向，更加有利于惩罚洗钱犯罪。因为行为人在明知是犯罪所得的情况下而予以获取、占有、使用，必然会影响到对上游犯罪所得及其来源的查处，实质上也是一种洗钱行为。因此，从有效打击洗钱犯罪的角度来看，《联合国反腐败公约》的规定更具合理性，因此，我们应积极吸取《联合国反腐败公约》的有益做法，将融合阶段的洗钱行为规定为犯罪，尽管此时的使用者可能是上游犯罪人本人，也可能是犯罪人以外的近亲属或特定关系人。

（四）赋予金融机构及非特定金融机构更多的反洗钱法律义务

虽然我国目前已经制定了以《反洗钱法》为核心的，以中国人民银行颁布的《金融机构反洗钱规定》《人民币大额和可疑外汇资金交易报告管理办法》《金融机构客户身份识别和客户身份资料及交易记录保存管理办法》《金融机构报告报告涉嫌恐怖融资的可疑交易管理办法》为主要内容的金融机构反洗钱法律体系，为我国金融领域反洗钱工作的开展及强化对金融机构的反洗钱监管确立了基本保证。但是在实际适用中又存在许多需要完善的地方：

1. 强化金融机构违反反洗钱义务的法律责任及其认证标准

根据我国《反洗钱法》及有关金融机构反洗钱法律法规的规定，我国金融机构不履行或不正确履行反洗钱义务，或者有其他违

---

① 甄贞等著：《〈联合国反腐败公约〉与国内法协调机制研究》，法律出版社 2007 年版，第 59 页。

反相关法律规定的行为，应当承担相应的法律责任。这种法律责任的规定是对金融机构不履行反洗钱义务的惩罚措施，对于督促金融机构履行法律规定的反洗钱义务很有必要。但是，这些法律责任仅限于行政处罚措施，其中又多以纪律处分和罚金为处罚方式，在处罚力度上明显不足，而我国刑法中规定的洗钱罪又不涉及金融机构这样的法人机构，这就容易导致出现尽管金融机构不履行反洗钱的义务，却没有受到相应的惩罚，因此，有必要对金融机构不履行或不正确履行反洗钱义务的法律责任承担方式进一步完善。① 有些银行等金融机构，在办理业务的业务的过程中，发现了大笔可疑资金的流动，但是为了自身的业务发展，不想失去客户，所以对此听之任之，不会主动去报案。

2. 特定非金融机构的反洗钱法制和监管的完善

特定非金融机构诸如典当行、租赁公司、商场、饭店、娱乐场所、投资公司、房地产公司影视剧制作公司等机构，以及国际反洗钱金融行动特别工作组（FATF）制定的《40+9 建议》规定的诸如赌场（包括网络赌场）、房地产代理商、贵金属和宝石交易商、律师行、信托和企业服务提供者等非金融机构，由于他们日常经营活动内容范围广泛，与人们的物质文化生活密切相关，而且交易普遍以现金交易为主，允许非实名制交易以及预付卡交易，这种交易结算方式便于资金的转移与取得，同时可以规避金融机构对资金来源、去向、用途的监管。但是，由于我国并没有专门对特定非金融机构履行反洗钱的法律义务主体和具体内容作出明确规定，致使相关的法律法规近乎空白，不仅反洗钱监管机构对其无法进行有效的交易监管，就连特定非金融机构自身对如何履行反洗钱义务也存在认识的盲点和误区。这一方面与这些机构对反洗钱信息的获取和交流渠道不畅通有关；另一方面，反洗钱的责任也与他们的行业制度

① 赵永林、刘建钢、张瀛著：《反洗钱法律与机制问题研究》，法律出版社 2014 年版，第 179 页。

和执业操守规范之间存在明显的矛盾和利害冲突。

对此，结合国际组织、其他国家和地区关于特定非金融机构反洗钱监管立法的实践，建议我国特定非金融机构反洗钱的完善可从以下几个方面着手：

第一，以立法的形式将特定非金融机构纳入履行反洗钱义务主体的范围，并在法律上作出明确、具体的规定，确保反洗钱义务主体范围清晰，使特定非金融机构参与反洗钱行动以及对特定非金融机构实施反洗钱监管有法可依。

第二，以立法的形式将特定非金融机构应当履行的反洗钱义务具体化，明确规定特定非金融机构参与反洗钱义务的具体内容，以及相应的豁免事项，以符合特定非金融机构经营活动的特点和具体实际，避免在履行反洗钱义务过程中与其职业规范冲突，保证特定非金融机构反洗钱行为具有较强的针对性、可操作性和有效性。[①]

第三，以立法形式明确规定特定非金融机构不履行或不适当履行反洗钱义务的法律责任，将特定非金融机构反洗钱行动纳入法律规范与调整的范围，对不履行反洗钱义务的行为给予相应的惩罚和制裁。

（五）完善对网络洗钱犯罪的立法和监管措施

由于网络的虚拟性、匿名性和非面对面式的交易，致使网络洗钱行为很难被发现，更别说惩处了，所以，我们应及时制定惩治和监管网络洗钱的相关措施，明确相关的责任主体，以避免网络洗钱行为的泛滥和蔓延，借鉴国际上以及其他国家惩治网络洗钱的先进立法，制定如下几种有效的应对策略：

其一，立法规范行业秩序，将虚拟货币市场充分纳入反洗钱监管范围。我国立法及相关部门应尽快制定详细的虚拟货币监管法规，明确对虚拟货币的监管内容、对象和交易行为，要求网络开发

---

① 赵永林、刘建钢、张瀛著：《反洗钱法律与机制问题研究》，法律出版社 2014 年版，第 234 页。

商和运营商根据反洗钱工作实际情况履行客户身份识别、交易记录保存和可疑交易报告等义务，确保隐形金融市场和有形金融市场的正常金融秩序。

其二，关注利用虚拟货币洗钱行为，明确银行在虚拟货币领域的反洗钱监管职责。切实加强对虚拟货币及交易的监管，全面落实大宗或可以虚拟交易报告制度，并强化与政府、金融机构（银行、证券公司、保险公司）、司法、公安、海关、外交等部门的合作。通过打击网络虚拟交易中的洗钱犯罪，促进金融经济和谐发展。

其三，完善反洗钱义务主体范围。将电信运营商（如移动、联通等）、社交通信工具（如微信、来往）、电商平台（如淘宝、京东等）纳入反洗钱义务主体范畴，在消除“互联网+”领域反洗钱义务主体真空的基础上，通过广泛宣传报道提升反洗钱震慑力①。

其四，加强和完善网络支付体系建设，遏制洗钱犯罪。首先完善电子支付和虚拟货币系统统计和信息披露、信息报告与信息安全审核制度，在运行环境上遏制洗钱犯罪；其次要实行网上银行大额交易上报银行制度，及时了解虚拟货币的流动情况；最后网络开发商和运营商要研发网上银行交易反洗钱业务监控系统和建立电子银行业务支付交易自动报告系统，引导第三方中介网络公司建立反洗钱机构，加强对网络用户实名制认证管理，定期向银行报送可疑数据。②

---

① 吴朝平：《论“互联网+”时代反洗钱措施之变革——“互联网+”背景下国家反洗钱的脆弱性及其应对》，载《征信》2016 年第 3 期。

② 参见反洗钱工作部际联席会议办公室：《反洗钱工作简报》2013 年第 9 期。

七、洗钱罪的认定

（一）国家工作人员关系密切的人共同受贿与洗钱罪的区别

在家族式的贪腐犯罪中，国家工作人员的近亲属（非国家工作人员）与国家工作人员，共同利用国家工作人员职务上的便利，收受他人财物，而后又加以隐瞒、掩饰的，是构成受贿罪的共同犯罪还是构成洗钱罪，关键在于他们是否具有共同的受贿故意和共同的受贿行为，即无身份的国家工作人员在共同的受贿行为中所起到的作用是教唆犯还是帮助犯的角色，如果行为人明知国家工作人员收受他人贿赂是基于国家工作人员的职权，且希望或默认这种行为的发生，则构成受贿罪的共同犯罪，如张曙光情妇罗菲受贿案。[①] 如果国家工作人员的近亲属（非国家工作人员）对国家工作人员获取贿赂的行为并不知情，而只是负责收受及保管贿赂的财物，则

① 为了得到原铁道部运输局局长、副总工程师张某光的帮助，其情妇罗某也成为高铁民企老板讨好的对象。检方指控，罗某于 2007 年至 2011 年 1 月，明知广州中车铁路机车车辆销售租赁有限公司法定代表人杨某宇给予的手表以及现金，系其情夫张某光的受贿犯罪所得，仍予以掩饰、隐瞒，上述款物折合人民币共计 198 万余元。公诉机关以掩饰、隐瞒犯罪所得罪提起公诉，认为罗某的上述行为是“明知是犯罪所得及其产生的收益而予以窝藏、转移、收购、代为销售或者以其他方法掩饰、隐瞒的行为”。2014 年 12 月，二中院经审理后，改变了检察院指控的罪名，认定罗某构成受贿罪，一审判处其有期徒刑 5 年。

只能构成洗钱罪，如赵某庭洗钱案。[①]

（二）贪官家属掩饰、隐瞒贪污受贿犯罪所得，构成洗钱罪还是隐瞒、掩饰犯罪所得罪

对于贪官家属明知是贪污受贿等犯罪所得财产而加以隐瞒、掩饰的，究竟是构成洗钱罪还是掩饰、隐瞒犯罪所得罪？司法实践中

---

① （2014）珠中法刑终字第 97 号。2010 年下半年，珠海市斗门区斗门镇引进南方影视文化产业基地项目，需要征收大量土地。赵某生（在逃，系被告人赵某庭之父）身为南方影视文化基地项目征地小组成员，在征地过程中可以给予包庇抢种、优先进行测量并签订补偿协议、优先领取补偿款等帮助。2011 年年底，黄某威伙同赵某生等人（均另案处理）在珠海市斗门区斗门镇斗门村的果园征地过程中通过低价购买果园，补种树苗方式合伙骗取政府青苗补偿款人民币 1380 多万元，每人分得赃款约 130 万元。黄某威先以现金分给赵某生人民币 60 万元。2012 年 1 月，赵某生对被告人赵某庭称，他要收取一笔款项，让赵某庭找其妻子的姐姐赵某娟帮开一个银行账号，赵某庭就让其妻子赵某转借用赵某娟的身份证在中国农业银行龙山支行办了一张银行卡，账号为×××，并交给赵某生，赵某生遂让黄某威将其余分成转入该账号。同年 3 月 6 日，黄某威通过该银行卡转给赵某生 75 万元。赵某生对赵某庭称该款项为“征地款”，后赵某庭三兄弟（赵某庭、赵甲庭、赵乙庭）每人分了 10 万元，赵某庭还用了 33 万元购买了一辆银灰色奥迪 A4 小汽车（所有人赵某庭，车牌号粤 CST611），剩余款项用以购买电脑等消费花光。

依据以上事实和证据，原审法院认为被告人赵某庭明知是赵某生受贿犯罪所得，为掩饰、隐瞒其来源和性质，提供账户帮助赵某生转移受贿所得赃款，其行为已构成洗钱罪。原审法院遂依照《中华人民共和国刑法》第 191 条、第 67 条第 3 款的规定，以洗钱罪判处被告人赵某庭有期徒刑 1 年 1 个月，并处罚金人民币 4 万元。被告人上诉，后经二审法院审理维持原判决。

有不同的判例。例如，晏某彬受贿、洗钱案，[①] 是以洗钱罪定罪处罚的，另有，吴某林受贿、陈某华掩饰、隐瞒犯罪所得、犯罪所得收益案，[②] 对贪官家属则是以掩饰、隐瞒犯罪所得，犯罪所得收益罪处罚的。

洗钱罪和掩饰、隐瞒犯罪所得、犯罪所得收益罪，同作为下游犯罪，两罪的客观行为都采用某种对上游犯罪所得及其收益隐瞒、掩饰的行为方式。在《关于禁毒的决定》第 4 条，立法者将洗钱罪从传统的窝赃罪中分离出来，将涉及黑社会组织犯罪、恐怖活动犯罪、走私犯罪以及贪污贿赂犯罪、破坏金融管理秩序犯罪、金融

① 《晏大彬等受贿、洗钱案》，（2008）渝二中法刑初字第 64 号。2001 年至 2008 年年初，被告人晏某彬在担任巫山县交通局局长、巫山县长江公路大桥建设领导小组成员兼建设办公室主任期间，利用主管巫山县交通建设和具体管理巫山县长江大桥建设的职务之便，在工程承揽、工程款拨付等方面为他人谋取利益，先后收受工程承包人周某等 17 人给予的 2218.4 万元、1 万美元，折合人民币共计 2226 万元，被判处死刑。被告人晏某彬将其中收受的 2165 万余元交给其妻即被告人付某某保管。其行为已构成受贿罪。被告人付某某明知该款系被告人晏某彬受贿所得，为掩饰、隐瞒其来源和性质，先后以本人和他人之名，将其中的 943 万余元分别用于购置房产、存入银行资金账户以及用于购买理财产品等。其行为已构成洗钱罪，判处有期徒刑 3 年，缓刑 5 年，并处罚金人民币 50 万元。

② 方列：《浙江首次以掩饰、隐瞒犯罪所得罪追究贪官家属》，载《中国监察》2010 年第 12 期。

62 岁的吴某林自 2003 年 47 省道浦江段总指挥部成立之初就开始担任常务副总指挥，在工程建设中资金拨付、工程进度、质量管理等方面有很大的决定权。2007 年 3 月退休以后，吴某林仍然负责管理其手头未完成的事项。2006 年 7 月和 2007 年 8 月，吴某林先后两次收受包工头胡某的贿赂，共计现金 40 万元，吴某林后将这些现金都交给妻子陈某华打理。陈某华将这些钱用在了放贷、消费、给女儿买房、炒股等方面。吴某林因受贿 40 万元，日前一审被金华市中院判有期徒刑 11 年，而他的妻子陈某华也因犯掩饰、隐瞒犯罪所得罪被判有期徒刑 2 年，缓刑 2 年，并处罚金人民币 5 万元。

诈骗犯罪等的赃物犯罪所得及其收益归入洗钱的范围，赃物犯罪对于洗钱罪而言类似于兜底性规定，洗钱犯罪开始逐步形成自己的体系，并在所隶属的章节上与赃物犯罪相分离。相对于掩饰、隐瞒犯罪所得、犯罪所得收益罪来说，洗钱罪属于特别条款，两者区分如下：

第一，两罪犯罪客观行为方式不同。洗钱罪表现为对毒品犯罪、黑社会性质的组织犯罪、恐怖活动犯罪、走私犯罪、贪污贿赂犯罪、破坏金融管理秩序犯罪、金融诈骗犯罪的所得及其产生的收益，采用提供资金账户、协助将财产转换为现金、金融票据、有价证券、通过转账或者其他结算方式协助资金转移、协助将资金汇往境外及其他方法使其具有表面合法化的性质。而隐瞒掩饰犯罪所得及其收益罪主要是对犯罪所得的财产及其收益进行隐匿、转移、买卖、收购、代为销售等行为，往往不改变赃物的性质，一般也不具有对赃物“漂洗”使其合法化的特征。隐瞒掩饰犯罪所得及其收益仅仅是藏匿和保留犯罪所得及其收益，而洗钱罪则使犯罪所得呈现出合法化的假象。但是，两者在对贪污贿赂等犯罪所得的现金进行转账、投资、理财等方式掩饰、隐瞒其非法来源时则具有重合性，此时，可按照法规竞合的处罚原则，即“特别法优于普通法”“重法优于轻法”原则，按照洗钱罪追究刑事责任。

第二，两者的犯罪对象的范围不同。洗钱罪的上游犯罪仅指毒品犯罪、黑社会性质的组织犯罪、恐怖活动犯罪、走私犯罪、贪污贿赂犯罪、破坏金融管理秩序犯罪、金融诈骗犯罪七种犯罪，而掩饰隐瞒犯罪所得、犯罪所得收益罪的上游犯罪范围则没有限制。

第三，两者侧重保护的法益不同，洗钱罪被规定在妨害金融管理秩序罪中，侧重保护的法益是金融管理秩序，而掩饰隐瞒犯罪所得、犯罪所得收益罪被规定在妨害司法罪中，侧重保护的法益是司法活动秩序。①

就上述案例而言，如果明知是贪污贿赂犯罪所得而加以隐瞒、掩饰的，就触犯了洗钱罪和掩饰、隐瞒犯罪所得、犯罪所得收益罪两个罪名，按照法规竞合的处罚原则，应当按照洗钱罪而不是掩饰、隐瞒犯罪所得、犯罪所得收益罪追究行为人的刑事责任。

第二节　掩饰、隐瞒犯罪所得、犯罪所得收益罪

一、我国掩饰隐瞒犯罪所得、犯罪所得收益罪的概念及构成特征

《刑法修正案（六）》对原《刑法》第 312 条窝藏、转移、收购、销售赃物罪进行了修改，明确了掩饰、隐瞒犯罪所得、犯罪所得收益罪这一罪名。所谓隐瞒、掩饰犯罪所得及其收益，是指行为人明知是犯罪所得及其产生的收益而予以窝藏、转移、收购、代为销售或者以其他方法掩饰、隐瞒的行为。结合 2015 年 5 月通过的最高人民法院《关于审理掩饰、隐瞒犯罪所得、犯罪所得收益刑事案件适用法律若干问题的解释》（以下简称《解释》），本罪的构成特征表现如下：

（1）犯罪主体，是实施上游犯罪以外的任何人，且隐瞒、掩饰的是除《刑法》第 191 条规定的洗钱罪对象以及《刑法》第 349 条规定的窝藏、转移、隐瞒毒品或者毒赃以外的赃款、赃物及其收益的行为。

（2）犯罪客体是妨碍了司法机关查处上游犯罪的活动。犯罪对象是犯罪所得及其产生的收益，如上游犯罪的行为人对犯罪所得进行处理后得到的孳息、租金等收益。

---

① 罗猛、王波峰、章文巍：《受贿帮助犯与洗钱罪、掩饰、隐瞒犯罪所得罪的区分》，载《中国检察官》2012 年第 11 期。

（3）犯罪客观行为，本罪的客观行为表现为五种，即窝藏、转移、收购、代为销售，或者其他掩饰、隐瞒的方法。所谓其他掩饰、隐瞒的方法，根据《解释》第 10 条第 2 款的规定，是指如居间介绍买卖，收受，持有，使用，加工，提供资金账户，协助将财物转换为现金、金融票据、有价证券，协助将资金转移、汇往境外等方法。

（4）犯罪主观方面，是故意，行为人明知或通过其他方式应当知道其隐瞒、掩饰的对象是犯罪所得或犯罪所得收益。

二、掩饰、隐瞒犯罪所得、犯罪所得收益罪的特征

（一）犯罪的行为方式

掩饰、隐瞒犯罪所得罪的行为方式包括五种，即窝藏、转移、收购、代为销售，或者其他掩饰、隐瞒的方法。

（二）上游犯罪的范围

掩饰、隐瞒犯罪所得罪的上游犯罪是一切能带来犯罪收益的所有犯罪。

三、隐瞒掩饰犯罪所得、犯罪所得收益罪的疑难问题认定

（一）罪与非罪如何认定

根据《解释》第 1 条规定，明知是犯罪所得及其产生的收益而予以窝藏、转移、收购、代为销售或者以其他方法掩饰、隐瞒，具有下列情形之一的，应当依照《刑法》第 312 条第 1 款的规定，以掩饰、隐瞒犯罪所得、犯罪所得收益罪定罪处罚：

（1）掩饰、隐瞒犯罪所得及其产生的收益价值 3000 元至 1 万元以上的；

（2）一年内曾因掩饰、隐瞒犯罪所得及其产生的收益行为受过行政处罚，又实施掩饰、隐瞒犯罪所得及其产生的收益行为的；

（3）掩饰、隐瞒的犯罪所得系电力设备、交通设施、广播电视设施、公用电信设施、军事设施或者救灾、抢险、防汛、优抚、

扶贫、移民、救济款物的；

（4）掩饰、隐瞒行为致使上游犯罪无法及时查处，并造成公私财物损失无法挽回的；

（5）实施其他掩饰、隐瞒犯罪所得及其产生的收益行为，妨害司法机关对上游犯罪进行追究的。

同时，《解释》第 2 条规定，掩饰、隐瞒犯罪所得及其产生的收益行为符合本解释第 1 条的规定，认罪、悔罪并退赃、退赔，且具有下列情形之一的，可以认定为犯罪情节轻微，免予刑事处罚：

（1）具有法定从宽处罚情节的；

（2）为近亲属掩饰、隐瞒犯罪所得及其产生的收益，且系初犯、偶犯的；

（3）有其他情节轻微情形的。

行为人为自用而掩饰、隐瞒犯罪所得，财物价值刚达到本解释第 1 条第 1 款第 1 项规定的标准，认罪、悔罪并退赃、退赔的，一般可不认为是犯罪；依法追究刑事责任的，应当酌情从宽。

（二）上游犯罪的行为人因年龄、精神状态等原因不负刑事责任，是否影响行为人的罪责

根据《解释》第 8 条规定，认定掩饰、隐瞒犯罪所得、犯罪所得收益罪，以上游犯罪事实成立为前提。上游犯罪尚未依法裁判，但查证属实的，不影响掩饰、隐瞒犯罪所得、犯罪所得收益罪的认定。上游犯罪事实经查证属实，但因行为人未达到刑事责任年龄等原因依法不予追究刑事责任的，不影响掩饰、隐瞒犯罪所得、犯罪所得收益罪的认定。

（三）犯罪数额如何计算

《解释》第 4 条规定了认定掩饰、隐瞒犯罪所得及其产生收益的数额的原则：（1）掩饰、隐瞒犯罪所得及其产生的收益的数额，应当以实施掩饰、隐瞒行为时为准。如果收购赃物后对其加工，使其增值的部分不能认定为犯罪的数额。（2）对于收购或者代为销售财物的价格高于其实际价值的，以收购或者代为销售的价格计算。(3)对多次实施掩饰、隐瞒犯罪所得及其产生的收益行为,未经行政处罚,依法应当追诉的,犯罪所得、犯罪所得收益的数额应当累计计算。

(四)单位能否构成本罪

一些专门提供仓储、寄存、运输服务的单位,如车辆交易市场、机动车经营企业(含典当、拍卖行)以及从事机动车修理的企业等,均可能因为提供或附随提供一定存储、运输服务,为某些犯罪人窝藏、转移赃物提供便利。单位代表人在明知是赃物的情况下,为了单位的利益仍然提供存储服务以获取利益的行为,符合单位犯罪的构成要件,依照单位犯罪处罚。《刑法修正案(七)》第10条对原《刑法》第312条进行了修改,其中增加一款作为第312条第2款:"单位犯前款罪的,对单位判处罚金,并对其直接负责的主管人员和其他直接责任人员,依照前款的规定处罚。"这样就解决了长期以来单位实施的掩饰、隐瞒犯罪所得、犯罪所得收益的行为无法处罚的问题,结束了单位犯罪只能按照1998年"两高"《关于依法查处盗窃、抢劫机动车案件的规定》第3条规定,对单位由工商行政管理机关予以行政处罚的局面,达到了惩罚此类犯罪的目的。

另据《解释》第9条的规定,要严格区分单位犯罪和自然人犯罪,"对于盗用单位名义实施掩饰、隐瞒犯罪所得及其产生的收益行为,违法所得由行为人私分的,依照刑法和司法解释有关自然人犯罪的规定定罪处罚",不按单位犯罪处理。

参考文献

一、中文资料

著作类

1. 刘仁文主编：《贪污贿赂犯罪的刑法规制》，社会科学文献出版社 2015 年版。

2. 赵秉志主编：《〈联合国反腐败公约〉在中国的贯彻》，法律出版社 2011 年版。

3. 陈泽宪主编：《〈联合国反腐败公约〉与中国刑事法制的完善》，中国检察出版社 2010 年版。

4. 赵秉志主编：《反腐败法治建设的国际视野——〈联合国反腐败公约〉与中国刑事法治之协调完善研究》，法律出版社 2008 年版。

5. 美洲国家组织：《美洲反腐败公约》，载赵秉志、王志祥、郭理蓉编《〈联合国反腐败公约〉暨相关重要文献资料》，中国人民公安大学出版社 2004 年版。

6. 甄贞主编：《遏制腐败的对策研究》，法律出版社 2015 年版。

7. 孙国祥、魏昌东著：《反腐败国际公约与贪污贿赂犯罪立法研究》，法律出版社 2011 年版。

8. 陈雷著：《反腐败国际公约视野下我国反腐败刑事立法及其完善》，中国人民公安大学出版社 2008 年版。

9. 甄贞等著：《〈联合国反腐败公约〉与国内法协调机制研究》，法律出版社2007年版。

10. 杨宇冠、吴高庆主编：《〈联合国反腐败公约〉解读》，中国人民公安大学出版社2004年版。

11. 杨宇冠主编：《我国反腐败机制完善与联合国反腐败措施》，中国人民公安大学出版社2007年版。

12. 聂资鲁等著：《〈联合国反腐败公约〉与中国反腐败法制的完善》，中国出版集团、世界图书出版公司2013年版。

13. 李翔著：《国际反腐败公约与国内法协调问题研究》，中国人民大学出版社2010年版。

14. 高铭暄、马克昌主编：《刑法学》，北京大学出版社、高等教育出版社2011年版。

15. 陈卫东主编：《腐败控制论》，中国方正出版社2000年版。

16. 孟庆莉著：《中国转型期腐败问题的实证研究》，中国方正出版社2013年版。

17. 段龙飞、任建明编著：《香港反腐败制度体系研究》，中国方正出版社2010年版。

18. 周琪、袁征著：《美国的政治腐败与反腐败——对美国反腐败机制的研究》，中国社会科学出版社2009年版。

19. 林兴著：《中国内地与香港地区廉政法制建设比较》，暨南大学出版社2009年版。

20. 李秋芳主编：《世界主要国家和地区反腐败体制机制研究》，中国方正出版社2007年版。

21. 宗剑峰著：《中西文化与贪污贿赂犯罪学研究》，中国检察出版社2003年版。

22. 杨兴国著：《贪污贿赂犯罪认定精解精析》，中国检察出版社2011年版。

23. 王勇飞、刘金国主编：《反腐法治论》，高等教育出版社2003年版。

24. 田禾主编：《亚洲反腐败法律机制比较研究》，中国人民公安大学出版社 2009 年版。

25. 刘生荣、但伟著：《腐败其罪刑法摘要》，中国方正出版社 2001 年版。

26. 孙国祥著：《贪污贿路犯罪疑难问题学理与判解》，中国检察出版社 2003 年版。

27. 樊凤林主编：《中国新刑法理论研究》，人民法院出版社 1997 年版。

28. 王建明主编：《贪污贿赂犯罪侦查业务概述》，中国检察出版社 2007 年版。

29. 方仲炳著：《治理商业贿赂的法律对策研究》，中国政法大学出版社 2014 年版。

30. 徐汉明等著：《中国反洗钱立法研究》，法律出版社 2005 年版。

31. 李东荣主编：《洗钱与反洗钱》，中国财政经济出版社 2004 年版。

32. 陈捷、张煜等著：《全球化视野下中国洗钱犯罪对策研究》，中国书籍出版社 2013 年版。

33. 欧阳卫民著：《中国洗钱犯罪类型学初探》，法律出版社 2007 年版。

34. 赵永林、刘建钢、张瀛著：《反洗钱法律与机制问题研究》，法律出版社 2014 年版。

35. 姜威主编：《反洗钱国际经验与借鉴》，中国金融出版社 2010 年版。

36. 刘家琛主编：《新刑法案例解释》，人民法院出版社 1997 年版。

37. 周光权主编：《刑法各论讲义》，清华大学出版社 2003 年版。

38. 马海军著：《转型期中国腐败问题比较研究》，知识产权出版社 2008 年版。

39. 宋振国、刘长敏著：《各国廉政建设比较研究》，知识产权出版社 2006 年版。

40. 王立武著：《国内法在国际司法实践中的适用问题研究》，《国际法与比较法文论丛》（第 19 辑），中国检察出版社 2010 年版。

41. 汪志芳著：《反腐败论》，浙江人民出版社 1991 年版。

42. 王沪宁主编：《腐败与反腐败——当代国外腐败问题研究》，上海人民出版社 1990 年版。

43. 胡鞍钢主编：《中国：挑战腐败》，浙江人民出版社 2001 年版。

44. 赵秉志、肖中华、左坚卫著：《刑法问题对谈录》，北京大学出版社 2007 年版。

45. 陈波著：《反渎职侵权侦查实战要领》，中国检察出版社 2012 年版。

46. 张军著：《非公有制经济刑法规制与保护论纲》，中国人民公安大学出版社 2007 年版。

47. 熊选国、任卫华主编：《刑法罪名适用指南——贪污贿赂罪》，中国人民公安大学出版社 2007 年版。

48. 孙国祥著：《贿赂犯罪的学说与案解》，法律出版社 2012 年版。

49. 缪树权、张红梅著：《贿赂犯罪的司法认定与证据适用》，中国检察出版社 2014 年版。

50. 李伟迪著：《利用影响力受贿罪适用研究》，中国政法大学出版社 2011 年版。

51. 张明楷著：《刑法学》（第 4 版），法律出版社 2011 年版。

52. 赵震著：《职务犯罪重点疑难精解》，法律出版社 2013 年版。

53. 胡云腾主编：《中国案例指导》（第 1 辑），法律出版社

2015 年版。

54. 王明高等著：《中国新世纪惩治腐败对策研究》，湖南人民出版社 2002 年版。

55. 金鑫、徐晓萍著：《中国问题报告——影响新世纪中国发展的若干重大问题》，浦东电子出版社 2002 年版。

56. 孙应征主编：《新型贿赂犯罪疑难问题研究与司法适用》，中国检察出版社 2013 年版。

57. 杨兴培、李翔著：《经济犯罪和经济刑法研究》，北京大学出版社 2009 年版。

58. 李辰著：《受贿犯罪研究》，中国政法大学出版社 2011 年版。

59. 刘伟丽、李军主编：《职务犯罪侦查实务教程》，法律出版社 2015 年版。

60. 刘霄仑、赵金萍编译：《美国反海外贿赂行为法》，中国财政经济出版社 2006 年版。

61. 陈正云、钱航著：《国家工作人员职务经济犯罪的定罪与量刑》，人民法院出版社 2000 年版。

62. 《意大利反腐败法》，黄风译，中国方正出版社 2013 年版。

63. ［意］贝卡利亚著：《论犯罪与刑罚》，黄风译，中国大百科全书出版社 1997 年版。

64. 《意大利刑法典》，黄风译，中国政法大学出版社 1998 年版。

65. ［美］苏珊·罗斯·艾克曼著：《腐败与政府》，王江，程文浩译，新华出版社 2000 年版。

66. ［美］帕克著：《刑事制裁的界限》，梁根林等译，法律出版社 2008 年版。

67. ［美］苏珊·罗斯·艾克曼著：《腐败与政府》，王江、程文浩译，新华出版社 2000 年版。

68. ［美］塞缪尔·P. 亨廷顿著：《变化社会中的政治秩序》，王冠华等译，生活·读书·新知三联书店 1989 年版。

69. ［美］哈耶克著：《自由秩序原理》，邓正来译，生活·读书·新知三联书店 1997 年版。

70. ［美］约翰·罗尔斯著：《正义论》，何怀宏、何包钢、廖申白译，中国社会科学出版社 1988 年版。

71. ［美］迈克尔·约翰斯顿著：《腐败症候群：财富、权力和民主》，袁建华译，上海世纪出版集团 2009 年版。

72. ［美］E. H. 萨瑟兰著：《白领犯罪》，赵宝成、徐静磊、胡旭、于国旦译，中国大百科全书出版社 2008 年版。

73. ［英］戈登·休斯著：《解读犯罪预防——社会控制、风险与后现代》，刘晓梅，刘志松译，中国人民公安大学出版社 2009 年版。

74. ［英］阿克顿著：《自由与权力》，侯健、范亚峰译，商务印书馆 2001 年版。

75. ［英］亚当·斯密著：《国民财富的性质和原因研究》（下卷），郭大力、王亚南译，商务印书馆 1974 年版。

76. ［英］约翰·密尔著：《论自由》，许宝骙译，商务印书馆 1959 年版。

77. ［法］孟德斯鸠著：《论法的精神》，许明龙译，商务印书馆 2007 年版。

78. 《法国刑法典》，罗结珍译，中国法制出版社 2005 年版，第 154 页。

79. 透明国际，社会问责国际倡议：《商业反贿赂守则》，中国方正出版社 2005 年版。

80. ［德］约翰纳·伯爵·兰斯多夫著：《腐败与改革的制度经济学：理论、证据与政策》，清华大学公共管理学院廉政与治理研究中心译，中国方正出版社 2007 年版。

81. ［日］大塚仁著：《刑法概论》（各论），冯军译，中国人民大学出版社 2003 年版。

82. [日] 芝原邦尔著:《经济刑法》, 金光旭译, 法律出版社 2002 版。

83. [日] 大谷实著:《刑事政策法学》, 黎宏译, 法律出版社 2002 年版。

84. [新西兰] 杰瑞米·波普著:《制约腐败——建构国家廉政体系》, 清华大学公共管理学院廉政研究室译, 中国方正出版社 2003 年版。

论文类

1. 刘仁文、黄云波:《行贿犯罪的刑法规制与完善》, 载《政法论丛》2014 年第 5 期。

2. 刘仁文、黄云波:《行贿犯罪中的"给予"应改为"提议给予、许诺给予和实际给予"》, 载《人民法院报》2014 年 6 月 18 日。

3. 刘仁文:《刑法中"国家工作人员"概念的立法演变》, 载《河南大学学报》(社会科学版) 2010 年第 6 期。

4. 赵秉志:《贪污受贿犯罪定罪量刑标准问题研究》, 载《中国法学》2015 年第 1 期。

5. 赵秉志:《中国反腐败刑事法治的若干重大现实问题研究》, 载《法学评论》2014 年第 3 期。

6. 赵秉志:《论我国反腐败刑事法治的完善》, 载《当代法学》2013 年第 3 期。

7. 赵秉志:《商业行贿犯罪中"谋取不当利益"的认定与修改》, 载《人民检察》2006 年第 13 期。

8. 高铭暄、张慧:《论贿赂犯罪的贿赂"范围"》, 载《法学杂志》2013 年第 12 期。

9. 北京师范大学中国企业家犯罪预防研究中心刘志伟、张远煌等:《〈2014 中国企业家犯罪报告〉发布会暨研讨会纪要》, 载《河南警察学院学报》2015 年第 2 期。

10. 邢爱芬:《履行〈联合国反腐败公约〉的国内立法研究》,载《河南大学学报》2011 年第 1 期。

11. 陈正云:《〈联合国反腐败公约〉关于贪污、贿赂、挪用犯罪规定评释》2008 年第 22 期。

12. 高铭暄、陈冉:《论利用影响力受贿罪司法认定中的几个问题》,载《法学杂志》2012 年第 3 期。

13. 王雪梅:《论反腐败的社会公众参与——以〈联合国反腐败公约〉为视角》,载《社会科学》2009 年第 1 期。

14. 孙天曈:《国企改制后董事会选举产生管理人员的身份探究——结合〈刑法〉第 93 条之规定》,载《攀登》2014 年第 6 期。

15. 朱建华:《刑法中的国有公司、企业辨析》,载《现代法学》2004 年第 4 期。

16. 张健健:《试析国家出资企业中国家工作人员身份的认定》,载《法治与经济》2014 年第 3 期。

17. 阮方民:《"国家工作人员"概念若干问题辨析》,载《浙江大学学报》2000 年第 2 期。

18. 娄绍敏:《浅议国家出资企业中国家工作人员身份之认定》,载《法制与社会》2013 年第 3 期。

19. 宋南、陈瑞鹏:《"受委派从事公务"的国家工作人员身份的界定》,载《法制与社会》2010 年第 10 期。

20. 张志杰:《刑法国家工作人员的认定规则与企业法的衔接问题研究》,载《中国刑事法杂志》2013 年第 7 期。

21. 李亮:《国家出资企业中贪污贿赂犯罪主体身份的认定》,载《现代管理》2013 年第 6 期。

22. 张磊:《从胡星案看劝返》,载《国家检察官学院学报》2010 年第 2 期。

23. 陈新军:《论刑法中国家工作人员的认定》,中国政法大学 2008 年硕士学位论文。

24. 丁永东：《浅析受委派国家工作人员主体认定问题》，载《法制博览》2013年第1期。

25. 金泽刚：《刑法中“委派从事公务”的学理分析与司法认定》，载《法学》2002年第9期。

26. 陈富强、薛涛：《浅析中国国有企业贿赂犯罪的防范与控制》，载《河北法学》2012年第7期。

27. 裴显鼎、刘为波：《国企改制中职务犯罪相关法律适用问题》，载《法律适用》2011年第6期。

28. 何承斌：《论我国贿赂犯罪体系的重构——以〈联合国反腐败公约〉为中心》，载《现代法学》2006年第6期。

29. 梁根林：《受贿罪法网的漏洞及其补救——兼论刑法的适用解释》，载《中国法学》2001年第6期。

30. 彭文华：《性贿赂犯罪化的理性分析》，载《法治研究》2014年第4期。

31. 谢杰：《性贿赂不排除权钱交易》，载《检察日报》2007年12月7日。

32. 余高能：《各国贿赂犯罪立法分类比较研究》，载《西北大学学报》（哲学社会科学版）2014年第4期。

33. 谢杰、孙慧芳：《海外贿赂犯罪若干实践疑难问题研究》，载《政治与法律》2012年第4期。

34. 王大骐：《揭开国际足联黑幕》，载《南方人物周刊》2010年第14期。

35. 张文显、于宁：《当代中国法哲学研究范式的转换——从阶级斗争范式到权利本位范式》，载《中国法学》2001年第1期。

36. 杜邈：《反腐败国际刑事司法协助的新趋势》，载《法治研究》2012年第12期。

37. 熊文钊、曹旭东：《公众参与的合理性与权利保障制度》，载《论法治反腐——反腐败法制建设》（国际学术研讨会论文集），2008年1月。

38. 唐海歌：《反腐败的公民参与：价值、困境与对策》，载《企业导报》2013年第23期。

39. 贾利亚：《当代中国反腐败社会参与问题研究》，载《郑州大学学报》（哲学社会科学版）2014年第3期。

40. 杜治洲：《公众参与反腐倡廉的影响因素及其挑战》，载《理论视野》2013年第3期。

41. 罗猛：《论反腐败的刑事政策体系》，载《中国刑事法杂志》2013年第6期。

42. 吴海红：《推进社会反腐须突破三大困境》，载《学习时报》2012年3月5日。

43. 杜治洲：《公众参与反腐倡廉的影响因素及其挑战》，载《理论视野》2013年第3期。

44. 姚晓晨：《十个反腐名人九个遭打击报复》，载《羊城晚报》2009年3月17日第2版。

45. 罗豪才、宋功德：《公域之治的转型》，载《中国法学》2005年第5期。

46. 秦昊扬：《非政府组织反腐败之作为：国际视野与中国选择》，载《学会》2008年第8期。

47. 陈晓辉、王世波：《论中国公众参与反腐的可能性与现实性》，载《学术交流》2014年第11期。

48. 李景平、雷艳、韩锐：《公众参与反腐败的国际比较及其启示》，载《政府与法治》2011年第5期。

49. 龙太江、周光俊：《腐败零容忍：理念、制度与行为》，载《广州大学学报》（社会科学版）2014年第11期。

50. 邓红梅、徐岱：《〈联合国反腐败公约〉视域下我国反腐败法律举措的完善》，载《当代法学》2006年第6期。

51. 冯殿美、王芳：《反腐败犯罪国际引渡合作机制研究——基于我国主动引渡制度的视角》，载《法学论坛》2011年第2期。

52. 陈雷、薛振环：《论我国引渡制度的量刑承诺——兼论死刑不引渡原则的变通或例外适用》，载《法学杂志》2010 年第 1 期。

53. 任兰：《腐败犯罪境外追逃措施探析》，载《经济研究导刊》2011 年第 18 期。

54. 陈东：《论职务犯罪侦查中的刑事司法协助——以〈联合国反腐败公约〉为参照》，载《比较法研究》2010 年第 6 期。

55. 薛进展：《巨额财产来源不明罪行为本质的实践检示——从〈刑法修正案（七）〉修改后的法律适用展开》，载《法学》2011 年第 12 期。

56. 查富宏：《节前礼包击中了国税局长》，载《检察风云》2014 年第 23 期。

57. 刘玉萍：《透视贪官敛财的新方式——“雅贪”“雅贿”》，载《科技信息（学术研究）》2008 年第 1 期。

58. 庄田：《“雅贿”之风缘何愈演愈烈》，载《海南人大》2014 年第 2 期。

59. 马文红：《揭开“雅贿”犯罪的面纱》，载《法律与生活》2013 年第 8 期。

60. 叶琦：《权力寻租犯罪的“新变种”——雅贿犯罪的现状、成因与防治对策研究》，载《犯罪研究》2011 年第 1 期。

61. 王威：《雅贿钻的是“以赃计罪”的空子》，载《法制日报》2013 年 5 月 29 日第 7 版。

62. 邱春艳：《惩治“雅贿”，法律真的无可奈何吗》，载《检察日报》2013 年 2 月 27 日第 4 版。

63. 梁瑞琴：《当前贿赂犯罪案件查办中存在的问题及对策》，载《河北法学》2012 年第 2 期。

64. 龙宗智：《论我国转型期规制经济犯罪的刑事政策》，载《法学》2005 年第 1 期。

65. 冉刚：《2011 年全球反海外贿赂一瞥》，载《中国监察》2012 年第 12 期。

66. 李振林：《美国凭啥调查国际足联腐败案》，载《法制日报》2015年6月9日。

67. 张铭训等：《行贿犯罪情况调查与刑法适用问题研究》，载《人民检察》2008年第14期。

68. 陆吉敏等：《行贿犯罪刑罚裁量调查与研究》，载《人民检察》2008年第2期。

69. 刘为波：《贿赂外国公职人员、国际公共组织官员行为的理解与适用》，载《人民司法》2011年第11期。

70. 杨威：《从事公务问题小议》，载《中国刑事法杂志》2004年第6期。

71. 莫洪宪、张昱：《我国刑法中的商业贿赂犯罪及其立法完善》，载《国家检察官学院学报》2013年第2期。

72. 罗枫：《行贿罪不应以“为谋取不正当利益”为要件》，载《上海政法干部管理学院学报》1999年第5期。

73. 曾友祥：《论商业贿赂的刑法规制》，载《贵州社会科学》2012年第1期。

74. 赵煜：《利用影响力受贿罪疑难问题研究》，载《法治研究》2015年第2期。

75. 王育林：《论领导者影响力的构成因素》，载《中国行政管理》1997年第9期。

76. 袁剑波：《如何界定“利用影响力受贿罪”中“关系密切的人”》，载《中国检察官》2010年第11期。

77. 徐松林：《“利用影响力受贿罪”适法中的六个难题》，载《贵州社会科学》2014年第11期。

78. 雷华东：《利用影响力受贿罪实务探析》，载《法制与社会》2014年第12期。

79. 《院长用学生名义冒领劳务费据为己有》，载《京华时报》2011年12月27日。

80. 全海龙等：《中科院院士套取科研经费养小三遭妻举报获

刑》，载《检察日报》2013 年 1 月 24 日。

81. 熊丙奇：《北邮院长如何冒领 200 万科研经费》，载《中国经济周刊》2014 年第 7 期。

82. 叶铁桥：《贪污千万元科研经费，浙大一教授被判十年》，载《中国青年报》2014 年 1 月 10 日。

83. 肖中华：《科研人员不当套取国家科研经费不应认定为贪污罪》，载《法治研究》2014 年第 9 期。

84. 海南省人民检察院反贪局、研究室课题组：《农村基层组织人员贪污贿赂犯罪争议问题探讨》，载《法治研究》2012 年第 9 期。

85. 贾京霖：《村官职务犯罪的法律适用》，载《中国检察官》2011 年第 10 期。

86. 曹坚：《几种特殊贪污犯罪主体的司法认定问题》，载《广州市公安管理干部学院学报》2010 年第 1 期。

87. 许海娟：《浅析职务侵占罪与贪污罪的区别》，载《法制与社会》2011 年第 11 期。

88. 朱孝清：《国企改制中隐瞒国有资产案定性研究》，载《人民检察》2005 年第 1 期。

89. 章文巍：《国家工作人员新型私分行为的定性》，载《中国检察官》2014 年第 1 期。

90. 苗继元：《国家工作人员新型私分行为的定性》，载《中国检察官》2014 年第 1 期。

91. 黄祥青：《职务侵占罪的立法分析与司法认定》，载《法学评论》2005 年第 1 期。

92. 林志标、苏志强：《受委托人员挪用国有资金应以挪用公款罪定罪处罚》，载《人民检察》2007 年第 14 期。

93. 《刘某挪用公款案》（第 406 号），载《刑事审判参考》总第 51 辑。

94. 孙万怀：《挪用公款罪判例体系中的司法展拓》，载《法学评论》2011 年第 6 期。

95. 王彩玲：《保护弱势群体：现代伦理秩序建构的一个重要环节》，载《现代哲学》2001 年第 3 期。

96. 罗猛：《金融票证、有价证券是否挪用公款罪的犯罪对象》，载《检察日报》2009 年 2 月 20 日。

97. 刘小山、曹欢欢：《挪用公款罪认定中若干疑难问题解析》，载《法制与社会》2011 年第 8 期。

98. 游伟、徐虹：《挪用公款罪界限认定》，载《法学》2000 年第 8 期。

99. 蔡道通：《何为“挪用”》，载《国家检察官学院学报》2014 年第 2 期。

100. 安文录等：《挪用型犯罪的界定及其立法完善》，载《政治与法律》2010 年第 10 期。

101. 谢锡美：《“挪”与“用”之关系及其在挪用型犯罪中的定位思考》，载《中国刑事法杂志》2003 年第 5 期。

102. 侯国云：《有关巨额财产来源不明罪的几个问题》，载《政法论坛》2003 年第 1 期。

103. 储槐植：《三论第三犯罪行为形式“持有”》，载《中外法学》1994 年第 5 期。

104. 孟庆华：《巨额财产来源不明罪客观方面问题探讨》，载《甘肃政法学院学报》2001 年第 3 期。

105. 高铭暄、王秀梅：《试论我国刑法中若干新型犯罪的定罪问题》，载《中国法学》1999 年第 1 期。

106. 刘为波：《〈关于审理洗钱等刑事案件具体应用法律若干问题的解释〉的理解与适用》，载《人民司法（应用）》2009 年第 23 期。

107. 李云飞：《我国广义洗钱罪概念下的体系混乱及成因分析》，载《政治与法律》2014 年第 8 期。

108. 李圣杰：《洗钱罪在刑法上的思考》，载《复旦法学杂志》2004 年第 12 期。

109. 罗猛、王波峰、章文巍：《受贿帮助犯与洗钱罪、掩饰、隐瞒犯罪所得罪的区分》，载《中国检察官》2012 年第 11 期。

110. 赵军：《论洗钱罪上游犯罪的相关问题——与〈联合国打击跨国有组织犯罪公约〉相协调》，载《法学评论》2004 年第 4 期。

111. 陈冉、车东昀：《洗钱罪低定罪率疑难问题解析》，载《铁道警官高等专科学院学报》2013 年第 3 期。

112. 曾亚波：《“黑名单”背后的中国行贿犯罪惩治》，载《法治与社会》2010 年第 2 期。

113. 徐胜平：《行贿罪惩治如何走出困境》，载《人民检察》2012 年第 16 期。

114. 王群：《公职人员收受礼金入刑的冷思考》，载《民主与法制》2015 年第 2 期。

115. 吴敬琏：《反思六十年，迎接新挑战》，载《读书》2009 年第 12 期。

116. 刘为波：《〈关于办理国家出资企业中职务犯罪案件具体应用法律若干问题的意见〉的理解与适用》，载《刑事审判参考》总第 77 集。

117. 《李真贪污、受贿案——河北省唐山市中级人民法院刑事判决书》，载《刑事审判参考》2002 年第 6 辑。

118. 刘伟丽：《国有控股、参股公司、企业中国家工作人员身份认定》，载《河南大学学报》2015 年第 4 期。

119. 刘伟丽：《〈联合国反腐败公约〉与我国商业贿赂犯罪的立法完善》，载《河南财政税务高等专科学校学报》2014 年第 1 期。

120. 李景华：《反腐败预防优先理念研究》，中国政法大学 2011 年博士学位论文。

121. 王琳：《对有影响力者行贿罪研究》，吉林大学 2015 年硕士学位论文。

二、外文资料

1. Henry Campbell. Black. M. A Black's Law Dictionary, Fifth Edition, St. Paul Minn WEST PUBLISHING CO. 1979, pp. 68, 173, 311.

2. Joseph S.Nye, Jr. , "Corruption and Political Development: A Cost-Benefit Analysis," American Political Science Review, Vol. 61, No. 2 (June 1967), p.419.

3. Gerald E. Calden and Naomi J. Caiden, "Administrative Corruption," Public Administrative Review, Vol. 37, No. 3 (May/June 1977), p.302.

4. Arnold. J. Heidenheimer: The Topography of Corruption: Exploration in a Comparative Perspective, International Social Science Journal, 1997(3) .

5. Francis Fukuyama, "Primacy of Culture," Journal of Democracy, Vol. 6, No. 1 (1995), p. 8.

6. Barbara George & Kathleena Lacey, Model for Analysis of the Current Anti-Corruption Environment on Foreign Corrupt Practices Act Enforcement, 96 The Journal of Criminal Law & Criminology 503 (2006).

7. Rollo Baker, Foreign Corrupt Practices Act, 47 American Criminal Law Review 647 (2010).

8. Henery Campbell. Black. M. A. Black's Law Dictionary, Fifth edition, St. Paul Minn West Publishing Co. 1979, p. 478.

9. Jeffery, C. Ray. Criminology : An Interdisciplinary Approach. Englewood Cliffs, N. J. : Prentice Hall, 1990.

10. Prevention of Bribery Ordinance, Cap. 201(Hong Kong) and the Hong Kong Court of Appeal judgment in R v Wong Tat-sang, Cr App case 529 of 1984.

11. Bagchi, K., Hart, P. and Peterson, M. F. (2004), "National culture and information technology product adoption", Journal of Global Information Technology, Vol. 7, No. 4, pp. 29–46.

12. Bontis, N. (2004), "National intellectual capital index: a United Nations initiative for the Arabregion", Journal of Intellectual Capital, Vol. 5, No. 1, pp. 13–39.

13. Emrich, C., Denmark, F. and Den Hartog, D. (2004), "Cross–culture difference in gender egalitarianism: implications for societies, organizations, and leaders", in House, R., Hanges, P., Javidan, M., Dorfman, P. and Gupta, V. (eds.), Culture, Leadership, and Organizations: The GLOBE Study of 62 Societies, Sage Publications, Thousand Oaks, CA.

14. Glynn, P., Kobrin, S. and Naim, M. (1997), "Globalization of corruption", paper presented at the Southern Africa Economic Summit, Cape Town, 22–24 May.

15. Husted, B. (2002), "Culture and international anti–corruption agreements in Latin America", Journal of Business Ethics, Vol. 37, pp. 403–12.

后　记

本书是在我的博士后研究报告的基础上修改而成的。虽然即将出版，但心情依旧忐忑不安，即将面世的是留有诸多遗憾之作。虽然努力去书写，责任也好、志趣也罢，都难掩因积淀之薄与学思之浅而形成的缺憾。唯一可以自安的是：在有限的时间里，用尽心力表达了所思之观点。

本书的出版，首先要感谢我在中国社科院的博士后合作导师刘仁文教授。刘仁文教授是我国著名的刑法专家，也是研究反腐败领域的知名专家，曾出版过《反腐败的刑事法治保障》等有影响的专著。他渊博的专业知识，严谨的治学态度，精益求精的工作作风，诲人不倦的高尚师德，严于律己、宽以待人的崇高风范，朴实无华、平易近人的人格魅力对我影响深远。刘老师对我在学术上的指导和帮助，不仅使我的研究视野进一步拓宽，而且在理论体系上也得以再次提升。在此，我向他表示最诚挚的感谢，感谢他在我博士后期间以及本书的出版过程中给予的支持和帮助。

另一位要感谢的是北京师范大学刑事法律科学研究院的副院长刘志伟教授，他在本书修改过程中针对体系和内容的修改建议使我深受启发。在此向刘志伟老师表示最真心的感谢，感谢他一直以来给予我的指导和帮助。

同时，还要感谢中国人民公安大学出版社的社长闫继忠先生在本书出版过程中给予的关心和支持；感谢本书的文字编辑刘小溪女士，她认真负责、耐心细致的工作态度让人钦佩和感动。

感谢所有在本书的写作和出版中给予过关心和帮助的老师和朋友们。

最后，感谢我的父母和爱人。为了让我在工作之余能够挤时间完成本书的写作，他们几乎承担了所有的家务和照看孩子的任务。感谢儿子理解我的工作，从不缠着我陪他学习和玩耍。家人们生活上和精神上的无私关爱，是我不辞劳苦、努力写作、顺利完成本书的动力源泉，谨以此书献给你们！

刘伟丽

2017 年 8 月 19 日夜于郑州